高等职业教育通识教育选修课教材
四川省创新行动计划项目配套教材

# E+创新创业教育

主 编◎张 娅 黄应强 姚正大

中国轻工业出版社

**图书在版编目（CIP）数据**

E+创新创业教育/张娅，黄应强，姚正大主编．—北京：中国轻工业出版社，2020.11
ISBN 978-7-5184-3171-7

Ⅰ.①E… Ⅱ.①张…②黄…③姚… Ⅲ.①创业-研究 Ⅳ.①F241.4

中国版本图书馆 CIP 数据核字（2020）第 169206 号

责任编辑：江　娟　王　韧
策划编辑：江　娟　　　责任终审：杜文勇　　　封面设计：锋尚设计
版式设计：砚祥志远　　　责任校对：朱燕春　　　责任监印：张　可

出版发行：中国轻工业出版社（北京东长安街 6 号，邮编：100740）
印　　刷：北京君升印刷有限公司
经　　销：各地新华书店
版　　次：2020 年 11 月第 1 版第 1 次印刷
开　　本：720×1000　1/16　印张：15.25
字　　数：270 千字
书　　号：ISBN 978-7-5184-3171-7　定价：45.00 元
邮购电话：010-65241695
发行电话：010-85119835　传真：85113293
网　　址：http：//www.chlip.com.cn
Email：club@chlip.com.cn
如发现图书残缺请与我社邮购联系调换
200171J2X101ZBW

# 本书编委会

**主　编**　张　娅　黄应强　姚正大
**副主编**　罗德雄　钱新杰　杨　锋　罗金梅

# 前　言

为进一步深入贯彻落实《国务院办公厅关于深化高等学校创新创业教育改革的实施意见》（国办发〔2015〕36 号）的精神，全方位多层次推进创新创业教育改革，完善创新创业教育教材体系，编写创新创业教育示范教材，科学规范教学内容，我们组织编写了《E+创新创业教育》一书。

在编写过程中，本书主要针对创新创业案例的项目背景、项目能力目标、项目任务、方案设计、产品设计与实现等方面进行详细地介绍，选取与高职学生技能技术相关的主题，通过优秀项目导入的形式，对相关知识展开分析和解读，并融入编者们和优秀毕业生在创新创业大赛中积累的项目成果。全书共设三个板块，分别为绿色菜篮、寻迹小车创新创业案例和项目超市，三个板块从不同的角度、不同的方向对创新创业项目进行讲解和展示，让读者由浅入深，学习和领会创新创业精神。第一个板块为绿色菜篮，主要是针对农产品的创新创业项目，是将无公害绿色食品、有机农副产品，依靠互联网、物联网、云计算和雷达技术以及现代视频技术将农作物或牲畜生长的过程、手段和方法呈现在公众面前，让消费者放心购买优质产品的一种绿色食品模式。第二个板块为寻迹小车创新创业案例，主要是关于电子信息产品的创新创业项目，根据寻迹小车的功能要求，实现智能小车的寻迹控制运行功能，对具体的操作过程进行详细的介绍。第三个板块为项目超市，主要是展示优秀项目案例，涉及公共信息服务、非物质文化遗产推广和电子商务等行业。

为了增强本书的可读性、趣味性和实用性，本书有很多实际案例可参考学习，同时本书贴近学生实际，可作为教师用书，也可作为学生创新创业教育类自助书籍。

由于编者水平有限，对于本书的不足之处，我们诚恳地希望使用本书的师生提出宝贵的意见，以便今后修订完善。

编者

2020 年 10 月

# 目 录 CONTENTS

# 项目一　E+创新创业——绿色菜篮

"绿色菜篮"主要是将无公害绿色食品、有机农副产品，依靠互联网、物联网、云计算、雷达技术及现代视频技术将农作物或牲畜生长的过程、手段和方法呈现在公众面前，让消费者放心购买优质产品的一种绿色食品模式。既能解决食品安全问题，又能解决农副产品销售难的问题，还能得到产前订单，让农产品升级卖到好价钱。

## 任务一　项目情景

### 一、绿色菜篮的情景

随着人们生活水平的提高，大家对食品健康越来越重视，部分农户急功近利，纷纷将不良手段用于种植养殖，从而造成了不健康的食品进入市场，严重伤害了消费者的感情。人们对绿色食品的渴望与部分农户急功近利的矛盾，其根源如下。

(1) 物价的上涨造成农业生产的材料成本和人工成本猛烈增长，农户投入和产出完全不成正比。

(2) 有部分盲目追求利益、急功近利的农业产量大户。

(3) 大量的非优质农产品涌向市场，销售者在市场上很难购买到自己放心的健康农产品，这样的农产品自然就会在消费者心目中造成信誉的缺失，其带来的后果就是农产品销售价格不高。

最后便形成了一个恶性循环：单价不高→造假生产→规模化造假生产→劣质产品充斥市场→产品信誉缺失→单价不高。

在消费者普遍不认同绿色食品的前提下，能消除消费者与农户的信任危机的方法，可通过可视化农业生产全过程。通过网络实时直播可让消费者24小时监督产品生产过程，从而建立消费者和绿色农户之间的信誉桥梁，提高产品单价，形成口碑，保证有机农业生产者的利益，营造有机农业的良好氛围。

有机农业获得高回报之后，就可以大大激发更多农户投入有机农业生产中来。

为了减小有机农户的投入风险，大力鼓励农户通过“绿色菜篮”模式开拓有机农业市场。此模式可以保证农户的收益，让消费者购买到自己需求的绿色农产品。条件好的农户还可以发展观光农业，提升附加值。

## 二、绿色菜篮平台的情景

绿色菜篮平台目前用得较多的是建立在传统监控基础上的监控平台，这就是所谓的农业直播平台。该项目的绿色菜篮可视化农业平台，是在 Linux 操作系统下搭建具有高连接性能的 Nginx-rtmp 流媒体服务器，再通过 FFmpeg 技术对视频流数据进行采集、转码、压缩、推送、存储等，实现流媒体的实时直播和视频分段存储、图像分时导出等功能。自主开发，功能更加灵活和强大。

（1）绿色菜篮直播平台的搭建　利用网站建设知识，建设农业直播平台。

（2）实时消息传送协议（RTMP）网络直播系统的采用　用硬件方式将摄像机里的视频流先推送到外网服务器中，再经过中转转发给各客户终端。

（3）对视频源的高压缩处理　保证在网络传输中更清晰、流畅，便于在网络上传输。更加适合手机在线直播或回放，增强客户体验。

（4）采用中转方式，改善堵塞问题，同时也减轻了养殖户端网络带宽成本　传统监控手机远程观看通常采用点对点方式进行访问，这样一旦客户较多时势必让局域网堵塞或瘫痪。采用中转方式，解决了此问题，同时中转方式低门槛、低成本、高效率，适合在农业养殖中推广。

（5）实现 App 免登录观看所在的直播摄像场景　又可以通过手机浏览器观看所在的直播摄像场景。完全达到低门槛使用，要求有人性化的用户体验。

通过绿色菜篮可视农业平台，实现实时直播种植养殖生产全过程，消除消费者对农产品的“信任”顾虑，打造生态品牌效应。有针对性地对目标群体进行精准推广，采用订单模式进行定制生产。通过绿色食品直播追溯和直销模式，让农产品真正从田间走向餐桌，让消费者能购买和吃到真正让人放心的绿色食品。

可视化农业是大势所趋，势不可挡。会部分代替传统养殖业和种植业，创造更大的商机，促进生态农业的健康发展和农业生态的良性循环。

## 三、新媒体营销情景

1. 传统媒体与新媒体

新媒体的称呼是与传统媒体相区别的一个概念。传统媒体主要包括报纸、杂志、电视、广播等信息传播渠道，而新媒体则是主要借助于电子通信技术进行信息传播的一种新的媒介方式，新媒体的出现是依赖于互联网的，同时新媒体的出现和发展又从某种意义上推动了互联网技术的飞跃发展。新媒体营销的基本概念和内涵是：将当下最流行的新媒体途径（如微信、微博等线上社交平台、电子刊物、网站或软件、网络视频等）作为载体，运用现代营销理论和互联网的整体环境进行的营销方式。互联网时代的新媒体营销，为商业经济的发展带来新的机遇，同时开拓一片新的发展领域，从另一个角度来说也使人们的日常生活变得更加丰富、多元和便捷。新媒体营销的特点如下所示。

（1）新媒体营销具有多元化的特点　由于充分发挥了电子信息技术的优势和特点，互联网时代的新媒体营销从出现之日起，就具有多样化的传播平台和传播形式，文字、图片、音频、视频等都可以成为新媒体营销内容的载体。有了丰富多元的传播媒介，受众就可以方便快捷地获取丰富多元的营销信息，然后选择自己所需要的内容进行进一步关注。互联网时代的新媒体营销，以其丰富的传播途径和多元的营销信息，扩充自身的营销容量，同时也使营销形式变得更加灵活可控。因此我们说，互联网时代的新媒体营销，实现对传统营销模式和营销领域的突破，使商品经济的营销变得更具有创新性和吸引力，也能在更大程度上实现对消费者消费需求的满足。

（2）新媒体营销具有普及性　由于新媒体本身就是借助互联网产生的，而互联网又在近年来已经实现大范围的普及，并且互联网越来越成为人们日常生活中不可缺少的一部分。这些先决条件使新媒体在出现之后容易且迅速进入大众视野，因此在最开始就具有很好的普及条件。手机如今已经成为国民上网主要依赖的载体，所以新媒体营销也能实现迅速普及，拥有数量巨大的消费者受众。新媒体以其方便快捷的特点，深入人们日常生活中的每个方面，这也为新媒体营销提供良好的发展平台，使新媒体营销借助这阵东风，快速地进入人们的视野且成为人民大众广为接受的营销模式。

（3）新媒体营销具有互动性和灵活性　互联网时代新媒体营销的互动性，是新媒体营销相较于传统媒体营销方式最主要也是最具优势的一个特点。依托于新媒体环境建立的营销活动，在使受众被动接受营销信息的同时，还允许消费者主动对这些信息进行筛选并帮助消费者进行信息分类，使消费者能够尽可能地避免时间和精力的浪费，尽快选择出对自己有利用价值的有效营销信息。这就是互联网时代新媒体营销的互动性，从本质上来说它与新媒体本身的互动性特点是相同的，都能够提高信息传播的效率和信息的利用率，而新媒体营销的互动性则能够增加营销的针对性，提高营销效率和消费者的满意程度。

2. 传统电商到内容电商

传统电商，以纯卖东西为目的，淘宝网、京东网、拼多多商城为代表。

内容电商，以短视频、直播形式展示产品，从而激发网友购买产品，以今日头条的放心购商城为代表。

3. 移动“直播+短视频”营销颠覆图文自媒体营销

随着社会的发展，人们对互联网的认知越来越高，秉持于图文的自媒体正向短视频靠拢。

短视频的魅力在于更具表达力的内容业态。

短视频和静态的图片文字相比，始终以动态形式出现，内容为永远伴随着作者情感的音乐、语调、剧情、文案内容。图文故事过于单一，内容视频化更致力于用情感和角色来打动用户，从而让他们与产品或服务建立情感纽带。

当讲述情怀、引发共鸣的营销成为趋势，相较于传统手段，短视频的优势就凸显了出来。

移动“直播+短视频”营销颠覆了传统电商货比三家的理性购物模式，开创了网红内容电商的感性购物模式。

# 任务二　项目能力目标

进行绿色菜篮项目之前，组建项目团队并确定团队任务和团队成员的角色，对项目的能力目标进行分析，从而确定项目的必要性和可行性。

## 一、绿色菜篮项目目标

（1）选择无公害绿色食品、有机农副产品进行养殖和种植。

（2）与有条件的绿色种植场和生态养殖场合作或者自建可全程直播的生态养殖场。

## 二、绿色菜篮平台搭建目标

（1）绿色菜篮平台硬件系统搭建。

（2）绿色菜篮可视农业平台软件系统搭建。

①网站建设域名、空间：选择适合 SEO 的域名，选择适合 SEO 的空间。熟悉搜索引擎优化 SEO，提高网站知名度，实现经济效益。

②Web 可视平台开发：能组建软件开发团队，落实 Web 平台的建设和运行维护；能推广和落实 Web 平台在农户终端的应用；能有针对性地对目标群体进行精准推广和订单销售。

③App 可视农业开发：能组建软件开发团队，落实 App 平台的建设和运行维护；能推广和落实 App 平台在农户终端中的应用；能有针对性地对目标群体进行精准推广和订单销售。

## 三、新媒体营销目标：移动直播+绿色菜篮营销

（1）直播引流到淘宝店进行销售。

（2）直播引流到今日头条 App 的放心购商城进行销售。

（3）直播引流到自建可视化农业平台进行销售。

总结起来就是能组建项目团队并确定团队任务和团队成员的角色；搜集绿色农业产品的相关信息、知识和相关政策法规；全面了解有机农业产品市场的需求与生产供应情况，选址、搭建和开发绿色菜篮网站平台，并利用现代化的营销手段进行营销。

# 任务三　绿色菜篮项目任务分析

## 一、绿色菜篮种植、养殖任务分析

1. 消费者与绿色菜篮项目关系及方式

（1）消费者租用田地，拥有田地使用权。

（2）农场提供

①建议种植的物种名称：原生态大米、玫瑰花（红玫瑰、黄玫瑰、蓝色

妖姬)、绿色时蔬等。

②畜牧类：黑山猪、乌骨鸡、黑山羊、黄牛。

③消费者可委托农场帮助管理田地物种生长到结果，通过互联网 24 小时视频实时观看。

(3) 消费者也可自行拿种子来播种，自行种养管理，产出物处理方式如下。

①农牧场产出物分配。

②消费者自行获得享用。

③通过可视农场网络销售平台进行销售。

④不可预见性因素，如不想继续种养，消费者可在可视农业网站电子商城这一平台中出售，也可以通过可视农业网站回购的方式进行处理。

(4) 绿色菜篮农场消费者　仅仅购买绿色菜篮农场的产品，而不参与种植和养殖过程的人群。

绿色菜篮在绿色健康农业产品消费的基础上可以以种养为依托，发展观光农业，拓展科普教育和远程体验，以“绿色网络、健康人生”为理念，发展生态农业、绿色餐饮，快速传播“健康生活、低碳环保”。

2. 社会效益与环境效益分析

绿色菜篮的平台，不仅将“生态农业”“绿色食品”与现代可视网络有机结合起来，更是一项技术创新，而且将产生明显的社会效益。这些社会效益主要体现在扩大农业与农村就业机会，开创新农村建设的新思路，促进农业高科技与国际接轨，提升食品质量和安全，促进生态农业标准化体系建设，传递健康、养生、绿色、环保等概念和科学知识普及。

近期目标：组织周边从事生态农业的农户加入“绿色农业生产联盟”，进行资源整合，减少人均投入，增加销售渠道，实现抱团取暖。

远期目标：根据自身条件发展休闲观光农业，少儿在线科普及远程农耕体验等，实现农业附加值。建立消费者与可视农场长期、稳固的合作关系。

绿色菜篮所经营的农产品生产基地，将规划建成生态平衡、资源良性循环、环境友好的绿色食品生产基地，实现真正意义上的人与自然、人与环境的和谐共处。从某种意义上来说，这就是项目自身所带来的环境效益。这种直接的环境效益，必将对周边农业与农村的生态环境建设起到间接示范效应。此外，人们坐在家中通过网络视频就能体验绿色、健康的农村生活、畅享种养之乐的“田园野趣”，传递健康、养生、绿色、环保理念，这也是一种间接的环境效益的体现。

## 二、绿色菜篮项目平台任务分析

1. 技术分析

绿色菜篮具有 Web 网页和 App 的功能，主要是网页制作技术以及 Android 和 IOS 环境的视频、图文的上传，信息的编辑、发布、搜索和支付功能等，目前这些技术都比较成熟，同时也可以利用一些比较成型的框架技术。

2. 功能分析

(1) 农业生产基地在线直播功能　通过 Nginx-rtmp 流媒体服务平台提升直播高连接性能，确保直播系统的稳定。通过 FFmpeg 技术实现记录、转换数字音频、视频和导出图像，确保现场视频、图片的回放。

(2) 农产品展示功能　用成熟的 SSM 框架技术开发的农产品展示平台，是消费者了解绿色食品的一个重要桥梁。

(3) 客户在线下订单功能　使用该平台的人员主要为绿色菜篮项目的种植农户、消费者、过程技术人员等。使用绿色菜篮的消费者均是对生活品质有比较高要求的消费者。他们需要在种植、养殖初期就预付定金，签订订单生产协议。

用户端产品功能：添加菜单、填写订单、支付订单、评价订单。

(4) 商家客户端功能

①农场管理。

②接单。

③物流派送。

④订单进度管理（至此对“绿色菜篮”网站平台有了基本的任务分析）。

## 三、绿色菜篮营销任务分析

新媒体具有营销空间无限、营销时间全天候、营销成本低、营销方式新、网络广告信息量大、成本低的优点。

1. 网络营销的形式

(1) 搜索引擎营销。

(2) 博客营销。

(3) 论坛营销。

(4) 社交网站营销。

(5) 微博营销。

（6）播客营销。

（7）E-mail 营销。

（8）微信营销。

（9）微信小程序营销。

（10）微店营销。

2. 短视频营销任务分析

短视频是指一种视频长度以秒计数，主要依托于移动智能终端实现快速拍摄和美化编辑，可在社交媒体平台上实时分享和无缝对接的一种新型视频形式。它融合了文字、语音和视频，可以更加直观、立体地满足用户的表达、沟通需求，满足人与人之间展示与分享的诉求。通过移动短视频和移动直播，可将粉丝转化为消费客户。

网红变现的方式是电商（即把粉丝流量导向电商平台），这也是目前规模最大、经济影响最广的网红变现方式。据智研咨询的一项预测统计显示，整个网红经济产业中网红电商的规模占到 50%左右，2018 年达到 500 亿元，见图 1-1。

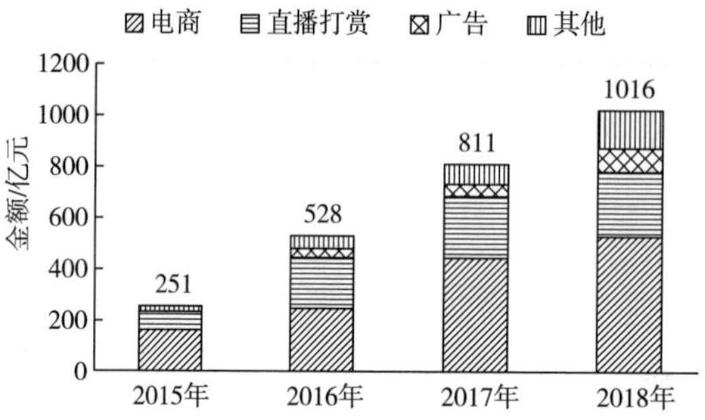


**图 1-1　网红变现方式**

2018 年“双 11”当天，6 个红人店交易额过亿，2 个红人店跻身全网女装行业 Top10。25 个红人店入围淘宝女装 Top30。美妆红人持续发力，多款爆品销量破万。同时，美食节目“@ 李子柒”首次参加双 11 表现亮眼，当日销售额破千万。

网红李子柒通过美食短视频“圈粉”，将今日头条 1000 多万粉丝、微博近 2000 万粉丝引流至淘宝店，开店 4 天实现 6000 多万营业额。

今日头条三农达人“巧妇 9 妹”通过短视频和直播吸粉 200 多万，成功入驻今日头条放心购商城，成功将粉丝引流至淘宝店转化为自己的消费者。

# 任务四　绿色菜篮项目方案设计

## 一、绿色菜篮方案设计

本项目中，以绿色菜篮中生态土鸡的养殖为例，进行方案设计。

1. 绿色菜篮生产模式的设计

（1）租用阳光充足、地势干燥、排水良好、交通方便的地方作为生态养殖基地。

（2）土鸡生产全程实现绿色化喂养，以五谷杂粮、菜叶、虫草为主食，辅以调配中草药进行疫病防控。

2. 绿色菜篮销售模式设计

（1）订单生产模式　客户从小鸡出壳到脱温期间下订单，每只鸡订金为50元。

（2）土鸡销售价格　总价 = 0.7元×天数。

（3）土鸡蛋销售价格　2.5元/枚，20枚起发，物流费另计。

（4）物流走顺丰快递，原则上400千米以内或6小时到达发活禽；超过则发宰杀冰冻的土鸡。

（5）年消费2400元或预存2400元即成平台会员，享受优惠价9.5折。

（6）通过公司App下订单进行购买的客户，优惠2个百分点。

（7）销售对象主要是北上广深的高收入人群以及本地中高收入家庭的孕妇和小孩。

（8）联合周边从事生态养殖和有机种植的农户创建“绿色农业联盟”，增加产品种类，组团销售，扩大影响力。

（9）农产品生产全程进行监督，严格按照事先和订单客户约定的协议进行生产，一旦发现有作弊行为将取消“绿色联盟”合作协议，并扣除违约方的安全生产保证金，全力维护消费者利益。

3. 绿色菜篮营销定位推广对象

在本地高档小区、商场开展产品品尝下订单推广模式。

与高档医院妇产科对接进行产品宣传。

在本地农展会和省级农展会上进行产品宣传。

争取当地农业部门的各种平台的支持。
争取与当地影响力较大的各种民间团体合作，扩大宣传力度。
传统网络推广和新、自媒体网络推广相结合。

## 二、绿色菜篮可视农业平台方案设计

运用互联网和物联网技术，建设农业可视化生产基地，构建“可视农业+生产监控+全程追溯”的农业发展新模式，实现自然环境全景化、生产可视化、管理制度化、质量追溯数据化，打造全国农业可视化样板。

网站建设方案设计如下：

1. 目标、定位及用户需求

Web 站点的设计是企业或机构发展战略的重要组成部分。要将企业站点作为在互联网上展示企业形象、企业文化的信息空间，领导一定要给予足够的重视，明确设计站点的目的和用户需求，从而做出切实可行的计划。挑选与锤炼企业的关键信息，利用一个逻辑结构有序地组织起来，开发一个页面设计原型，选择用户代表来进行测试，并逐步精炼这个原型，形成创意。

有些网站的效果不如预想的好，主要原因是对用户的需求理解有偏差，缺少用户检验造成的。设计者常常将企业的市场营销和商业目标放在首位，而对用户和潜在用户的真正需求了解不多。所以，企业或机构应清楚地了解本网站的受众群体的基本情况，如受教育程度、收入水平、需要信息的范围及深度等，从而能够有的放矢。

2. 主题鲜明、富有特色

在目标明确的基础上，完成网站的构思创意即总体设计方案。对网站的整体风格和特色做出定位，规划网站的组织结构。

Web 站点应针对所服务对象（机构或人）不同而具有不同的形式。有些站点只提供简洁文本信息；有些则采用多媒体表现手法，提供华丽的图像、闪烁的灯光、复杂的页面布置，甚至可以下载声音和录像片段。最好的 Web 站点将把图形图像表现手法与有效的组织与通信结合起来。

如做到主题鲜明突出、力求简洁、要点明确，以简单明确的语言和画面告诉大家本站点的主题，吸引对本站点有需求的人的视线，对无关的人员也能留下一定的印象。对于一些行业标志和公司的标志应充分加以利用。同时，调动一切手段充分表现网站的个性和情趣，突出个性，办出网站的特色。

3. 版式编排布局合理

版式设计通过文字图形的空间组合，表达出和谐与美。版式设计通过视觉要素的理性分析和严格的形式构成训练，培养对整体画面的把握能力和审美能力。一个优秀的网页设计者也应该知道哪一段文字图形该落于何处，才能使整个网页生辉。

做到布局合理化、有序化、整体化。优秀之作，善于以巧妙、合理的视觉方式使一些语言无法表达的思想得以阐述，做到丰富多样而又简洁明了。

多页面站点的页面编排设计要求把页面之间的有机联系反映出来。为了达到最佳的视觉表现效果，应讲究整体布局的合理性。特别是关系十分紧密的有上下文关系的页面，一定要设计有向前和向后的按钮，便于浏览者仔细研读。

站点设计简单有序，主次关系分明，将零乱的页面和混杂的内容依整体布局的需要进行分组归纳，经过具有内在联系的组织排列，反复推敲文字、图形与空间的关系，使浏览者有一个流畅的视觉体验。

4. 色彩和谐、重点突出

按照色彩的记忆性原则，一般暖色较冷色的记忆性强。色彩还具有联想与象征的特质，如红色象征火、血、太阳；蓝色象征大海、天空和水面等。

比如，设计出售冷食的虚拟店面，应使用消极而沉静的颜色，使人心理上感觉凉爽一些。

由于国家和种族的不同，宗教和信仰的不同，生活的地理位置、文化修养的差异，不同的人群对色彩的喜恶程度有着很大差异。如，儿童喜欢对比强烈、个性鲜明的纯颜色；生活在草原上的人喜欢红色；生活在闹市中的人喜欢淡雅的颜色；生活在沙漠中的人喜欢绿色。在设计中要考虑主要读者群的背景和构成。

5. 形式内容和谐统一

形式服务于内容，内容又为目的服务，形式与内容的统一是设计网页的基本原则之一。画面的组织原则中，将丰富的意义和多样的形式组织在一个统一的结构里，形式语言必须符合页面的内容，体现内容的丰富含义。

点、线、面是视觉语言中的基本元素，使用点、线、面的互相穿插、互相衬托、互相补充构成最佳的页面效果。

点是所有空间形态中最简洁的元素，也可以说是最活跃、最不安分的元素。可以将一排文字视为一个点，将一个图形视为一个点。在网页设计中的点，由于大小、形态、位置的不同而给人不同的心理感受。

线是点移动的轨迹，线在编排设计中有强调、分割、导线、视觉线的作用。

面的形态除了规则的几何形体外，还有其他一些不规则的形态，可以说表现形式是多种多样的。

设计中点、线、面的运用并不是孤立的，很多时候都需要将它们结合起来，表达完美的设计意境。

6. 多媒体功能的利用

最大资源优势在于多媒体功能，因而要尽一切努力挖掘它，吸引浏览者保持注意力。因而画面的内容应当有一定的实用性，如产品的介绍甚至可以用三维动画来表现。

应注意的问题：由于网络带宽的限制，在使用多媒体的形式表现网页的内容时应考虑客户端的传输速度，或者说将多媒体的内容控制在用户可接受的下载时间内是十分必要的。

7. 相关站点引导链接

一个好的网站的基本要素是用户进入后，与本网站相关的信息都可以方便快捷地找到，其中要借助于相关的站点，所以做好导引是一项重要的工作。超文本这种结构使全球所有联上因特网的计算机成为超大规模的信息库，链接到其他网站轻而易举。

在设计网页的导引组织时，应该给出多个相关网站的链接，使得用户感到想得到的信息就在鼠标马上就可以点击的地方。

8. 网站测试

为什么精心设计的网站是经得起推敲的，就是因为它经过认真细致的测试。测试实际上就是模拟用户访问网站的过程，得以发现问题改进设计。

由于一般网站都是一些专业人员设计的，他们对计算机和网络有较深的理解，但要考虑到访问网站的大部分人只是使用计算机和网络，应切实满足他们的需要。所以有许多成功的经验表明：让对计算机不是很熟悉的人来参加网站的测试工作效果非常好，这些人会提出许多专业人员没有顾及的问题或一些好的建议。

9. 及时更新认真回复

不断更新内容，利用这个新媒体宣传本企业的企业文化、企业理念、企业新产品。站点信息的不断更新和新产品的不断推出，让浏览者感到企业的实力和发展，同时也会使企业更加有信心。

在企业的 Web 站点上，要认真回复用户的电子邮件和传统的联系方式如信件、电话垂询和传真，做到有问必答。最好将用户进行分类，如售前一般了解、销售、售后服务等，由相关部门处理，使网站访问者感受到企业真实存在，产生信任感。注意不要许诺实现不了的东西。

10. 合理运用新技术

因特网是IT界发展最快的领域，其中新的网页制作技术几乎每天都会出现，如果不是介绍网络技术的专业站点，一定要合理运用网页制作的新技术，切忌将网站变为一个制作网页的技术展台，最重要的是让用户方便快捷地得到所需要的信息。

但对于网站设计者来说，必须学习跟踪掌握网页设计的新技术，如Java、XML等，根据网站的内容和形式的需要合理地应用到设计中。

11. 推广站点的方法

广泛散布Web地址。利用传统的媒体，欢迎所有人参观是一种十分有效的方法；对待公司的网址像对待其商标一样，印制在商品的包装和宣传品上；与其他网站交换链接或购买其他网站的图标广告；向因特网上的导航台提交本站点的网址、关键词、主题词，以便于搜索引擎识别检索，使站点易于被用户查询到。通过在网站上设立有奖竞赛等方式，让浏览者填写如年龄、行业、需求、光顾本站点的频度等信息，从而得到访问者的统计资料，这些可是一笔“财富”，以供调整网站设计和内容更新时参考，但请保护用户隐私，不得外传或他用。

在每天不断增长的Web站点中，如何独树一帜是对网站设计者综合能力的考验和挑战。

搜索引擎优化（Search Engine Optimization，SEO），通过站内站外优化，使网站更符合各搜索引擎收录排名需求，提高排名，获得流量或品牌曝光。

SEO网站推广步骤如下。

第一步：关键词分析。

第二步：网站架构分析。

第三步：网站的各个页面优化。

第四步：内容发布和链接设置。

第五步：排名报告和分析。

第六步：网站流量分析。

SEM营销方案设计。

搜索引擎营销（Search Engine Marketing，SEM），指在搜索引擎上推广网站，提高网站可见度，从而带来流量的网络营销活动。

SEM包括SEO，按点击付费（Pay Per Click，PPC），如百度竞价排名等，付费登录等形式，其中以SEO和PPC最为常见。

SEO和SEM两者目的相同，都是为了网站销售和品牌建设；不同的是实现方式：SEO是通过技术手段使获得好的自然排名；SEM则可以通过技术手段（SEO）和付费手段（PPC）等。

## 三、新自媒体“直播+短视频”营销方案设计

1. “五步法”设计直播营销

直播营销“五步法”见图1-2。

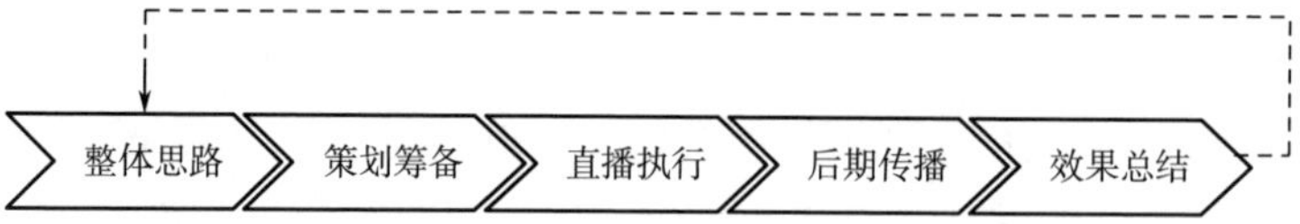


**图1-2　直播营销“五步法”**

（1）整体思路　见图1-3。

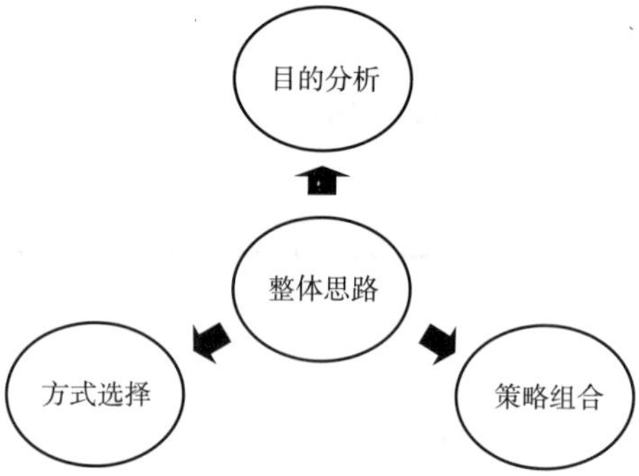


**图1-3　整体思路**

（2）策划筹备

① 撰写完善直播营销方案。

② 在直播开始前将直播过程中用到的软硬件测试好，并尽可能降低失误率，防止因为筹备疏忽而引起不良的直播效果。

③ 为了确保直播当天的人气，新媒体运营团队还需要提前进行预热宣传，鼓励粉丝提前进入直播间，静候直播开场。

（3）直播执行　直播营销的第三大环节是直播执行。前期筹备是为了现场执行更流畅，因为从观众的角度，只能看到直播现场，无法感知前期的筹备。

为了达到已经设定好的直播营销目的，主持人及现场工作人员需要尽可能按照直播营销方案，将直播开场、直播互动、直播收尾等环节顺畅地推进，并确保直播的顺利完成。

（4）后期传播　直播营销的第四大环节是后期传播。直播结束并不意味着营销结束，新媒体运营团队需要将直播涉及的图片、文字、视频等，继续通过互联网传播，让其抵达未观看现场直播的粉丝，让直播效果最大化。

（5）效果总结　直播营销的第五大环节是效果总结。直播后期传播完成后，新媒体团队需要进行复盘：一方面进行直播数据统计并与直播前的营销目的做比较，判断直播效果；另一方面组织团队讨论，提炼出本场直播的经验与教训，做好团队经验备份。

每一次直播营销结束后的总结与复盘，都可以作为新媒体团队的整体经验，为下一次直播营销提供优化依据或策划参考。

2. 短视频营销方案设计

“路人”变成“忠粉”的9种策略。

内容→活动→社群→资源→功能→积分→奖励→投入→提醒→内容

（1）内容　内容是最稳妥的促进活跃度方式。好的内容会让用户从接触账号的“看一看内容”到“很期待，等着看内容”，完成活跃度的初始积累。通过内容增加用户活跃度不是偶尔刻意为之，而是需要新媒体运营者持续地发出高质量的文章、视频、图片等。

（2）活动　运营者可以定期策划与组织企业新媒体活动，通过富有创意的活动吸引用户参与，提升用户活跃度。

（3）社群　现阶段新的公众号、富有创意的新媒体产品层出不穷，即使新媒体运营者每天推送有用、有趣的文章，用户对企业的热情度仍然会随着关注时间增加而逐渐减弱。新媒体运营者可以尝试组建用户社群，将企业与用户的关系从冰冷的“账号对人”变为带有温度的“人对人”。

例如，运营者在今日头条旗下的“西瓜视频”上传《大学生必备的5项互联网技能》视频，并引导观众关注公众号。

（4）资源　运营者可以在部分新媒体平台放置学习资料、成长工具、工作素材等资源并引导用户下载，用资源促活。

（5）功能　用户对不同互联网产品的使用频率各有不同，部分产品属于高频产品，用户打开次数较多，如微信、QQ、微博等；而另一部分产品属于低频产品，用户只有在特定场景下才会打开，如滴滴出行、丁香医生等。低频产品提升用户活跃度，可以尝试增加高频功能，使用户增加在线时长或打开频次。

（6）积分　新媒体运营者可以参考RFM模型*，设计对应的用户层级并

---

* RFM指最近一次消费（Recency），消费频率（Frequency），消费金额（Monetary）。

设置相应的积分体系，每个用户层级享受不同的用户待遇。例如滴滴出行将会员分为“普通会员”“皓银会员”“焕金会员”三大类，每一类可以享受不同的福袋、抢兑、折扣等福利，用户必须保持一定的活跃度才能升为下一级别。

（7）奖励　积分体系完成的是精神层面的奖励，满足用户尊荣感；此外，新媒体运营者也可以设置物质奖励，进一步提升用户活跃度。例如百度知道用“财富值”代表用户积分，拥有一定财富值后，用户可以进入“知道商城”兑换抱枕、积木、书籍等。

（8）投入　在线下饭店，如果消费者提前预订并已经缴纳定金，往往不会轻易取消预订；但如果只是电话预约，则很有可能会由于天气等原因而取消预定。用户往往对已经付出时间或资金的产品更忠诚。新媒体运营在进行用户管理时，也可以引导用户适当投入，以降低流失率。

（9）提醒　当用户长时间没有打开软件或者登录网站时，新媒体运营者可以尝试推送提醒，引导其尽快打开。为了在诸多提醒中脱颖而出，此类提醒信息必须足够吸引用户，做好 3 个细节。

①简讯抓人眼球：用户在没有打开信息的时候只能看到信息标题及前20~30 个字，这些文字如果纯粹是广告语或者毫无创意，用户不会点开。

②内容强调价值：既然要吸引用户回到企业账号或产品，信息必须准确表述用户回归后的价值，如“我们新增一款适合你的功能”“我们对老用户有福利发放”“今天有免费优惠券”等。

③操作简洁：信息最好包含网址，用户点击后直接跳转到相关页面或软件，否则用户很有可能因为操作烦琐而放弃回归。

# 任务五　绿色菜篮项目方案实现

## 一、基础设施准备

### 1. 绿色菜篮生态养殖场所的选址和搭建

发展绿色养殖，首先要求产地环境必须符合绿色养殖的质量要求，一旦产地受到污染，就失去了绿色养殖产品生产的基本条件。因此要创建和保持绿色养殖基地，就必须保护和改善农业环境。其次，要推广绿色养殖生产技术，树立环境保护的观念，形成绿色养殖产业体系。三是必须对绿色养殖实行制度化管理，以使绿色养殖制度化、系统化、标准化操作。

2. 网络基础设施建设主要包括实施项目

（1）光纤网络产品的架设。

（2）网络工程设计与施工。

（3）结构化布线。

（4）网络集成。

（5）网络防病毒系统　安装网络防病毒系统，实时升级版本，更新病毒库从而确保网络、系统及数据资料的安全。

（6）其他外置设备安装　包括摄像头、外置硬盘等外置设备的驱动/软件设置。

（7）配线架及机柜的维护整理　规范配线架及机柜内的走线，对于存在的缺陷和问题提供合理化建设方案。

3. 自营生态土鸡产业链布局

（1）优良土鸡品种选取。

（2）自孵。

（3）自育。

（4）自养　自养散鸡见图 1-4。

**图 1-4　自养散鸡**

（5）宰杀。

（6）包装　包装示例见图 1-5。

（7）配送　配送示例见图 1-6。

4. 绿色菜篮联盟店运营

通过多种途径让更多的生态农产品产户加入可视化农业平台，实现价值提升和销路拓展。

**图 1-5　冰袋+泡沫箱**

注：新鲜冷运包装　坏单包赔

**图 1-6　配送示例**

注：从深山一站式直达餐桌

## 二、网络平台建设

购买平台域名如 315FOOD. COM，LIVENB. COM。

网站名如绿色食品网、实时农播网。

在国家工信部网站备案。

选择主干网的互联网数据中心（IDC）托管服务器。

1. 网络直播平台建设

网络视频直播系统应用流媒体技术在网络上进行直播，同时支持进行录播（系统自动录制，方便用户随时点播），用户访问指定的直播网站页面（URL），其访问请求导向发布服务器节点，获得流媒体数据，通过网页浏览器直接观看直播视频内容。

整个系统运用 J2EE、SSM 技术开发，共开发 3 种终端：PC Web，移动 Web，移动 App。

整个系统运用 FFmpeg 技术实现直播功能，功能包含以下组成部分。

（1）编码工具　用于创建、捕捉和编辑多媒体数据，形成流媒体格式，这可以由带视音频硬件接口的计算机和运行其上的程序共同完成。

（2）流媒体数据推送。

（3）存储和中转流媒体数据。

（4）视频流导出图片。

（5）流媒体协议　适合多媒体传输协议或实时传输协议的网络，如 RTMP。

（6）播放器　供客户端浏览流媒体文件，如 Flash 播放器，H5 视频播放器。

2. 服务器搭建

（1）安装性能稳定高效的 Linux 操作系统，搭建 TOMCAT 动态 WEB 服务器、Nginx-rtmp 流媒体服务器、Oracle 数据库服务器。

（2）将应用程序、数据库、文件各自部署在独立的服务器上，并且根据服务器的用途配置不同的硬件，达到最佳的性能效果。

（3）利用缓存技术改善系统的性能，使用缓存主要源于热点数据的存在，大部分网站访问都遵循“28 原则”（80%的访问请求，最终落在 20%的数据上）。

（4）使用集群改善应用服务器性能，应用服务器作为网站的入口，会承担大量的请求，往往通过应用服务器集群来分担请求数。

（5）数据库读写分离和分库分表，随着用户量的增加，数据库成为最大的瓶颈，改善数据库性能常用的手段是进行读写分离以及分表，读写分离顾名思义就是将数据库分为读库和写库，通过主备功能实现数据同步。

（6）使用 CDN 和反向代理提高网站性能。CDN 将数据内容缓存到运营商的机房，用户访问时先从最近的运营商获取数据，这样大大减少了网络访问的路径。

（7）使用分布式文件系统。

3. 平台功能

用户可以给不同的频道设定不同的视频码率进行直播或者存储。根据用户的需求提供对音视频采集的选择。

（1）定时存储　在视频采集频道中，可以在进行直播的同时保存视频节目。用户可以控制某一频道进行不同时间段的保存。

（2）定时启动　为用户提供定时启动某路频道功能，可以根据用户自定义时间进行设置。

(3) 定时传送　根据存储的文件，可以通过定时传送技术直接进行 VOD 节目的制作和上传。

(4) 系统监控　记录系统各模块的日志，记录管理员/用户操作日志，如采集工作站在直播时出现问题的记录、管理员操作步骤、服务器运行出现的问题等。

(5) 用户管理　对管理员/普通用户进行管理，可添加/删除/修改用户属性，修改用户权限，用户登录系统时进行认证。

## 三、网络营销

1. 搜索引擎营销

搜索引擎营销是网络营销的“排头兵”，做好搜索引擎营销是网络营销的基本要求。搜索营销（SEM）一般是指搜索引擎营销，分为搜索引擎优化（SEO）和点击付费推广（PPC）两个部分。其中 SEO 指的是利用搜索引擎的规则提高网站在有关搜索引擎内的自然排名；PPC，又称竞价推广，是一种按照效果付费的网络推广方式。

2. 社交营销

社交营销是指在现今的社交网络平台上，对企业品牌进行推广的网络营销活动。社交推广能够实现非常精准的广告投放，能够很直观地反映出网络用户的真实需求。

3. 信息流营销

信息流营销主要是指在一些新闻资讯类及其相关的网站或者 App 上，采用付费广告推广的形式进行网络营销推广活动。这种方式展现的形式包括文字/图片加链接，或者是视频流。其收费形式主要是以按展示次数收费（CPM）和按点击次数收费（CPC）为主。

4. DSP 营销

网络营销中最后一种营销方式是 DSP 营销。DSP 是指需求方平台，是一个系统，也是一种在线广告平台。DSP 是网络营销需求的集中投放平台，能为企业和广告主整合互联网广告资源，提供网络营销在整合趋势上的一种体现。

5. 常用的社交平台：移动端微博

从微博用户特征——覆盖率和留存率等指标来看，微博的商业价值不可小觑，完全具备构建独立社交营销的条件。而对企业来讲必须认清这个事实，积极打造移动端的微博平台，完善自己的移动互联网体系，见图 1-7。

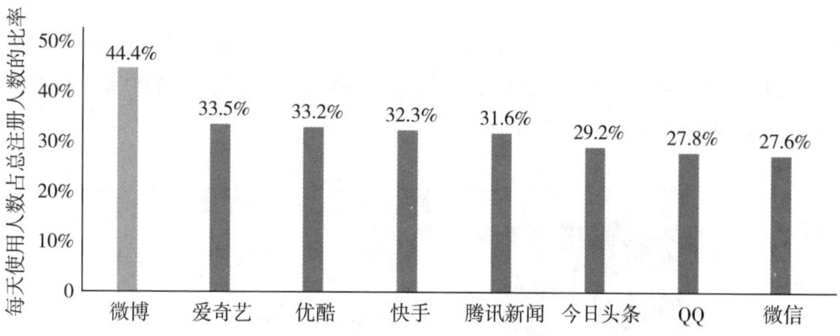


**图 1-7　各大平台数据统计**

注：微博用户每日打开电商应用的比例明显高于其他应用。

6. 手机淘宝

手机淘宝 App 购物更便捷，用户体验更好。

（1）手机淘宝界面设置见图 1-8。

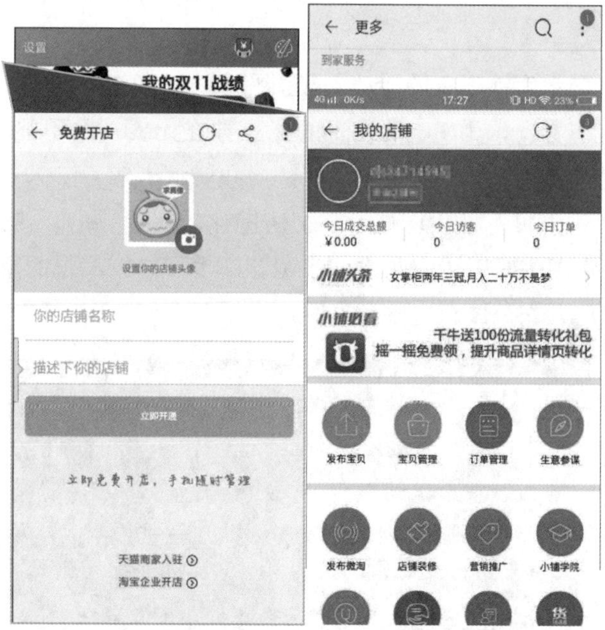


(1)手机淘宝界面设置　　　　(2)手机淘宝营销技巧

**图 1-8　手机淘宝界面设置**

(2) 手机淘宝营销技巧

①积极参与平台承办的促销活动：淘宝平台会定期或不定期地承办一些促销活动，如“9.9 元专场”“20 元特卖”等。尤其是节假日期间，如中秋节、“双 11”等。积极参与这些促销活动，就可以借助平台的影响力扩大品牌曝光度，提高销售额，见图 1-9。

图 1-9　淘宝平台促销活动示意图

②创建自己的促销活动：自己组织促销活动最大的特点是灵活性，可充分根据店铺需求进行设计。创建自己的促销活动一般来讲以下 3 个部分是必不可缺少的。

a. 海报：展示店铺现有的活动，吸引买家进一步浏览。

b. 店铺优惠券：因为 PC 端设置的优惠券在无线端是不能领取的，所以如果店铺有优惠券，一定要设置无线端链接并展示出来。

c. 店铺“主宝贝”的大图展示：把店铺比较有优势的、热销的商品展示到最前面，用主图来吸引买家的进一步浏览。也可以以海报的形式展示商品，并把商品促销信息充分展示出来，见图 1-10。

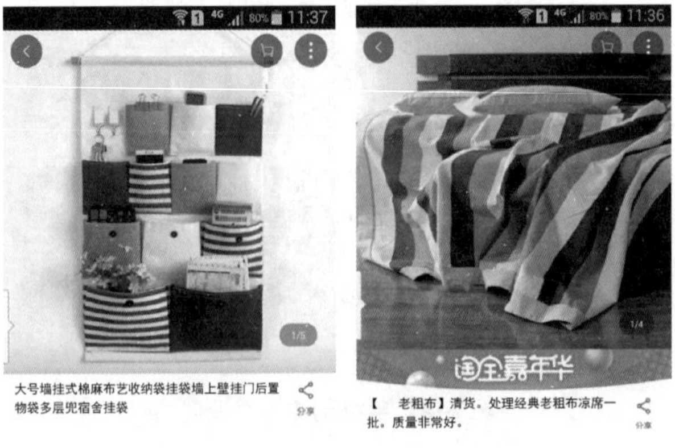


图 1-10　店铺主宝贝大图展示

值得注意的是，无线端的流量非常碎片化，这与 PC 端的流量高峰期有很大不同。根据数据规律统计得出，无线端的流量高峰期主要在 7：30—8：00，12：00—14：00，20：00—23：00；而周末、五一、国庆这种节假日期间则主要集中在 12：00—14：00，20：00—23：00。了解这些规律可以有针对性地策划主题营销活动。

③利用营销工具，扩大宣传和推广：淘宝平台上提供了多种适用于手机淘宝的营销工具，如优惠券、积分抵扣等商品促销工具；微海报、橱窗推荐等店铺引流工具；官方卖家秀、店铺 VIP 等粉丝互动类的工具。

④码上淘推广：手机淘宝店铺可以设置码上淘推广，这个功能可以给手机店铺带来很多流量。通过此功能可创建各种二维码，如商品二维码、品牌二维码、媒体二维码、包裹二维码等，并对二维码搜集的信息进行管理和分析。

二维码的创建有 3 种方式：通过工具创建，通过链接创建，通过宝贝创建，见图 1-11。

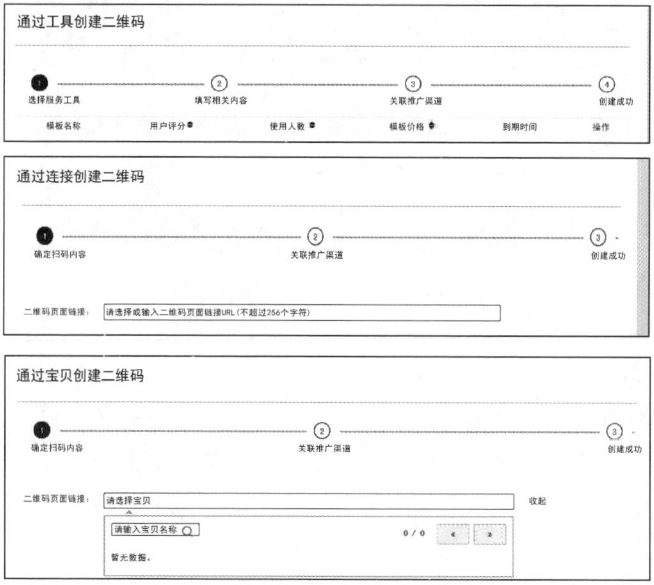


**图 1-11　二维码创建方式**

⑤无线开放平台（MTOP）：是淘宝于 2010 年 12 月成立的一个旨在帮助卖家创造多种营销场景的应用平台，是淘宝电子商务基础服务建设进一步完善的标志，极大地推动了无线电子商务生态圈内各参与者的不断创新与发展，

促进了无线电子商务新商业文明生态圈的建设，见图1–12。

**图 1–12　无线开放平台示意图**

7. 微淘营销

微淘是通过阅读，来加深消费者对店铺或产品的印象，吸引关注，实现引流。因此，微淘的内容大都是以与店铺、商品有关的文字、图片、视频、故事等形式出现。

做微淘应把重点放在内容运营上，让内容丰富、丰满、新颖、可读性强，能够长期吸引人们的关注。同时，将店铺信息、产品信息植入其中，带有情感、带有温度地展现给粉丝。这样既可以强化粉丝的黏性，又可以对引流和转化起到一个非常好的作用。

2016 年后，淘宝正式开始微淘等级的评定，即根据内容的优质程度和每天的帖子数量对微淘账号进行等级划分，见图 1–13。

**图 1-13　微淘示意图**

（1）微淘的发布与管理　微淘是手机淘宝客户端的一项分支功能，因此微淘账号不用另外申请，开通手机淘宝的商家都可以拥有，可通过淘宝手机客户端直接发布和管理微淘内容。

具体步骤见图 1-14。

打开手机淘宝，在 App 底部的导航中即可操作。点击右下角“我的淘宝”。

进入“我的淘宝”，点击“我是商家”，然后再点击“发布微淘”，对内容进行编辑后，即可发布。

微淘发布内容还有另外一种方法——通过 PC 版微淘页面，在页面上也同时可以对微淘进行设置、数据管理、粉丝管理等，见图 1-15。

打开淘宝官网（https://www.taobao.com/），登录淘宝进入卖家中心，然后找到手机淘宝店铺下的无线店铺即可进入。进入页面路径：淘宝官网→卖家中心→手机淘宝店铺→无线店铺→立即装修。

在“微淘管理中心”页面中可对内容进行管理和数据分析。进入页面路

图 1-14　微淘的发布与管理示意图

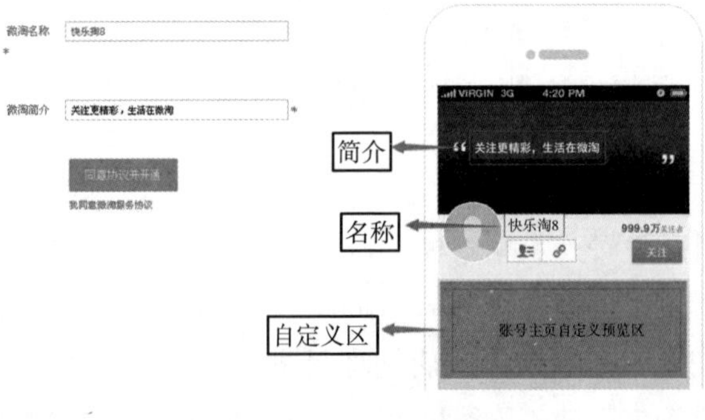


图 1-15　PC 版微淘界面示意图

径：淘宝官网→卖家中心→手机淘宝店铺→无线店铺→发微淘。微淘管理中心的具体功能见图 1-16。粉丝管理：新增粉丝数，取消粉丝数，净增粉丝数，累计粉丝数，收藏店铺用户数。

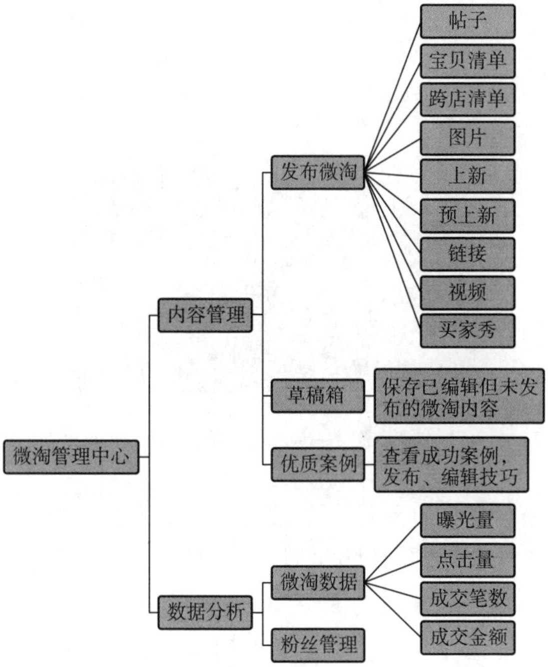


**图 1-16　微淘管理中心的具体功能**

（2）内容是微淘的“吸粉利器”

①内容定位：按照微淘平台发布内容的规定，分为 8 大类，诸如帖子、宝贝清单、跨店清单、新品等。但在实际运作中却不能随便发宝贝清单或者新品信息，而是要有计划、有针对性地发布，且发什么样的内容要完全根据用户的阅读需求和兴趣爱好来制定，而不是仅凭自己的意愿，见图 1-17。

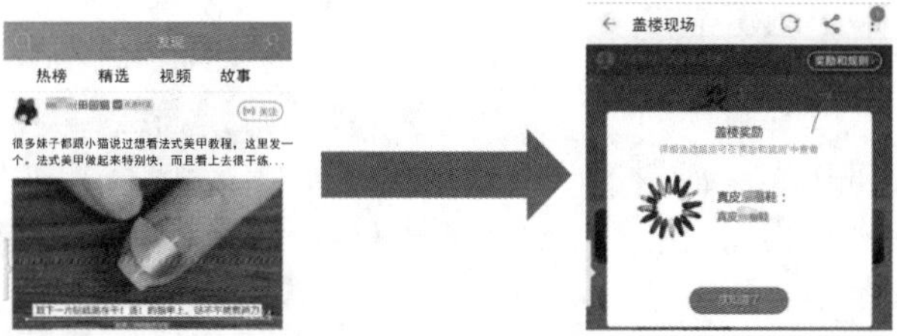


**图 1-17　内容发布**

②自建话题：微淘营销与微博营销十分相似，微博中经常有一些热门的、有意思的话题出现，以引发博友的大量转发和评论。同样，微淘也需要经常有这样的话题做引子，激发用户的关注兴趣和积极参与性，见图 1–18。

**图 1–18　自建话题**

值得注意的是，如果自建话题中带有企业和产品信息，建议用内容推广产品，否则很容易淡化话题的讨论性、参与性。

③把握发布时间：对于微淘文章发送的时间点，可参考之前提到的手机淘宝营销技巧。正常情况来讲，早上 8 点到 10 点，下午 4 点到 5 点，晚上 9 点到 10 点，这几个时间段都是一个浏览高峰期。当然，要根据店铺的具体情况以及受众群体的特征来定。总之，内容营销与付费流量不一样，很难立刻就能看到成效，必须需要一个比较漫长的过程。但是作为增加流量的入口，还是一个比较值得重视的渠道，以内容为主的微淘配合以流量为主的手机淘宝，做得好的话肯定会达到 1+1>2 的效果。

8. 微信公众平台

微信公众号是使用者唯一的身份标识。登录微信公众号可以在微信平台上与消费者进行文字、图片、语音全方位的沟通和互动。消费者通过关注微信公众号，也可成为该企业的用户，从而享受其提供的产品或服务。其运作模式如图 1–19 所示。

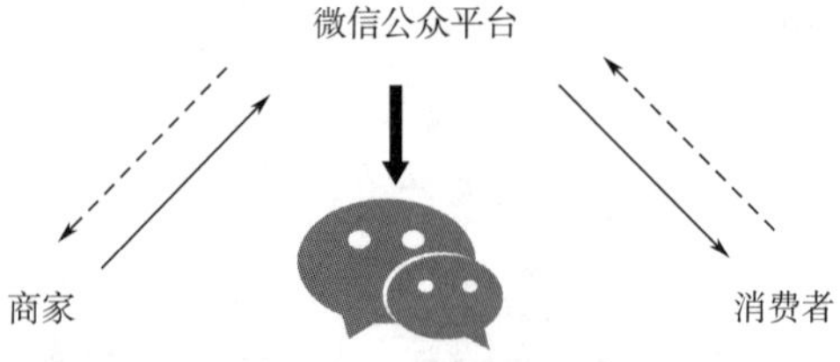


**图 1–19　微信公众号运作模式**

9. 微信小程序

微信小程序，简称小程序，是一种不需要下载安装即可使用的应用。2017 年 1 月 9 日正式上线，该应用最大的特点是嵌于微信公众平台中，使用方便，触手可及，用完即走，成为微信公众平台重要的一环，见图 1-20。

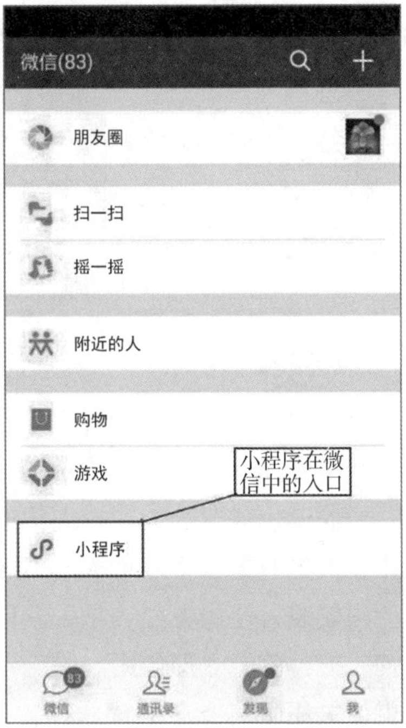


图 1-20　微信小程序示意图

（1）申请步骤如下

①打开微信公众平台（https：//mp. weixin. qq. com）在右上角单击「立即注册」。

②选择第三个「小程序」的选项。

③填写用户的基本信息，每个邮箱仅能申请一个小程序，填写完成以后会发送一封确认邮件到邮箱。

④从邮箱打开确认链接，完善注册信息，目前仅限企业、政府、媒体、其他组织注册，个人暂时不能注册。

⑤填写完信息即可注册成功，成功后即可跳转到登录成功首页，登录成功后还需要认证企业信息方可使用。

⑥程序信息完善：填写小程序基本信息，包括名称、头像、介绍及服务范围等。

⑦开发小程序：完成小程序开发者绑定、开发信息配置后，开发者可下载开发者工具、参考开发文档进行小程序的开发和调试。

⑧提交审核和发布：完成小程序开发后，提交代码至微信团队审核，审核通过后即可发布（公测期间暂不支持发布）。

（2）微信小程序的传播优势

①容易搜索和查找：小程序显示在聊天顶部，这意味着用户在使用小程序的过程中可以快速返回至聊天界面，而在聊天界面也可以快速进入小程序，实现小程序与聊天界面之间的便捷切换，见图 1-21。

②操作便捷：微信小程序被誉为移动互联网新贵，它的出现将“杀死一

图 1-21 微信小程序界面

切 App”的说法甚嚣尘上，有人称这是“新一代操作系统”。杀死一切 App 有些夸张，但绝对担当得起“新一代操作系统”的称号。小程序的最大优势就在于无须安装、使用方便，是一款即时使用的手机应用，只需要扫描二维码，或是搜一搜，就能立即使用。

就像关注微信公众平台一样，只需要知道它的名字，或者二维码就能使用某款小程序，见图 1-22。

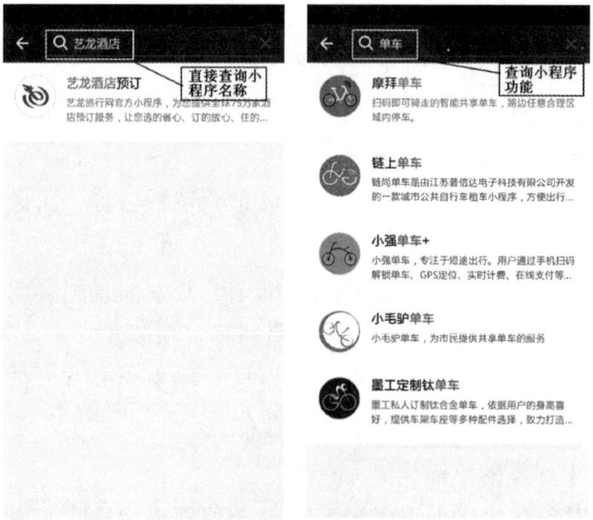


图 1-22 小程序界面

③交互性更强：小程序与订阅号、服务号、企业微信是并行的体系，全

面开放申请后，主体类型为个人、企业、政府、媒体或其他组织的开发者，均可申请注册小程序。

与公众号相比，小程序要优于公众号。微信小程序提供了丰富的框架组件和 API 接口供开发者调用，基于小程序的运行能力和流畅度可以获得和 Native 移动 App 一样的体验。在获取更好体验的同时，交互性也更好。

这种体验性、交互性体现在两个方面：一个是用户与用户的交流互动；一个是用户与开发者的交流互动，见图 1–23。

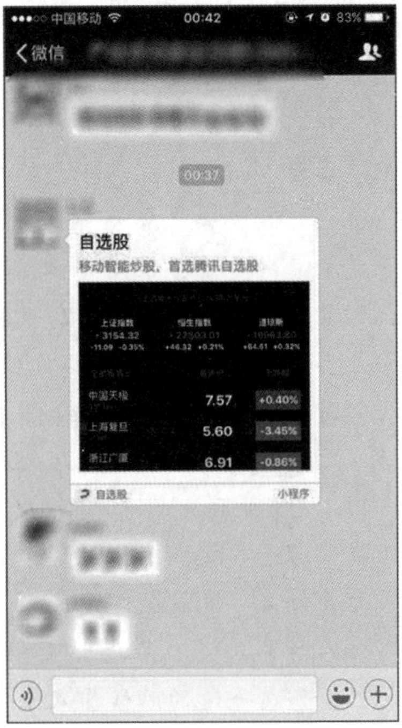


图 1–23　交互性界面

④性能优越：相比之下 App 的流量成本较高，微信小程序能减少所有产品对用户时间的竞争。小程序是对移动 App 的进一步简化和优化，开启了 Super App，或者说是 Light App 的时代。因此，小程序就是一种轻 App 模式。

所谓的轻就是可以对某些重要的功能进行优化，使某个功能更加突出。如，以往在很多 App 中，尤其是综合性的 App 往往会嵌入很多功能，这样做的缺点是干扰了用户的体验，同时下载后占据的空间也很大。而小程序可将 App 中最核心的功能保留下来，对一些用处不大的功能则进行了舍弃，见图 1–24。

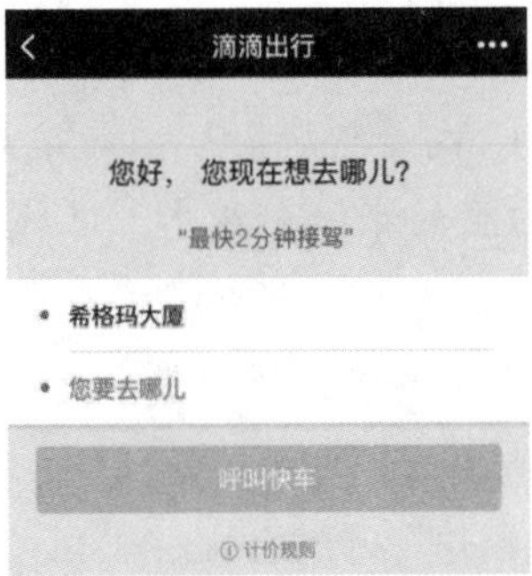


图 1–24　小程序核心功能

10. 微店、微商城

通过微店 App、微商城 App 入驻移动电商，并进行运营。

11. 移动直播平台

将移动互联网产品打造成“网红产品”。

## 【案例一】直播卖货

某商家定期在手机上通过直播卖自家的土鸡，包括鸡肉、鸡蛋等。但她没有直接卖，而是特别善于与粉丝互动，如直播做美味土鸡大餐。通过做与土鸡相关的美食，来间接体现土鸡产品的营养、健康，在观看的过程中，粉丝可以感受土鸡产品的价值。再加上同时进行的文字、语音等多层次互动，往往可以收到非常好的效果，如图 1–25 所示。

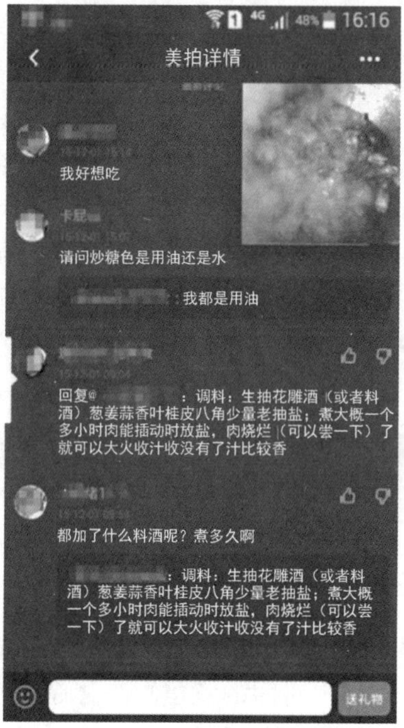


图 1–25　土鸡直播示意图

该商家通过直播，不但汇聚了一大批美食爱好者，也最大限度地激活了消费者的消费欲望。再加上巧妙的营销技巧，如在合适的时候植入土鸡产品的链接，设置限时特卖活动等，粉丝在观看的过程中就会下单，大大提升了销量。

其中移动直播营销有以下优势。

（1）网红的引流效应　直播直接催生了网红，而网红往往又自带流量，流量是转化为销量的最可靠保障。企业利用网红进行直播营销，那么，企业究竟该如何拥有自己的网红？一般有两个途径：1. 高薪聘请；2. 自行培养。

（2）实时互动的信息传递　以文字、图片为主的报纸、杂志、书籍，及以音频为主的电视、广播相比，直播是一种大众传播的新形式，赋予了营销新的特征。这种新特征首先表现在信息的传播方面，具体如下。

可生产出更多优质内容，使网络社交更加立体化。

打破了媒体与媒体间的界限，打造一个“融合性”平台。

承载了报纸杂志、电视广播等传统媒介所无法承载的信息。

（3）目标用户更容易抓取　直播面向的群体本身就比较精准，用直播展开营销时就意味着基本上已经锁定了目标人群，如果再根据自身企业产品的具体要求进一步细化，那么用户就会更加精准。

根据相关统计数据分析结果发现，观看直播的人整体上呈现出年轻化的特征，见图 1-26，地区分布见图 1-27。

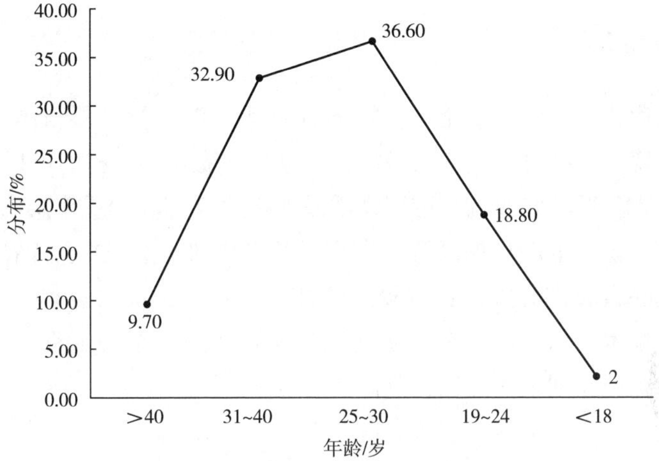


**图 1-26　直播受众年龄分布示意图**

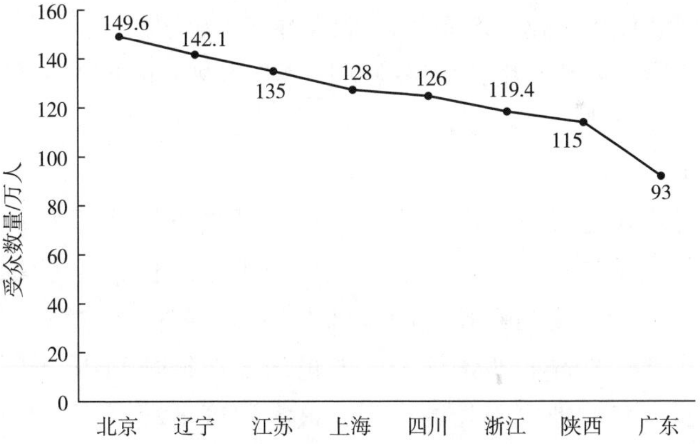


**图 1-27　直播受众地区分布示意图**

（4）互动性强、用户黏性高　移动直播的互动性非常强，主播可以与用户展开打赏、送礼物、弹幕、留言等多种形式的互动。而这些互动正是企业进行移动互联网营销所需要的，其实互动，一直以来都是营销活动中最不可或缺的一个环节，传统营销中有线下互动，网络营销兴盛起来后又有了各种线上互动，最具代表性的就是微博、微信等自媒体营销。因此，做移动营销也必须要有充分的互动，而直播这种媒体可以最大限度地满足各方的互动需求。

## 知识链接

### 一、循环农业

循环农业，指在农作系统中推进各种农业资源往复多层与高效流动的活动，以此实现节能减排与增收的目的，促进现代农业和农村的可持续发展。

通俗地讲，循环农业就是运用物质循环再生原理和物质多层次利用技术，实现较少废弃物的生产和提高资源利用效率的农业生产方式。循环农业作为一种环境友好型农作方式，具有较好的社会效益、经济效益和生态效益。只有不断输入技术、信息、资金，使之成为充满活力的系统工程，才能更好地推进农村资源循环利用和现代农业持续发展。

1. 概念

循环农业是相对于传统农业发展提出的一种新的发展模式，是运用可持续发展思想和循环经济理论与生态工程学方法，结合生态学、生态经济学、生态技术学原理及其基本规律，在保护农业生态环境和充分利用高新技术的基础上，调整和优化农业生态系统内部结构及产业结构，提高农业生态系统物质和能量的多级循环利用，严格控制外部有害物质的投入和农业废弃物的产生，最大限度地减轻环境污染。

2. 发展意义

发展循环农业是实施实现农业可持续发展战略的重要途径。循环型农业是运用可持续发展思想和循环经济理论与生态工程学的方法，在保护农业生态环境和充分利用高新技术的基础上，调整和优化农业生态系统内部结构及产业结构，提高农业系统物质能量的多级循环利用，严格控制外部有害物质的投入和农业废弃物的产生，最大限度地减轻环境污染，使农业生产经济活动真正纳入农业生态系统循环中，实现生态的良性循环与农业的可持续发展。

3. 发展背景

20 世纪 50 年代以来，我国农业的增长在很大程度上依赖于资源开发和石化资源投入的增加，大量使用化肥、农药、生长调节剂等化学物品，带来了环境污染、生物多样性减少或消失、土壤板结造成的自然肥力退化、地下水资源污染、食品安全问题等。我国农业在世界上创造了用 7%的土地养活 22%的人口的奇迹，但同时，农业也成为一个不容忽视的重要资源消耗源，在某种程度上也可以说是巨大资源的浪费源，同时也是一个重要的污染源。节能减排、降低污染、保护生态环境、提高资源利用效率和经济增长质量，农业肩负着义不容辞的责任。

4. 特点

（1）减量化 尽量减少进入生产和消费过程的物质的量，节约资源使用，减少污染物的排放。

（2）再利用 提高产品和服务的利用效率，减少一次性用品污染。

（3）再循环 物品完成使用功能后能够重新变成再生资源。

应用现代先进的农作物综合加工利用技术与设备，依托发达种植业和农作物秸秆资源丰富的优势，为市场提供优质廉价与商品化程度高的农作物产品，促进养殖业优质高效发展，提高农作物秸秆的利用率和经济效益，并使秸秆饲料加工、养殖业、生物有机肥、种植业 4 者之间形成有机的产业循环链，建立起农业资源高效利用的集约化现代农业经济循环体系，全面提高农业资源利用效率和农业生产经济效益，实现农业增效、农民增收、农村繁荣，促进和加快生态创建工程建设及生态村建设。

5. 作用

可以实现“低开采，高利用、低排放、再利用”。最大限度地利用进入生产和消费系统的物质和能量，提高经济运行的质量和效益，达到经济发展与资源、环境保护相协调，并符合可持续发展的战略目标。

循环农业也有一般循环经济不具备的特点。

食物链条：各主体互补互动、共生共利性更强。

绿色生产：对产品的安全性更为强调。

干净消费：农产品在“吃干榨净”后回归大地。

土、水净化：土壤、耕地和水资源的保护至关重要，对耕地的占补平衡和水资源的可持续利用要予以特别关注。

领域宽广：包括农业内部生产方式循环、对农产品加工后废弃物的再利用。

双赢皆欢：清洁和增收有机结合，既干净，又增收。

6. 应遵循的原则

（1）加强宣传，形成共识 培育全社会参与意识，提高参与能力，深入宣传发展循环农业的扶持政策，调动各方面发展循环农业的积极性。

（2）制订规划，进入“笼子” 各地在制订农业的远景发展规划时，应当列入发展循环经济、循环农业的内容。制订一个全面系统地发展循环农业的规划，步步推进。

（3）突出“绿色”，调整结构　农业结构的战略性调整已取得明显成效，今后要在深入调整上下功夫。要突出发展绿色食品、无公害食品和有机食品的生产。

（4）科技先行，培训优先　循环农业实际上是一种技术模式，要研究几种具体的循环农业模式，特别是体现新型工业化和农业现代化、市场化之路的循环模式。

（5）保护水土、节约资源　要严格保护耕地，重视耕地质量的保护和提高。要大力推广生物治虫，化工企业要研究、生产低残留农药和可降解塑料薄膜。要推广喷灌、滴灌，杜绝漫灌，发展节水农业。农村发展农产品加工或其他工业，要做到防污于未然，尽可能做到低排污。

（6）各级重视，部门联动　各级党委、政府要对循环农业的发展予以足够的重视，组织规划、制订计划，研究扶持政策和发展措施。循环农业正在起步，必须从政策、资金、技术等方面予以扶持。要研究制订发展循环经济、循环农业的法律法规和行政措施，使之有法可依、有章可循。要加大对循环农业的投入，建立循环农业的核算机制，纳入统计体系和考核体系。发展循环农业涉及农业、工业、科技、环保、财政、金融等部门，各部门联动，才会得到较快的进展。

7. 重点环节

循环农业要进一步发展，已成为人们的共识，应着力抓好以下6个重点环节。

（1）要突出“绿色”，调整结构　农业结构的战略性调整已取得明显成效，今后要在优化调整上下功夫，突出发展绿色食品、无公害食品和有机食品的生产，要注意保护水土，节约资源。

（2）要保护耕地，提升质量　坚持推广秸秆返田与保护性耕作技术，实现种地与养地有机结合，加强耕地质量工程建设。大力推广生物防治，相关企业要研究、生产低残留农药和可降解塑料薄膜。要推广喷灌、滴灌，杜绝漫灌，发展节水农业。

（3）要项目带动，企业参与　农村发展农产品加工或其他工业，要做到防污于未然，做到低排污与达标排放。

（4）要发展沼气，有效转化　近年来，各地以户用沼气工程为重点，结合农村改圈、改厕、改厨，大力推广以“猪–沼–菜（粮–果–渔）”等为主要内容的生态模式，实现村庄、庭院废弃物再生利用的良性循环。随着秸秆、畜禽粪便等农业固体废弃物的循环利用，以及测土、配方、施肥等生态循环生产方式的推广，农产品质量得到提高。实践表明，循环农业与科技、经济与环保可以实现相互支持、良性互动。

（5）要优化布局，整体规划　发展循环农业首先要制订发展规划。一方面，在充分调研的基础上，有选择、有重点地分别制定省、市、县、乡、村等不同层次不同级别的循环农业发展计划，实现有计划、有步骤、有组织地稳步推进。要特别强调根据不同区域和不同层次农牧业的生产现状和实际需求，建立适宜的循环模式，并依照不同模式的特定优势，进行布局配置、结构调整，延长产业链，确保循环农业模式中各流通量与接口间的相互匹配、协调运行，促进循环农业健康、安全、有序生产。

（6）要正确引导，有序推动　循环农业事关经济可持续发展，需要政策引导。同时，循环农业发展又涉及种植、养殖、加工、能源和环保等多个部门，要建立多部门联动机制，强化多元扶持，加大政府投资力度，保证其持续发展。

8. 四个原则

一是“减量化”，尽量减少进入生产和消费过程的物质量，节约资源使用，减少污染物排放。二是“再利用”，提高产品和服务的利用效率，减少一次用品污染。三是“再循环”，物品完成使用功能后，能够重新变成再生资源。四是“可控化”，通过合理设计，优化布局接口，形成循环链，使上一级废弃物成为下一级生产环节的原料，周而复始，有序循环，实现“低开采、高利用、低排放、再循环”，最大限度地利用进入生产和消费系统的物质和能量，有效防控有害物质或不利因素进入循环链，提高经济运行的质量和效益，达到经济发展与资源节约、环境保护相协调，并符合可持续发展战略的目标。

## 二、可视农业相关链接

来源：https：//zhidao. baidu. com/question/1964122193913068180. html

“VIE*”中国模式的创新点，也就是它的核心卖点，主要在于它将游戏趣味性、食品安全性、现实教育性与社会公益性四者有机结合起来。“VIE”中国模式就是按照发展现代农业、推进社会主义新农村建设、发展“生态农业”和“绿色食品”的理念和时代要求所设计的社会公益性模式。该模式是从实施生态种养、传播绿色网游、引导绿色餐饮、传递健康送礼、构建虚实结合与跨界营销新理念入手，建立一批生态种养的实体产业，发展农产品电子商务和物流体系，对推动“生态农业”和“绿色食品”发展进程，发展与

* VIE 指 Visible IT eco-agricalture，可视化、信息化生态农业的经营模式。

壮大农村经济、提高农业现代化水平和增加农民收入等方面起到表率作用。此外，对广大青少年来说，还有一种深层次的现实意义，通过传播绿色网游，他们不仅增长了科学知识，保持了心理健康，还可远离那些不健康网游。

## 项目小结

### 一、绿色菜篮小结

通过绿色菜篮可视农业平台实现订单生产，保证了消费者的权益和农户的利益，促进了绿色菜篮的健康和可持续性发展。

### 二、绿色菜篮可视农业平台小结

建立起了消费者和农户之间信誉的桥梁，促进了绿色农业的良性循环生态圈的形成。

### 三、直播+短视频营销小结

直播+短视频营销颠覆了传统电商的理性购物模式，开创了感性购物模式。更将消费者从看图文评论购物的传统模式带向了一个视频内容电商模式，且和生态农业有机结合起来。

## 拓展项目

### 绿色菜篮

随着 Internet 的日趋进步，各行各业都离不开网络及其资源共享，而资源共享却离不开网站，而现在网站不仅仅由无数页面组成，实际上现在的大型网站是一个巨大的系统，需要多方面的知识才能更好地进行网站建设、管理以及维护。

### 一、网站及相关基本概念

1. 域名

(1) 什么是域名　域名就是互联网上识别和定位计算机的层次结构式的

字符标识，与该计算机的互联网协议（IP）地址相对应，也就是用来表示一个单位或机构在互联网上有一个确定的名称或位置的。

域名：一种基于 IP 地址的层次化的主机命名方式。

域名解析：就是将用户提出的名字变换成网络地址的方法和过程。从概念上讲，域名解析是一个自上而下的过程。

（2）域名的结构　域名是有意义的字符串，由英文字母、阿拉伯数字和连字符“-”组成。域名具有层次，从右到左依次为顶级域、二级域、三级域等。

例如：

http：//www. sina. com. cn　　　　http：//www. ybzy. cn

例如：

. com　　　　顶级域名

baidu. com　　　　二级域名

xxx. gov. cn　　　　三级域名

new. xxx. gov. cn　　　　四级域名

（3）域名管理　中国顶级域名服务商，提供全系列域名申请、审核、注册、撤销等管理。

（4）域名申请注册

①选择域名：好的域名应该具备的基本要素：短小、容易记忆，不容易与其他域名混淆，不容易拼写错误，与公司名称、商标或核心业务相关、尽量避免文化冲突。

②域名注册：域名查询，申请注册，递交申请材料，注册材料的审核，缴费生效等注册过程。

③申请中注意的问题：如解决域名冲突包括协商解决、诉讼解决，域名争议解决、换名字等，宗旨是先申请先注册。

2. 网站

申请了域名之后，还需要拥有存放信息的服务器空间（又称虚拟主机），才能使访问者在网上看到信息，这个空间和上面的信息，统称为网站。

3. 网址

如果申请的域名为 abc. com，同时又申请了网站空间，该网站的网址即为 www. abc. com，那么全世界连通到此网址的人均可访问到该网站。网址的作用类似于信封上的邮寄地址，它是互联网上的重要标识，在互联网上没有重复的网址，即网址具有唯一性。

## 【案例二】网站建设

在参加创新创业大赛时，例如电子商务类，需要搭建对应的平台或系统，作为比赛的支撑和载体。

某家大型绿色食品公司（以下简称 A 公司）由于发展的需要决定建设自己的网站，这个任务落在了刚刚招聘来的小王身上。公司负责人先让小王拿出一个分步实施计划，然后再具体实施。那小王该如何写计划呢？

①分析：先帮助小王做一下分析。

a. 对于一家大公司而言，一定要有自己独立的域名，不能与别人共用一个域名。

b. 公司域名是公司在互联网上的名称，跟公司取名一样，需要认真考虑。

c. 多取几个候选域名，防止自己想好的域名已被他人抢注，可以到网上查询验证。

d. 域名注册好后就可以考虑是租用网站空间还是自己架设服务器。

②实现：再帮助小王列一下编写提纲。

a. 确定公司网站域名。

b. 通过互联网注册域名。

c. 确定网站空间。

d. 规划与建设整个网站。

e. 培训内部员工，充分利用网站。

f. 对外宣传公司网站，充分发挥网站的作用。

## 二、网站的主要类型

现在互联网已经非常庞大，同时互联网是经常变化的，所以对网站进行准确分类非常困难，也不一定确定。同时网站又非常多元化，表现内容的复杂化与其相关方面的多样化，同一个网站可以属于不同的类别，虽然分类困难但还是有章可循的。

1. 按照网站所有者性质

政府网站、企业网站、个人网站、学校网站、研究机构网站、金融证券网站。

2. 按照网站作用

门户网站、搜索引擎网站、博客网站、社区论坛网站、软件下载网站、音乐欣赏网站、聊天网站、游戏网站、交友网站、在线支付网站、在线学习网站等。

3. 按照网站内容更新方式

静态网站、动态网站（内容可管理式网站、自助式网站）等。

4. 按照网站规模

小型网站、中型网站、大型网站等。

5. 按照网站信息交互

单向浏览式网站、双向交互式（或互动式）网站等。

6. 按照网站运行的网络操作系统

Windows 平台网站、Linux 平台网站、UNIX 平台网站、Solaris 平台网站等。

## 【案例三】会议报告

A 公司已正式批准建设自己的网站。在一次专题讨论会上，主管领导先让小王向与会的各位领导讲解一下关于互联网上网站的主要分类情况，然后就公司网站的定位问题展开了讨论，最后让小王写一份会议总结报告。那小王在会议总结报告里到底要写些什么呢？

①分析：先听听各位领导的观点。

a. 从规模上讲，公司员工近 2 万人，产品种类多达 30 个，而且产供销一体化，应该定位于大型网站。

b. 公司的产品主要服务于国内用户，部分产品远销海外，急需进一步扩大海外市场，所以除了中文网站外，还应该有英文网站。

c. 网站应能及时发布公司资讯与产品信息。

d. 网站应该成为与客户或潜在客户进行信息沟通或互动的重要渠道。

e. 网站能开展网上订货、在线支付等，同时还应该考虑今后网上办公的可能性。

f. 从长远角度来看，公司应该自己架设服务器，考虑今后公司内网（即公司内部办公网络系统）与外网（即公司网站）的结合，共享资源，提高效率。既要考虑外网的安全性，也要考虑内部员工操作的简便性。

根据各位领导的提议与目前网络的发展情况，小王建议外网采用 Linux 平台+JSP 语言来开发，而内网采用 Windows 平台+ASP. NET 语言来开发比较合适。

②实现：根据专题讨论会上各位领导的提议，小王决定从以下几个方面来写会议总结报告。

a. 公司网站应该建设成典型的企业网站。

b. 公司网站应该具有制造业网站的风格。

c. 公司网站应该具有资讯网站、购物网站、在线支付网站的功能。

d. 公司网站应该留有与内部网办公系统接口的功能。

e. 公司网站属于大型网站，应该从大型网站角度考虑问题。

f. 公司网站应该建设成网站内容可管理式网站。

g. 公司网站采用 Linux 平台+JSP 语言来开发，公司内网采用 Windows 平台+ASP. NET 语言来开发。

h. 公司网站应该建设成中、英文两种网站。

## 三、网站的组成及其功能

1. 基本组成

网站主要由硬件、网页、传输协议等组成。

（1）硬件　硬件主要有各类服务器以及各类工作终端。

（2）网页（Top 页头、Bottom 尾页、栏目页及模板页）　首页：网站的第一个网页。一般有较多的内容区块，如商品展示区、公告区等。栏目内容显示页：显示栏目内容，样式由格式网页控制。商品列表网页：网上展示或销售的商品列表；由动态的数据生成，样式由列表格式控制。商品介绍网页：商品的详细介绍网页，有商品说明等内容，由动态的数据生成，样式由格式网页控制。新闻资讯列表网页：消息类、资讯类、新闻类的目录列表，由动态的文章生成，样式由列表格式控制。新闻资讯内容网页：消息类、资讯类、新闻类的内容显示网页，由动态的文章生成，样式由格式列表控制。尾页：显示网站版权、日期、联系方式等信息。

（3）协议　网站交易平台主要使用网络传输协议有 TCP/IP、SMTP、NETBEUI、NOVELL 的 IPX/SPX、移动 IP 协议、WAP 无线应用协议等进行通信。

2. 网站常见风格

网站的风格是通过一种或多种网站表现形式综合体现出来的，是网站的整体形象给浏览者的综合感受。网站的表现形式又是多种多样的，进而决定了网站的风格也是多样的。

（1）沉稳型　一般政府网站、科研院所网站。

（2）活泼型　一般儿童网站、动漫网站、游戏网站。

（3）时尚型　一般时装网站、化妆品网站、饰品网站、时尚网站、娱乐网站、交友网站。

（4）典雅型　一般专业公司网站、专业科研机构网站。

（5）简约型　一般搜索引擎网站、短信网站、聊天网站、论坛网站。

（6）大众型　一般企业网站、购物网站、民俗网站、资讯网站等。

（7）综合型　综合运用了多种单一风格的多层次、多结构大型网站，如各类门户网站、大型综合网站等。

## 【案例四】专题讨论

在上次专题讨论会上，A 公司已明确了自己网站的定位问题。本次专题讨论会上要讨论的是网站的形象设计和包装问题。小王向与会的各位领导简单介绍了一下目前网站的常见风格，接下来各位领导就公司网站的形象（即网站风格）问题展开了激烈的讨论，小王做会议记录，最后要形成一份会议总结报告。

①分析：网站的 CI 形象应该与公司的 CI 形象一致。杰出的例子如麦当劳、肯德基等，全球统一的标志、色彩和产品包装，给人们的印象极为深刻。

②实现：网站风格是抽象的，也是最有争议的，网站的风格设计也是较难把握的，不仅要加强艺术修养，更需要群策群力，发挥集体智慧。设计出来的网站风格要能被广大客户乐于接受。小王考虑再三，决定从以下几个方面来写会议总结报告。

a. 公司网站的整体风格应为大众型，要能被广大用户和潜在用户普遍接受。

b. 公司网站的 CI 形象应该与公司的 CI 形象一致。

c. 公司网站的标准色彩要与公司的标准色彩一致。

d. 公司网站需要设计制作一个网站的标志（Logo）。

e. 公司网站需要设计制作网站的宣传标语（Banner）。

f. 公司网站要体现互动的风格。

g. 公司网站要有站点导航功能。

h. 公司网站布局条理清楚、结构层次分明。

③网站必备功能

a. 普通功能

（a）站点导航：也就是网站的主菜单，利用该功能可以找到网站的所有信息。

（b）计数器：网站计数器可以直观地了解网站的访问量。

(c) 留言板：提供了一个公共的信息发布平台，适合多对一的信息交流。

(d) 电子邮件：也是一种信息交流的方式。

b. 高级功能

(a) 信息发布与维护系统。

(b) 信息检索系统。

(c) 在线调查系统。

(d) 网站流量分析系统。

c. 特殊功能

(a) 网上购物系统。

(b) 供求信息发布系统。

(c) 会员管理系统。

(d) 在线招聘系统。

(e) 电子邮局系统。

(f) 邮件列表系统。

(g) BBS 及聊天室。

(h) 网上拍卖系统。

(i) 互动地图演示系统。

### 【案例五】网站功能建设

确定了网站风格之后，接下来的问题就是确定网站应有的功能。照例 A 公司负责人再次将各位领导集中起来，讨论公司网站必备功能。同样小王先向与会的各位领导介绍了目前网站的常见功能，接下来进行相关讨论，小王做会议记录，最后要形成一份会议总结报告。

①分析

a. 从客户的角度来看，能方便及时地与厂家进行沟通，这是最起码的要求，否则不仅无法吸引潜在客户，就连正式客户也会面临流失的危险。所以网站必须具备站点导航功能、指明联系方式、提供留言板与电子邮件功能。

b. 公司网站信息量较大，需要各部门配合录入，技术含量不能要求太高，自然信息发布与维护系统也是必不可少的。

c. 在线调查系统与网站流量分析系统也是应该考虑的。

②实现：小王按照领导的指示，列出如下编写提纲。

a. 公司网站必须具备站点导航功能。

b. 公司网站必须在合理的地方添加联系方式。

c. 公司网站必须在合理的地方添加电子邮件联系方式，并可直接发送电子邮件。

d. 公司网站必须具备留言板功能。

e. 公司网站必须具备信息发布与维护功能。

f. 公司网站必须具备站内搜索功能。

g. 公司网站必须具备在线调查与网站流量分析功能。

h. 公司网站必须具备网上购物功能，但只要满足公司的实际需要即可。

i. 公司网站可以考虑增加电子邮局功能。

## 四、网站常用技术

1. HTML 超文本标记语言

最初的 HTML 语言只能在浏览器中展现静态的文本或图像信息 ，HTML 是网络的通用语言，一种简单、通用的全置标记语言。HTML 网页文件可由任何文本编辑器或网页专用编辑器编辑，完成后以 . htm 或 . html 为文件后缀保存即可在浏览器里看到内容。

2. 超文本传输协议（http）

支持 WWW 上信息交换的互联网标准，是定义 Web 服务器如何响应文件请求的互联网协议。

3. JSP

全名为 Java Server Page，是 Sun 公司推出的网站开发语言，它几乎可以使用 Java 语言的所有特性。

4. PHP

PHP 是一种跨平台的服务器端的嵌入式脚本语言，它大量地借鉴 C、Java 和 Perl 语言的语法，并加入了 PHP 自己的特性，使 Web 开发者能够快速地写出动态页面。

5. 数据库

Access、SQL Server、MySQL、Oracle 等数据库系统。

6. 网站开发辅助工具

图像制作工具：Photoshop、Fire work。

动画处理工具 ：Flash、Studio、Animator。

页面制作工具：Dreamweaver、Visual Studio 20XX、MyEclise。

## 五、网站开发流程

1. 网站开发流程

在网站开发过程中的流程主要由 5 个阶段共十几个主节环节组成，如下所示。

（1）与客户沟通网站制作意向　客户提出网站建设需求：网站主题、目的、针对的用户群、公司情况、栏目描述、网站基本功能、网站形象设计等要求，客户提供的需求越详细越有助于网站建设的顺利开展。

（2）确定合作意向，签订协议（需求分析）　针对网站项目内容和具体需求进行协商，修改、补充以达成共识，网站设置的栏目、制定《网站需求分析说明书》（网站建设方案）、签订协议并交预付款（50%～70%）、空间和域名的定购。

（3）提供网站制作所有素材　公司名称、Logo、所有文字资料（电子稿）与图片素材，提供的方式包括电子邮件、EMS、传真等方式。公司同时也可以根据事先约定，为客户进行专门的数码拍照。

（4）制作网站效果图、客户审核（建模）　按照协议进行网站整体风格、整体美工及布局设计，并制作出设计稿（初稿、修改、定稿）。客户审核并确认设计稿后，再制作首页及内容页的全部网页。客户审核并确认全部网页风格、功能等内容。

（5）网站设计制作及进度监控（设计及实现）　客户审核并确认全部网页后，开始整体网站设计，进行程序及数据库开发。客户及时跟踪项目进展情况，可以凭借项目监控对网站进行实时监控，包括开发进度、网页设计、程序测试等，可以随时提出合理的修改意见。

（6）网站测试及客户审核（测试）

a. 所有网站文件统一上传到测试服务器上，客户在规定的时间内上网浏览验收（初稿、修改、定稿）。

b. 验收项目包括链接的准确性和有效性、页面是否真实还原设计稿、浏览器的兼容性、文字内容的正确性（以客户提供的电子文档为依据）、功能模块的有效性等。

c. 验收时根据协议核对其履行状况。

d. 验收合格，由客户签发《网站建设验收单》。

（7）网站优化、推广、运营　网站操作培训、网站优化设计、网站推广、网站运营以及技术支持。

（8）项目结束交付尾款。

2. 网站建设进程的常用模型

（1）基本模型　即快速原型模型，从大的背景开始逐渐向特定的步骤细化，以便完成整个网站的设计。在软件工程中，这个模型称为基本模型，或者有时称为软件生存周期模型。

（2）瀑布模型　第一阶段是计划阶段，接着是设计、实现、测试，最后为维护阶段。每个阶段都有独特的步骤，但相连的各阶段的边界并不明显。步骤的实际数目和名称因人而异。

## 【案例六】农业可视化

随着社会经济发展与科学技术进步，中国国民的食品安全意识逐步提高。特别是当前对食品安全众望所归的形势下，近几年来我国国内连续、反复爆出如"地沟油"事件、苏丹红"红心咸鸭蛋"事件、三鹿"三聚氰胺奶粉"事件、猪肉"瘦肉精"事件等，让民众对我国食品的安全性引起强烈反应。这些事件也引发民众对"绿色、健康、安全食品"的向往。为此，国家必须强化健康安全食品监控体系建设，加大监管力度。大力发展"生态农业"与"绿色食品"相结合的农产品生产基地建设，也将成为发展中国现代化农业的必经之路。

"可视农业"主要是指依靠互联网、物联网、云计算以及雷达技术及现代视频技术将农作物或牲畜生长过程的模式、手段和方法呈现在公众面前，让消费者放心购买优质产品的一种模式。既能解决食品安全问题，又能解决农副产品销售难的问题，还能得到产前订单，让农产品升级卖到好价钱，见图 1–28。

图 1–28　可视农业实物图

可视农业的概念虽然早就有了，但是相关的产业生态却一直不温不火。为何此生产方式没有变成现实呢？原因是可视农业受到发展模式、市场认可、政策扶持、推广升级等因素的制约。

可视农业没有火起来，问题之一是投入比较大。要实现这种设想，首先要投入一笔资金来购置各种器材，如摄像头、传感器、自动化设备等。在农业生产过程中，这样的开销就显得效益不大。

市场成熟度不高也是一个发展的瓶颈。像农村电商这样的成熟市场，往往都有重量级的竞争者参与，而可视农业的市场主要还是中小企业在尝试。缺少了大资本的推动，这个领域的发展自然就缺少了加速向前的机会。

那么，可视农业到底应不应该重视呢？随着农业用地流转日趋活跃和生产规模日趋扩大，机械化、自动化是农业未来的发展方向，而要整体控制这些机械和电子设备，肯定不可能靠人到处跑去监督，必须要有一个集中化管理平台，而这正好就是可视农业的用武之地。随着可视农业的逐步成熟，我们还可以对现有的农业生产方式进行相应改造，比方说集约化的室内农场、数字化的浇水施肥，都会在可视农业的帮助下逐步变成现实。

可视农业要找到快速发展之路，现在看来依然需要一些前提，最直接的就是要有相对完善的商业体系，帮助大家解决前期投入大的问题。随着商业体系和金融体系不断完善，可以通过融资租赁等方式来降低一次性投入，这也能够给可视农业的发展提供更加坚实的基础，不过这个过程并不能一蹴而就，随着市场和产业发展水平状况的改变，相关的商业机制也得不断改进。

可视化技术成熟之后，不仅可以应用在农业的生产流程当中，同样可以应用在视频直播、休闲农业的发展当中，这些更加灵活更加亲民的应用方式，不但可以给原有的业务增添新的亮点，而且能够让可视农业的新概念更快地得到普及，而这样的一种正向互动，也会为可视农业的发展提供长期动力。

当然，在条件成熟的情况下，相关政策也有必要跟上。政策的引导可以有效地对农业发展方向进行指引，在可视农业真正被市场验证和接受之后，可以用完善的扶持政策给这种新技术的发展增添动力。

可视化农业新技术的顺利发展，一方面要完善发展模式，获得市场认可；另一方面也要政策扶持，加快推广升级。

# 拓展项目

## 循环农业

发展循环农业的5种模式和7大案例。

循环农业是将种植业、畜牧业、渔业等与加工业有机联系起来的综合经营方式，利用物种多样化微生物科技的核心技术在农林牧副渔多模块间形成整体生态链的良性循环，力求解决环境污染问题，优化产业结构，节约农业资源，提高产出效果，打造新型多层次循环农业生态系统，成就出一种良性的生态循环环境。

同时，开辟因地制宜，依托当地生态资源搭建独立成熟的单一或多种复合农业模块的经营方式，充分利用中国地大物博的优势，既根植于当地生态环境的改善，又跨区域调配资源，形成更广义空间上的现代生态循环农业。

### 一、物质再利用模式

通过农业废弃物多级循环利用，将上一产业的废弃物或副产品作为下一产业的原材料，如沼气、畜粪等的利用。

1. 沼气综合利用

以沼气为纽带，将畜禽养殖场排泄物、农作物秸秆、农村生活污水等作为沼气基料处理，产生的沼气作为燃料，沼液、沼渣作为有机肥。结合测土配方施肥、标准农田地力培肥、优质农产品基地建设、无公害农产品等工作，探索“一气两沼”综合利用模式。开展沼渣、沼液生态循环利用技术研究与示范推广，推行“猪–沼–果（菜、粮、桑、林）”等循环模式，形成上联养殖业、下联种植业的生态循环农业新格局。

2. 畜粪收集处理和有机肥加工利用

设施完善的畜粪收集处理中心，规范运作和户集、村运、片收的收集机制，畜粪收集率及综合利用率提高到95%以上。

### 二、以秸秆为纽带的循环模式

秸秆还田模式的推广，能实现有效减少焚烧排放、增加农田肥力的生态循环目标。除此之外，以秸秆为纽带的农业循环模式还有多种，如围绕秸秆饲料、燃料、基料综合利用，构建“秸秆–基料–食用菌”“秸秆–成型燃料–燃料–农户”“秸秆–青贮饲料–养殖业”产业链。

通过农业基础设施的完善，改善农业生产条件和环境；实行农牧结合、种养结合，使农业废弃物得到资源化循环利用，消除废弃物对环境的污染，改善了土地质量和水环境质量。对促进农业资源可持续利用和推进“五水共治”、美化农村环境都具有积极的意义。

该模式可实现秸秆资源化逐级利用和污染物零排放，使秸秆废物资源得到合理有效利用，解决秸秆任意丢弃焚烧带来的环境污染和资源浪费问题，同时获得有机肥料、清洁能源、生物基料。

**【案例七】日本爱东町地区的循环农业**

油菜生产，一方面油菜籽利用后遗留的油渣可以通过堆肥或饲料化处理得到优质的有机肥料或饲料；另一方面，回收废弃食用油，再加工处理成生物燃油。爱东町地区循环农业有效促进了资源在农业经济系统中的高效再生，减少了外部资源投入和农业废弃物排放，实现了资源合理循环再利用和生态环境保护，符合循环经济的基本原则。

**【案例八】德国的“绿色能源”农业**

20世纪90年代初，德国科学家发现可从一些农产品中提取矿物资源和化工原料替代品，实现农产品的循环再利用，这些生物质能源和原料是绿色无污染的，德国联邦政府开始重视发展此类经济作物。德国科学家对甜菜、马铃薯、油菜、玉米等进行定向选育，从中制取乙醇、甲烷，成功地研制出绿色能源；从菊芋植物中制取酒精；从羽豆中提取生物碱。油菜籽是德国目前最重要的能源作物，不仅可用作化工原料，还可提炼植物柴油，代替矿物柴油用作动力燃料。

## 三、减量化模式

规范使用化肥、农药、兽药、饲料及其添加剂，推广应用测土配方施肥、病虫害绿色防治等技术，提高化肥农药利用率。

**【案例九】美国的精准农业**

精准农业也称精确（细）农业，追求以最少的投入获得优质的高产出和高效益。指导思想是按田间每一操作单元的具体条件，精准地管理土壤和各项作物，最大限度地优化使用农业投入（化肥、农药、水、种子等）以获取最高产量和经济效益，减少使用化学物质，保护农业生态环境，精准农业是

“减量化”的循环农业。美国是世界上实施精准农业最早的国家之一，1990年后，美国将GPS技术应用到农业生产领域，明尼苏达州的农场进行了精确农业技术试验，用GPS指导施肥的作物产量比传统平衡施肥作物产量提高了30%左右。试验成功后，小麦、玉米、大豆等作物的生产管理都开始应用精确农业技术。20世纪90年代中期，精准农业在美国的发展速度相当迅速，到1996年，安装有产量监测器的收获机的数量增长到9000台。

### 【案例十】以色列节水农业

为了保持区域水环境和生态的持续稳定，以色列的循环农业突出体现为完善的节水农业体系。喷灌、滴灌、微喷灌和微滴灌等技术在以色列普遍使用，80%以上的农田灌溉应用滴灌，10%为微喷，5%为移动喷灌，完全取代了传统的沟渠漫灌方式。成效最大的是农业滴灌技术：一是水可直接输送到农作物根部，比喷灌节水20%；二是在坡度较大的耕地应用滴灌不会加剧水土流失；三是经污水处理后的净化水（比淡水含盐浓度高）用于滴灌不会造成土壤盐碱化。滴灌技术比传统的灌溉方式节约用水和节省肥料30%以上，而且有利于循环利用废污水。为开辟水源，以色列加大了对污水处理和循环使用的投入。以色列规划农业灌溉全部使用污水再处理后的循环水。

目前，已将80%的城市污水处理循环使用，主要用于农业生产，占农业用水的20%。经处理后的污水除用于农业灌溉外，还重输回蓄水层。

## 四、废物资源化模式

具体见以下两个案例。

### 【案例十一】日本菱镇的循环农业

菱镇是发展循环农业较早且较成功的地区，是将农业生产和生活中的废弃物转化为有机肥，发展废弃物资源化的循环农业模式。1988年该镇通过了《发展自然农业条例》，规定农业生产中禁止使用农药、化肥和其他非有机肥料，生产的农产品须是无化肥、无农药添加残留、无公害的有机农产品。此后，菱镇将小规模下水道污泥、家禽粪便以及企业的有机废物作为原料投入发酵设备，产生的甲烷气体用于发电，剩余的半固体废渣进行固液分离，固态成分用于堆肥和干燥，液态成分处理后再次利用或者排放（排放时已基本对环境无害），实现了废物的高度资源化和无害化。此外，菱镇对厨房垃圾进行统一收集和处理，制成有机肥。

### 【案例十二】英国的“永久农业”

“永久农业”是循环经济中废物资源化的一种重要形式，特点是在节约资源和不破坏环境的基础上，通过元素的有效配置达到有利关系的最大化。种植者们循环利用各种资源，节省能源，如用香烟头来收集雨水，变粪便为有机肥料，实行秸秆还田。“永久农业”尽可能节约土地使用的资源，强调使用多年生植物；鼓励使用自我调节系统。耕种土地时，通过多种类种植和绿色护盖等技术来保养土地，监控当地环境，构建绿色发展规划。“永久农业”不使用人造化肥和杀虫剂，通过种植多样性的植物以及促使食肉动物进入生态系统来阻止害虫。

## 五、生态产业园模式

循环农业有部门、社会、区域 3 个层次：部门层次主要指以一个企业或一个农户为循环单元；社会层次意味着“循环型农村”；区域尺度是按照生态学的原理，通过企业间的物质、能量、信息集成，形成以龙头企业为带动，园内包含若干个中小企业和农户的生态产业园，菲律宾玛雅农场是一个成功的生态产业园典范。

### 【案例十三】菲律宾玛雅农场建设

菲律宾玛雅农场最初只是一个面粉厂，从 20 世纪 70 年代开始，经过 10 年建设，形成了一个农林牧副渔良性循环的生态系统。

面粉厂产生大量麸皮，为了不浪费麸皮，建立了养殖场和鱼塘；为了增加收入，又建立了肉食加工和罐头制造厂，对畜产品和水产品进行深加工。到 1981 年，农场拥有 36 公顷的稻田和经济林，饲养 2. 5 万头猪、70 头牛和 1 万只鸭。为了控制畜禽粪肥污染，循环利用加工厂的废弃物，农场建立起十几个沼气车间，每天生产沼气十几万立方米，能满足农场生产和家庭生活所需的能源。从产气后的沼渣中，还可回收一些牲畜饲料，其余用作有机肥料。产气后的沼液经处理后，送入水塘养鱼养鸭，最后再取塘水、塘泥用来肥田。农田生产的粮食又送面粉厂加工，进入下一次循环。玛雅农场不用从外部购买原料、燃料、肥料，却能保持高额利润，而且没有废气、废水和废渣的污染，充分实现了物质的循环利用。

以农业资源为基础，以文化为灵魂，以创意为手段，以产业融合为途径，通过农业与文化的融合、产品与艺术的结合、生产与生活的结合，将传统农业的第一产业业态升华为一二三产业高度融合的新型业态，拓展农业功能，将以生产功能为主的传统农业转化为兼具生产、生活和文化功能的综合性产业。

该模式可实现当地旅游产业的快速发展，提升当地旅游产业的整体实力，促进当地一二三产业的快速发展，如当下流行的乡村游、休闲农业游、农庄、民宿等。

# 项目二　寻迹小车创新创业案例

科技部火炬中心的数据显示，1987—2016 年底，全国纳入火炬计划统计的众创空间有 4000 余家，科技企业孵化器有 3000 余家，企业加速器有 400 余家，以上数量均高居世界第一。中国“双创”产业正蓬勃发展，“双创”产业的成果将成为提振地区经济、塑造产业变革、引领智能产业的重要引擎。

创新是推动经济发展的内在动力，大众创业、万众创新成为经济新常态下驱动发展“双引擎”之一，已成为共识。不同城市、地方更应结合自身经济发展水平和产业优势制定“双创”引导政策和对接平台。“双创”产业正在成为驱动产业升级、引领未来发展的重要支撑，已上升为国家重点战略优先发展。希望汇聚“双创”产业的新生代力量，加大对产品创新、技术创新、商业模式创新、服务创新的支持，加大对智能终端产业的支持力度，鼓励智能终端产品的创新发展，为经济增长提供新动能。

2017 年 11 月 29 日上午，“聚势创业　筑梦创新”2017 国际双创大会暨 2017 国际双创大会 · 创业创新大赛启动仪式在北京正式举行。此次大赛最终从众多报名项目中遴选出 300 支国内外参赛队伍进入最终决赛，参赛队伍来自人工智能、智能制造、O2O、智能家居、生物医药、智慧旅游、智慧农业、电子商务、机器人等当下具有投资前景的热门领域。

## 任务一　项目情景

### 一、智能制造的情景

智能制造（Intelligent Manufacturing，IM）是一种由智能机器和人类专家共同组成的人机一体化智能系统，它在制造过程中能进行智能活动，诸如分析、推理、判断、构思和决策等。通过人与智能机器的合作共事，去扩大、延伸和部分地取代人类专家在制造过程中的脑力劳动。它把制造自动化的概念更新，扩展到柔性化、智能化和高度集成化。

智能制造源于人工智能的研究。人工智能就是用人工方法在计算机上实现的智能。随着产品性能的完善化及其结构的复杂化、精细化，以及功能的多样化，促使产品所包含的设计信息和工艺信息量猛增，随之生产线和生产设备内部的信息流量增加，制造过程和管理工作的信息量也必然剧增，因而促使制造技术发展的热点与前沿，转向了提高制造系统对于爆炸性增长的制造信息处理的能力、效率及规模上。先进的制造设备离开了信息的输入就无法运转，柔性制造系统（FMS）一旦被切断信息来源就会立刻停止工作。专家认为，制造系统正在由原先的能量驱动型转变为信息驱动型，这就要求制造系统不但要具备柔性，而且还要表现出智能，否则难以处理如此大量而复杂的信息工作量。其次，瞬息万变的市场需求和激烈竞争的复杂环境，也要求制造系统表现出更高的灵活、敏捷和智能。因此，智能制造越来越受到高度的重视。纵览全球，虽然总体而言智能制造尚处于概念和实验阶段，但各国政府均将此列入国家发展计划，大力推动实施。1992 年美国执行新技术政策，包括信息技术和新的制造工艺，智能制造技术也在其中，美国政府希望借助此举改造传统工业并启动新产业。

加拿大制定的 1994—1998 年发展战略计划，认为未来知识密集型产业是驱动全球经济和加拿大经济发展的基础，认为发展和应用智能系统至关重要，并将具体研究项目选择为智能计算机、人机界面、机械传感器、机器人控制、新装置、动态环境下系统集成。

日本 1989 年提出智能制造系统，且于 1994 年启动了先进制造国际合作研究项目，包括了公司集成和全球制造、制造知识体系、分布智能系统控制、快速产品实现的分布智能系统技术等。

欧盟的信息技术相关研究有 ESPRIT 项目，该项目大力资助有市场潜力的信息技术。1994 年又启动了新的 R&D 项目，选择了 39 项核心技术，其中 3 项（信息技术、分子生物学和先进制造技术）均突出了智能制造的位置。

中国 20 世纪 80 年代末也将“智能模拟”列入国家科技发展规划的主要课题，已在专家系统、模式识别、机器人、汉语机器理解方面取得了一批成果。国家科技部正式提出了“工业智能工程”，作为技术创新计划中创新能力建设的重要组成部分，智能制造将是该项工程中的重要内容。

智能制造正在世界范围内兴起，它是制造技术发展，特别是制造信息技术发展的必然，是自动化和集成技术向纵深发展的结果。

智能装备面向传统产业改造提升和战略性新兴产业发展需求，重点包括智能仪器仪表与控制系统、关键零部件及通用部件、智能专用装备等。它能实现各种制造过程自动化、智能化、精益化、绿色化，带动装备制造业整体技术水平的提升。

中国机械科学研究总院原副院长屈贤明指出，现今国内装备制造业存在自主创新能力薄弱、高端制造环节主要由国外企业掌握、关键零部件发展滞后、现代制造服务业发展缓慢等问题。而中国装备制造业“由大变强”的标志包括：国际市场占有率处于世界第一，超过一半产业的国际竞争力处于世界前三，成为影响国际市场供需平衡的关键产业，拥有一批国际竞争力和市场占有率处于全球前列的世界级装备制造基地，原始创新突破，一批独创、原创装备问世等多个方面。该领域的研究中心有国家重大技术装备独立第三方研究中心（中国重大机械装备网）。

在“十二五”期间，我国对智能装备研发的财政支持力度将继续增大，智能装备产业发展重点将明确，“十二五”期间，国内智能装备的重点工作是要突破新型传感器与仪器仪表等核心关键技术，推进国民经济重点领域的发展和升级。

毫无疑问，智能化是制造自动化的发展方向。在制造过程的各个环节几乎都广泛应用人工智能技术。专家系统技术可以用于工程设计、工艺过程设计、生产调度、故障诊断等。也可以将神经网络和模糊控制技术等先进的计算机智能方法应用于产品配方、生产调度等，实现制造过程智能化。而人工智能技术尤其适合于解决特别复杂和不确定的问题。但显然的是，要在企业制造的全过程中全部实现智能化，至少也是在遥远的将来。有人甚至提出这样的问题，22 世纪会实现智能自动化吗？而如果只是在企业的某个局部环节实现智能化，而又无法保证全局的优化，则这种智能化的意义是有限的。

2015 年 9 月 10 日，工业和信息化部公布 2015 年智能制造试点示范项目名单，46 个项目入围。这些项目包括沈阳机床（集团）有限责任公司申报的智能机床试点、北京航天智造科技发展有限公司申报的航天产品智慧云制造试点、中化化肥有限公司申报的化肥智能制造及服务试点等。46 个试点示范项目覆盖了 38 个行业，分布在 21 个地区，涉及流程制造、离散制造、智能装备和产品、智能制造新业态新模式、智能化管理、智能服务等 6 个类别，体现了行业、区域覆盖面和较强的示范性。沈阳机床也是本次金属切削机床行业中入选的企业。

工信部在 2015 年启动实施“智能制造试点示范专项行动”，主要是直接切入制造活动的关键环节，充分调动企业的积极性，注重试点示范项目的成长性，通过点上突破，形成有效的经验与模式，在制造业各个领域加以推广与应用。

工信部部长苗圩在会议上表示，智能制造日益成为未来制造业发展的重大趋势和核心内容，也是加快发展方式转变，促进工业向中高端迈进、建设制造强国的重要举措，也是新常态下打造新的国际竞争优势的必然选择。而推进智能制造是一项复杂而庞大的系统工程，也是一件新生事物，这需要一个不断探索、试错的过程，难以一蹴而就，更不能急于求成。为此要用好试点示范这个重要抓手。

## 二、智能城市

随着人类社会的不断发展，未来城市将承载越来越多的人口。目前我国正处于城镇化加速发展的时期，部分地区“城市病”问题日益严峻。为解决城市发展难题，实现城市可持续发展，建设智慧城市已成为当今世界城市发展不可逆转的历史潮流，见图 2-1。

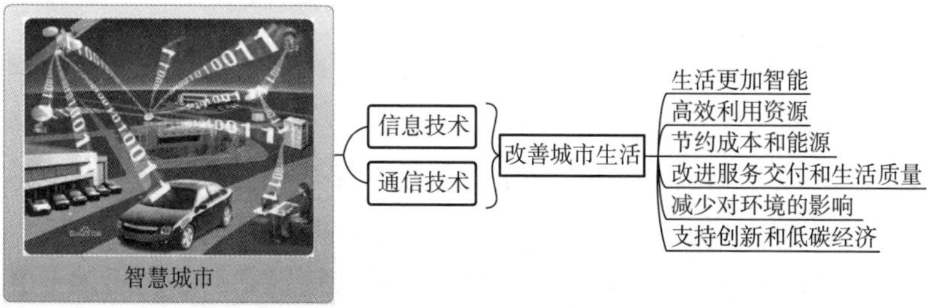


**图 2-1　智能城市概念图**

智慧城市就是运用信息和通信技术手段感测、分析、整合城市运行核心系统的各项关键信息，从而对包括民生、环保、公共安全、城市服务、工商业活动在内的各种需求做出智能响应。其实质是利用先进的信息技术，实现城市智慧式管理和运行，进而为城市中的人创造更美好的生活，促进城市的和谐、可持续成长。

智慧城市的建设在国内外许多地区已经展开，并取得了一系列成果，国内的如智慧上海、智慧双流；国外如新加坡的“智慧国计划”、韩国的“U-City 计划”等。

智慧城市经常与数字城市、感知城市、无线城市、智能城市、生态城市、低碳城市等区域发展概念相交叉，甚至与电子政务、智能交通、智能电网等行业信息化概念发生混杂。对智慧城市概念的解读也经常各有侧重，有的观点认为关键在于技术应用，有的观点认为关键在于网络建设，有的观点认为关键在于人的参与，有的观点认为关键在于智慧效果，一些信息化建设的先行城市则强调以人为本和可持续创新。总之智慧不仅仅是智能，智慧城市绝不仅仅是智能城市的另外一个说法，或者说是信息技术的智能化应用，还包括人的智慧参与、以人为本、可持续发展等内涵。综合这一理念的发展源流以及对世界范围内区域信息化实践的总结，智慧城市不仅仅是物联网、云计算等新一代信息技术的应用，更重要的是通过面向知识社会的创新 2.0 的方法论应用。

智慧城市通过物联网基础设施、云计算基础设施、地理空间基础设施等新一代信息技术以及维基、社交网络、FabLab、LivingLab、综合集成法、网动全媒体融合通信终端等工具和方法的应用，实现全面透彻的感知、宽带泛在的互联、智能融合的应用以及以用户创新、开放创新、大众创新、协同创新为特征的可持续创新。伴随网络帝国的崛起、移动技术的融合发展以及创新的民主化进程，知识社会环境下的智慧城市是继数字城市之后信息化城市发展的高级形态。

从技术发展的视角，智慧城市建设要求通过以移动技术为代表的物联网、云计算等新一代信息技术应用实现全面感知、泛在互联、普适计算与融合应用。从社会发展的视角，智慧城市还要求通过维基、社交网络、FabLab、LivingLab、综合集成法等工具和方法的应用，实现以用户创新、开放创新、大众创新、协同创新为特征的知识社会环境下的可持续创新，强调通过价值创造，以人为本实现经济、社会、环境的全面可持续发展。

2010 年 IBM 正式提出了“智慧的城市”愿景，希望为世界和中国的城市发展贡献自己的力量。IBM 经过研究认为，城市由关系到城市主要功能的不同类型的网络、基础设施和环境六个核心系统组成：组织（人）、业务/政务、交通、通讯、水和能源。这些系统不是零散的，而是以一种协作的方式相互衔接。而城市本身，则是由这些系统所组成的宏观系统。

与此同时，国内不少公司也在“智慧地球”启示下提出架构体系，如“智慧城市 4+1 体系”，已在“城市综合体智能化天津智慧和平区”等智能化项目中得到应用，又如基于政务、民生和产业的智慧城市架构体系，如图 2-2 所示。

21 世纪的“智慧城市”，能够充分运用信息和通信技术手段感测、分析、

**图 2-2　基于政务、民生和产业的智慧城市架构体系**

整合城市运行核心系统的各项关键信息，从而对于包括民生、环保、公共安全、城市服务、工商业活动在内的各种需求做出智能的响应，为人类创造更美好的城市生活。

## 三、物联网

通过射频识别（RFID）、红外感应器、全球定位系统、激光扫描器、气体感应器等信息传感设备，按约定的协议，把任何物品与互联网连接起来，进行信息交换和通讯，以实现智能化识别、定位、跟踪、监控和管理的一种网络。

中国物联网校企联盟将物联网定义为当下几乎所有技术与计算机、互联网技术的结合，实现物体与物体之间，环境以及状态信息实时共享以及智能化的收集、传递、处理、执行。广义上说，当下涉及信息技术的应用都可以纳入物联网的范畴。

而在其著名的科技融合体模型中，提出了物联网是当下最接近该模型顶端的科技概念和应用。物联网是一个基于互联网、传统电信网的信息承载体，让所有能够被独立寻址的普通物理对象实现互联互通的网络。其具有：智能、先进、互联的三个重要特征。

国际电信联盟（ITU）发布的ITU互联网报告，对物联网做了如下定义：通过二维码识读设备、射频识别（RFID）装置、红外感应器、全球定位系统和激光扫描器等信息传感设备，按约定的协议，把任何物品与互联网相连接，进行信息交换和通信，以实现智能化识别、定位、跟踪、监控和管理的一种网络。

根据国际电信联盟（ITU）的定义，物联网主要解决物品与物品（T2T），人与物品（H2T），人与人（H2H）的互联。但是与传统互联网不同的是，H2T是指人利用通用装置与物品的连接，从而使得物品连接更加简化，而H2H是指人与人之间不依赖于PC而进行的互联。因为互联网并没有考虑到对于任何物品连接的问题，故使用物联网来解决这个传统意义上的问题。物联网顾名思义就是连接物品的网络，许多学者讨论物联网，经常会引入一个M2M的概念，可以解释成为人到人（Man to Man）、人到机器（Man to Machine）、机器到机器（Machine to Machine）。从本质上而言，人与机器、机器与机器的交互，大部分是为了实现人与人之间的信息交互。

物联网是指通过各种信息传感设备，实时采集任何需要监控、连接、互动的物体或过程等各种需要的信息，与互联网结合形成的一个巨大网络。其目的是实现物与物、物与人，所有的物品与网络的连接，方便识别、管理和控制。其在2011年的产业规模超过2600亿元。构成物联网产业5个层级的支撑层、感知层、传输层、平台层以及应用层，分别占物联网产业规模的2.7%、22.0%、33.1%、37.5%和4.7%。而物联网感知层、传输层参与厂商众多，成为产业中竞争最为激烈的领域。

产业分布上，国内物联网产业已初步形成环渤海、长三角、珠三角以及中西部地区等四大区域集聚发展的总体产业空间格局。其中，长三角地区产业规模位列四大区域之首。

## 四、智能终端

生活中常见的智能终端包括移动智能终端、车载智能终端、智能电视、可穿戴设备等。

1. 移动智能终端

(1) 智能手机（Smartphone） 指“像个人电脑一样，具有独立的操作系统，可以由用户自行安装软件、游戏等第三方服务商提供的程序，通过此类程序来不断对手机的功能进行扩充，并可以通过移动通信网络来实现无线网络接入的这样一类手机的总称”。手机已从功能性手机发展到以 Android、IOS 系统为代表的智能手机时代，是可以在较广范围内使用的便携式移动智能终端，已发展至 5G 时代。

（2）笔记本　笔记本有两种含义：第一种是指用来记录文字的纸制本子，第二种是指笔记本电脑。而笔记本电脑又被称为“便携式电脑”，其最大的特点就是机身小巧，相比 PC 携带方便。虽然笔记本的机身十分轻便，但完全不用怀疑其应用性，在日常操作和基本商务、娱乐操作中，笔记本电脑完全可以胜任。在全球市场上有多种品牌，排名前列的有联想、华硕、戴尔（DELL）、ThinkPad、惠普（HP）、苹果（Apple）、宏基（Acer）、索尼、东芝、三星等。

（3）PDA 智能终端　又称为掌上电脑，可以帮助我们完成在移动中工作、学习、娱乐等。按使用来分类，分为工业级 PDA 和消费品 PDA。工业级 PDA 主要应用在工业领域，常见的有条码扫描器、rfid 读写器、POS 机等。工业级 PDA 内置高性能进口激光扫描引擎、高速 CPU 处理器、WINCE5.0/Android 操作系统，具备超级防水、防摔及抗压能力。广泛用于鞋服、快消、速递、零售连锁、仓储、移动医疗等多个行业的数据采集，支持 BT/GPRS/3G/wifi 等无线网络通信。

（4）平板电脑（Tablet Personal Computer，简称 Tablet PC、Flat Pc、Tablet、Slates）是一种小型、方便携带的个人电脑，以触摸屏作为基本的输入设备。它拥有的触摸屏（也称为数位板技术）允许用户通过触控笔或数字笔来进行作业而不是传统的键盘或鼠标。用户可以通过内建的手写识别、屏幕上的软键盘、语音识别或者一个真正的键盘（如果该机型配备的话）操作。平板电脑由比尔·盖茨提出，应支持来自 Intel、AMD 和 ARM 的芯片架构，从微软提出的平板电脑概念产品上看，平板电脑就是一款无需翻盖、没有键盘、小到放入包中，但却功能完整的 PC。

2. 车载智能终端

车载智能终端（又称卫星定位智能车载终端）融合了 GPS 技术、里程定位技术及汽车黑匣技术，能用于对运输车辆的现代化管理，包括行车安全监控管理、运营管理、服务质量管理、智能集中调度管理、电子站牌控制管理等。

智能车载终端主要功能如下所示。

（1）实现对运行车辆的动态监控管理，通过 GIS 平台实时、准确显示车辆的动态运行状态，包括：车速、里程、到站离站时间、站名、运行路段、堵车、火警、车辆故障、超速告警及超速提示、赖站告警及赖站提示、疲劳驾驶提示、自动报站等。主要用于公交、长途客车、定线物流车辆的智能管理。

（2）可以通过 GIS 平台实现对运行车辆的动态定位跟踪及监控，在公交及长途枢纽站实现运行车辆的集中调度。

（3）可以实现对电子站牌显示信息实时、准确控制。

（4）智能终端具有驾乘人员身份识别功能，驾乘人员均有壹张存储有本人信息的 IC 卡（姓名、工号、路队编号），驾乘人员当班时必须在智能终端读卡器刷卡，智能终端可通过对驾乘人员身份识别确定驾乘人员身份，由于智能终端输出控制直接控制车辆的点火电路，只有确认驾乘人员的真实身份后，驾乘人员才能启动车辆。在营运过程中，智能终端会自动将当班驾乘人员姓名、ID 号录入在各类运行报表中。在长途客运和物流车辆管理中，如当班驾驶员连续驾车 4 小时（可人工设置），车载终端会自动提示驾驶员休息。

（5）智能终端能自动采集、存储公交一卡通刷卡数据，经处理后可直接传送到计算中心。不需专用人员上车进行数据采集。

（6）智能终端具有 GPS 卫星定位功能，使终端具有里程定位和卫星定位两种定位功能，以适应不同用户需求。

（7）智能车载终端配备有应急事件处理装置，可构成“道路交通安全预警及救援系统”（即将申请发明专利）。车辆出现超速、疲劳驾驶时车载终端会自动向驾驶人员发出安全预警提示信息。如遇应急事件（交通事故、火警等），驾乘人员或乘客可启动智能终端特定装置，车载终端自动发送求救信息到 122、119、120 等中心。中心将显示求救车辆的线路号、车号、发生事故路段、时间等内容。能实时、准确对事故车辆进行救援，并发出语音求救信息。如遇治安事件可及时进行抓拍，能发出语音预警。

3. 智能电视

智能电视是基于互联网浪潮冲击形成的新产品，其目的是带给用户更便捷的体验，目前已经成为电视的潮流趋势，出现了三合一电视、手机电脑投屏、智能设备互动等功能，推动了智能电视发展的新高度。

智能电视是具有全开放式平台，搭载了操作系统，用户在欣赏普通电视内容的同时，可自行安装和卸载各类应用软件，可持续对功能进行扩充和升级的新电视产品。智能电视能够不断给用户带来有别于使用有线数字电视接收机（机顶盒）的、丰富的个性化体验。

智能电视的到来，顺应了电视机“高清化”“网络化”“智能化”的趋势。当PC早就智能化，手机和平板也在大面积智能化的情况下，TV这一块屏幕不会逃过IT巨头的法眼，一定也会走向智能化。真正的智能电视能从网络、AV设备、PC等多种渠道获得节目内容，通过简单易用的整合式操作界面，简易操作即可将消费者最需要的内容在大屏幕上清晰地展现。

4. 可穿戴设备

可穿戴设备即直接穿在身上，或是整合到用户的衣服或配件的一种便携式设备。可穿戴设备不仅仅是一种硬件设备，更是通过软件支持以及数据交互、云端交互来实现强大的功能，可穿戴设备将会对我们的生活、感知带来很大的转变。

可穿戴设备已经为未来的科学技术发展引领了一股新浪潮，并势必将推动消费电子行业产生更多的创新。也许，在未来的日子里，人们会看到更多的智能手表、眼镜、健身小工具、腕带等。

## 五、智能机器人

所谓的智能机器人，给人的最深刻的印象是一个独特的进行自我控制的“活物”。其实这个自控“活物”的主要器官并没有像真正的人那样微妙而复杂。

智能机器人具备形形色色的内部信息传感器和外部信息传感器，如视觉、听觉、触觉、嗅觉。除具有感受器外，它还有效应器，作为作用于周围环境的手段。这就是“筋肉”，既自整步电动机，它们使手、脚、长鼻子、触角等动起来。由此也可知，智能机器人至少要具备三个要素：感觉要素，反应要素和思考要素，由此可分为一般机器人和智能机器人。

一般机器人是指不具有智能，只具有一般编程能力和操作功能的机器人。

智能机器人至少要具备以下三个要素：一是感觉要素，用来认识周围环境状态；二是运动要素，对外界做出反应性动作；三是思考要素，根据感觉要素所得到的信息，思考出采用什么样的动作。感觉要素包括能感知视觉、接近、距离等的非接触型传感器和拥有感知力、压觉、触觉等的接触型传感器。这些要素实质上就是相当于人的眼、鼻、耳等五官，它们的功能可以利用诸如摄像机、图像传感器、超声波传感器、激光器、导电橡胶、压电元件、气动元件、行程开关等机电元器件来实现。对运动要素来说，智能机器人需要有一个无轨道型的移动机构，以适应诸如平地、台阶、墙壁、楼梯、坡道等不同的地理环境。它们的功能可以借助轮子、履带、支脚、吸盘、气垫等移动机构来完成。在运动过程中要对移动机构进行实时控制，这种控制包括位置控制，还有力度控制、位置与力度混合控制、伸缩率控制等。智能机器人的思考要素是三个要素中的关键，也是人们要赋予机器人必备的要素。思考要素包括判断、逻辑分析、理解等方面的智力活动。这些智力活动实质上是一个信息处理过程，而计算机则是完成这个处理过程的主要手段。智能机器人根据其智能程度的不同，又可分为 3 种。

1. 传感型

智能机器人又称外部受控机器人。机器人的本体没有智能单元只有执行机构和感应机构，它具有利用传感信息（包括视觉、听觉、触觉、接近觉、力觉和红外、超声及激光等）进行传感信息处理、实现控制与操作的能力。受控于外部计算机，在外部计算机上具有智能处理单元，处理由受控机器人采集的各种信息以及机器人本身的各种姿态和轨迹等信息，然后发出控制指令指挥机器人的动作。目前机器人世界杯的小型组比赛使用的机器人就属于这样的类型。

2. 交互型

跳舞机器人通过计算机系统与操作员或程序员进行人-机对话，实现对机器人的控制与操作。虽然具有了部分处理和决策功能，能够独立实现一些诸如轨迹规划、简单的避障等功能，但是还要受到外部的控制。

3. 自主型

在设计制作之后，机器人无须人的干预，能够在各种环境下自动完成各项拟人任务。自主型机器人的本体上具有感知、处理、决策、执行等模块，可以就像一个自主的人一样独立地活动和处理问题。机器人世界杯的中型组比赛中使用的机器人就属于这一类型。全自主移动机器人的最重要的特点在于它的自主性和适应性，自主性是指它可以在一定的环境中，不依赖任何外部控制，完全自主地执行一定的任务。适应性是指它可以实时识别和测量周围的物体，根据环境的变化，调节自身的参数，调整动作策略以及处理紧急情况。交互性也是自主机器人的一个重要特点，机器人可以与人，与外部环境以及与其他机器人进行信息的交流。由于全自主移动机器人涉及诸如驱动器控制、传感器数据融合、图像处理、模式识别、神经网络等许多方面的研究，所以能够综合反映一个国家在制造业和人工智能等方面的水平。因此，许多国家都非常重视全自主移动机器人的研究。

智能机器人的研究从 20 世纪 60 年代初开始，经过几十年的发展，目前基于感觉控制的智能机器人（又称第二代机器人）已达到实际应用阶段，基于知识控制的智能机器人（又称自主机器人或下一代机器人）也取得较大进展，已研制出多种样机。

## 任务二　项目能力目标

根据项目任务要求，能组建项目团队并确定团队任务和团队成员的任务；利用学习的相关知识并通过查阅资料，了解寻迹小车等智能控制电子产品的相关信息、知识、组成结构、工作原理和相关应用情况；分析并利用电子信息产品的相关信息、知识和技能；了解电子信息产品工艺控制要求和电子产品的设计、制作与调试方法；全面了解电子信息产品市场的需求与生产供应情况；分组讨论确定智能控制电子产品的详细功能和技术要求后，完成项目总体方案设计和产品功能的实现。

### 一、确定电子信息产品的目标

利用控制电路板、电机和传感器制作一个能实现寻迹功能的智能小车，使其实现沿指定线路前进等功能。

### 二、控制系统的选择与搭建

组建产品开发团队，根据寻迹小车控制要求和性价比等，讨论并确定选择适当的控制系统。

### 三、传感器等信号采集电路的选用

利用产品开发团队，根据寻迹小车对地面信号要求和控制方式，讨论并确定选择和设计传感器等信号采集电路。

### 四、执行机构及其驱动的选用

利用产品开发团队，根据寻迹小车结构、质量和运行要求，讨论并确定选择和设计电机及其电机驱动电路。

### 五、电子产品项目的设计与实现

（1）组建电子产品软件开发团队，落实寻迹小车的软件平台开发与运行，完成项目产品的设计。

（2）组建电子产品制作团队，落实寻迹小车的产品制作。

## 任务三　寻迹小车项目任务分析

根据寻迹小车的功能要求，要实现智能小车的寻迹控制运行功能，产品必须具备电源、系统控制、传感器采集信号、电机及控制器等，分别实现智能小车的能源提供和寻迹信号收集与处理、前进与转向控制、电机转动控制 4 个功能，见图 2-3。

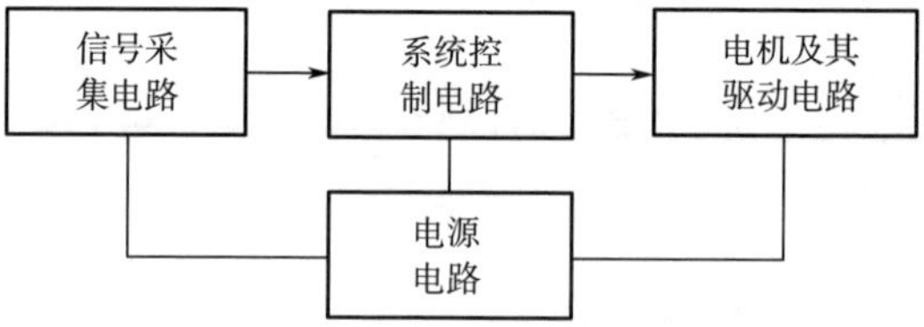


**图 2-3　寻迹小车的功能框图**

### 一、能源提供

寻迹小车因智能小车的移动性要求，需要给智能小车提供独立电源，同时智能小车自重并不大，可以考虑使用干电池、锂电池以及移动电源（充电宝）等其他贮电装置等。

1. 干电池

一种伏打电池，利用某种吸收剂（如木屑或明胶）使内含物成为不会外溢的糊状。我国干电池技术经过多年发展，其比能量、循环寿命、高低温适应性等问题已有所突破。在寻迹小车的测试和短期运行时可将干电池作为电源，可以使寻迹功能测试更方便，但成本不会增加太多，如图 2-4 所示。

干电池是一种以糊状电解液来产生直流电的化学电池，是日常生活之中

图 2-4　干电池

普遍使用、轻便的电池。常见的干电池为锌锰电池（或称碳锌电池），属于化学电源中的原电池，是一种一次性电池。因为这种化学电源装置其电解质是一种不能流动的糊状物，所以称为干电池，这是相对于具有可流动电解质的电池命名的。干电池不仅适用于手电筒、半导体收音机、收录机、照相机、电子钟、玩具等，而且也适用于国防、科研、电信、航海、航空、医学等国民经济中的各个领域，十分好用。普通干电池大都是锰锌电池，中间是正极碳棒，外包石墨和二氧化锰的混合物，再外是一层纤维网，网上涂有很厚的电解质糊，其构成是氯化铵溶液和淀粉，另有少量防腐剂。最外层是金属锌皮做的筒，也就是负极，电池放电就是氯化铵与锌的电解反应，释放出的电荷由石墨传导给正极碳棒，锌的电解反应会释放氢气，氢气会增加电池内阻，而和石墨相混的二氧化锰就是用来吸收氢气的。但若电池连续工作或是用得太久，二氧化锰就来不及或已近饱和没能力再吸收了，此时电池就会因内阻太大而输出电流太小失去作用，但此时若将电池加热，或放置一段时间，它内部聚集的氢气就会受热放出或缓慢放出，二氧化锰也得到了还原恢复，那电池就又有活力了。

选购干电池时要注意以下几点。

（1）根据需要选择电池。例如用在闪光灯、相机、MP4、电动玩具等需要大电流输出的器具上，最好选用碱性锌锰电池（L）。用在遥控器、钟表等一般用电需求的器具上，选用普通锌锰电池（S、C、P）即可。

（2）注意电池的性能价格比，不要盲目迷信“洋品牌”。事实上，不少国产名牌电池的性能价格比都高于国外同类产品。

（3）注意电池的贮存期。普通锌锰电池保质期为 2 年。购买时应选择新推产品。过去人们在日常使用中常感到电池的使用寿命不如想象中理想，这就是碱性锌锰电池和普通锌锰电池的区别。在日常使用中，闪光灯、相机、

MP4、电动玩具等这样大流量的电器最能显示出碱性锌锰电池和普通锌锰电池的区别。

碱性锌锰电池在分别使用闪光灯次数 144 次，照相机胶卷 8 卷，玩具开动 183min 后，这些指数均比同期使用中的普通锌锰电池好 6. 86、4. 38、3. 81 倍，并且性能价格比也比同期使用中的普通锌猛电池好 4. 34、2. 78、2. 41 倍。

2. 锂电池

一类由锂金属或锂合金为负极材料，使用非水电解质溶液的电池。由于锂金属的化学特性非常活泼，使得锂金属的加工、保存、使用，对环境要求非常高。随着科学技术的发展，现在锂电池的使用已经成为主流，因而也可以作为寻迹小车的电源之一，如图 2-5 所示。

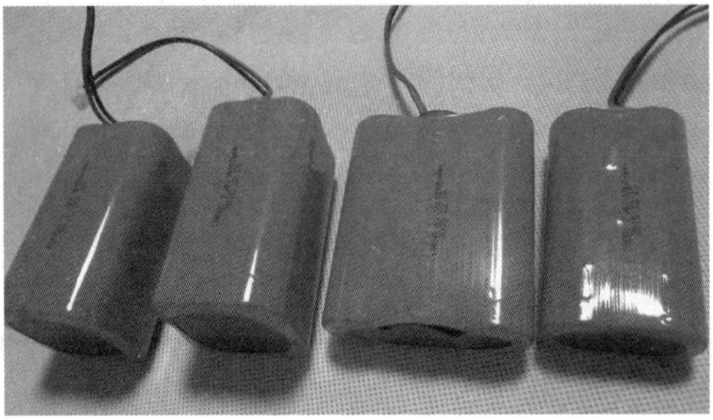

**图 2-5 锂电池**

锂电池大致可分为两类：锂金属电池和锂离子电池。锂离子电池不含有金属态的锂，并且是可以充电的。可充电电池的第五代产品锂金属电池在 1996 年诞生，其安全性、比容量、自放电率和性能价格比均优于锂离子电池。由于其自身的高技术要求限制，现在只有少数几个国家的公司在生产这种锂金属电池。

锂电池芯过充到电压高于 4. 2V 后，会开始产生副作用。过充电压越高，危险性也跟着越高。锂电芯电压高于 4. 2V 后，正极材料内剩下的锂原子数量不到一半，此时贮存格常会垮掉，让电池容量产生永久性的下降。如果继续充电，由于负极的贮存格已经装满了锂原子，后续的锂金属会堆积于负极材料表面。这些锂原子会由负极表面往锂离子来的方向长出树枝状结晶。这些锂金属结晶会穿过隔膜纸，使正负极短路。有时在短路发生前电池就会先爆炸，这是因为在过充过程中，电解液等材料会裂解产生气体，使得电池外壳或压力阀鼓胀破裂，让氧气进去与堆积在负极表面的锂原子反应，进而爆炸。

因此锂电池充电时，一定要设定电压上限，才可以同时兼顾到电池的寿命、容量和安全性。最理想的充电电压上限为4.2V。锂电芯放电时也要有电压下限，当电芯电压低于2.4V时，部分材料会开始被破坏。又由于电池会自放电，放越久电压会越低，因此放电时最好不要放到2.4V才停止。锂电池从3.0V放电到2.4V这段期间，所释放的能量只占电池容量的3%左右。因此3.0V是一个理想的放电截止电压。充放电时，除了电压的限制，电流的限制也有必要。电流过大时，锂离子来不及进入储存格，会聚集于材料表面。

这些锂离子获得电子后，会在材料表面产生锂原子结晶，这与过充一样，会造成危险性。万一电池外壳破裂，就会爆炸。因此对锂离子电池的保护，至少要包含：充电电压上限、放电电压下限及电流上限3项。一般锂电池组内，除了锂电池芯外，都会有一片保护板，这片保护板主要就是提供这3项保护。但是，保护板的这3项保护显然是不够的，全球锂电池爆炸事件还是频传。

为安全起见，选购时一定要注意以下几点。

（1）有没有标示明确容量　无明确标示容量（如1000mAh或1000毫安培小时）的电池很有可能就是使用劣质电池或回收电池。市场上充斥着许多廉价电池，是使用回收电池芯做的，价格虽然便宜，但是寿命短，品质不稳定，使用不慎可能会损坏物品。

（2）有没有保证待机时间　待机时间即电池装入后到下一次充电的连续使用时间。一般市场上销售的电池都无法保证待机时间，这是因为电池品质不稳定，许多廉价的电池因为使用品质不良的电池芯，所以待机时间很短。

（3）是否加装安全保护电路板　无保护电路板，则锂电池就有变形、漏液、爆炸的危险。在恶性削价竞争下，各家寻求更低价位的保护电路板，或者根本省略了这个装置，使得市面上充斥着有爆炸危险的锂电池。消费者无法从外观分辨出来是否有保护电路板，因此最好选择有信誉的商家购买。

3. 移动电源（充电宝）

移动电源是指可以直接给移动设备充电且自身具有储电单元的装置。目前市场上主要品类的多功能性充电宝，基本都配置标准的USB输出，基本能满足目前市场上常见的移动设备手机、MP3、MP4、PDA、蓝牙耳机、数码相机等多种数码产品。

充电宝其实就是方便易携带的大容量随身电源。它是一个集贮电、升压、充电管理于一体的便携式设备。

充电宝自身的充电插头直接通过交流电源可以对移动设备充电且自身具

有存电装置，相当于一个充电器和备用电池的混合体，相比备用电源而言可以简化一个充电插头的装置，而相比于充电器它又自身具有存电装置，可以在没有直电源或外出时给数码产品提供备用电源，见图 2-6。

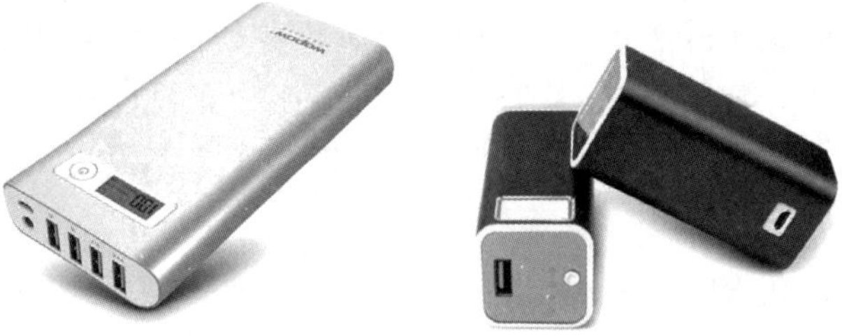

图 2-6 充电宝

为了延长移动设备的使用时间，发挥其最大功用，选购移动电源（充电宝）时候，应该注意以下几点。

（1）看电芯：由于聚合物电芯较轻，不易爆炸，比普通牌子充电宝的 18650 电芯安全性更有保障，并且聚合物电池放电特性更佳，采用胶体电解质，相比液态电解质，胶体电解质具有平稳的放电特性和更高的放电平台，在选择寻迹小车电源时可以选聚合物电芯。

（2）看产品充电管理：现今移动电源多数都是采用普通线性充电管理，这种充电管理方式太古老已跟不上时代，大容量充电宝充满一次电要充 15～20 小时才能充满。现今的智能手机容量大，内部都采用脉冲充电管理，脉冲充电管理具有充电电流大、温度低、电池使用寿命长等多重优点。

（3）看兼容性：由于具体的电路设计不同，不可能每一种电子产品都支持充电，在寻迹小车选用时，最好选择合适的充电宝，便于对寻迹小车的持续供电。

（4）看产品的特色功能：特色功能有很多，比如防接反的电路设计，可以保护产品不被损坏。双接口的设计可以保证在同一时间充多个电子产品。

（5）注意产品的重量：充电宝太重，会加大寻迹小车的自身重量，影响小车的运行效率，需要选择合适重量的充电宝。

## 二、寻迹信号收集与处理

路径识别是保证寻迹小车在运行的过程中实现自动化的基本条件，它的主要功能包括：准确、快速地采集赛道的路面信息，并将采集到的信息转换成电信号。智能小车要能实现寻迹，需要有类似人眼睛的灰度识别或有颜色识别功能的灰度传感器。在具体实现过程中，也可根据产品的功能需要和性价比要求选择不同检测方式和不同形式的元器件组成的电路予以实现寻迹信号的检测和处理。

1. 红外传感器

图 2-7　寻迹传感器模块

图 2-7 中的寻迹传感器模块，主要采用了 TCRT5000 传感器来实现对“线”的识别，TCRT5000 的红外发射二极管不断发射红外线，当发射出的红外线没有被反射回来或被反射回来但强度不够大时，红外接收管一直处于关断状态，此时模块的输出端为高电平，指示二极管一直处于熄灭状态；被检测物体出现在检测范围内时，红外线被反射回来且强度足够大，红外接收管饱和，此时模块的输出端为低电平，指示二极管被点亮，其工作原理图如图 2-8 所示。

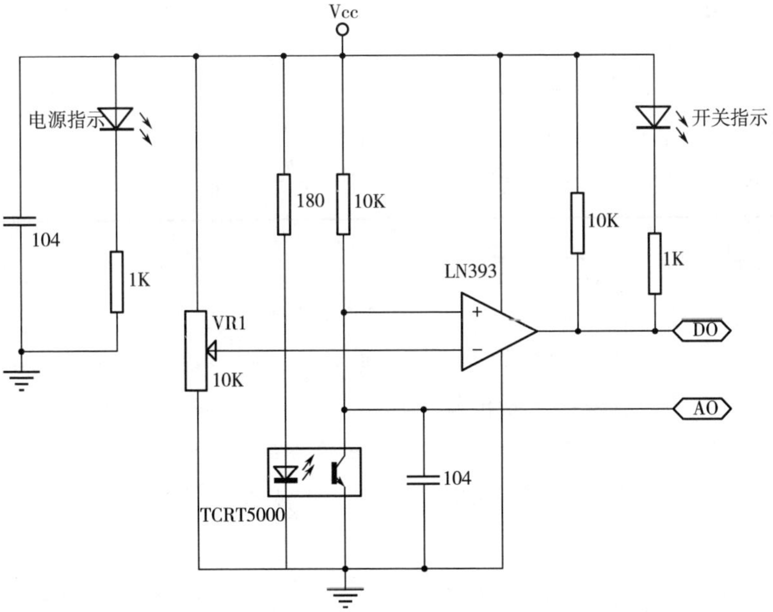


图 2-8　寻迹传感器电路图

其接线方式为：①Vcc：接电源正极（3~5V）。②GND：接电源负极。③DO：TTL 开关信号输出。④AO：模拟信号输出。

2. 图像传感器

图像传感器是利用光电器件的光电转换功能。将感光面上的光像转换为与光像成相应比例关系的电信号。与光敏二极管、光敏三极管等“点”光源的光敏元件相比，图像传感器是将其受光面上的光像，分成许多小单元，将其转换成可用的电信号的一种功能器件。图像传感器分为光导摄像管和固态图像传感器。与光导摄像管相比，固态图像传感器具有体积小、重量轻、集成度高、分辨率高、功耗低、寿命长、价格低等特点。因此在各个行业得到了广泛应用。

图像传感器有电荷耦合元件（CCD）和互补金属氧化物半导体（CMOS）两种，CCD 是应用在摄影摄像方面的高端技术元件，CMOS 则应用于较低影像品质的产品中，它的优点是制造成本较 CCD 更低，功耗也低得多，这也是市场上很多采用 USB 接口的产品无须外接电源且价格便宜的原因。尽管在技术上有较大的不同，但 CCD 和 CMOS 两者性能差距不是很大，只是 CMOS 摄像头对光源的要求要高一些，但该问题已经基本得到解决。

CMOS 传感器采用一般半导体电路最常用的 CMOS 工艺，具有集成度高、功耗小、速度快、成本低等特点，最近几年在宽动态、低照度方面发展迅速。CMOS 即互补性金属氧化物半导体，主要是利用硅和锗两种元素所做成的半导体，通过 CMOS 上带负电和带正电的晶体管来实现基本功能。这两个互补效应所产生的电流即可被处理芯片记录和解读成影像。

在模拟摄像机以及标清网络摄像机中，CCD 的使用最为广泛，长期以来都在市场上占有主导地位。CCD 的特点是灵敏度高，但响应速度较低，不适用于高清监控摄像机采用的高分辨率逐行扫描方式，因此进入高清监控时代以后，CMOS 逐渐被人们所认识，高清监控摄像机普遍采用 CMOS 感光器件。

CMOS 针对 CCD 最主要的优势就是非常省电。不像由二极管组成的 CCD，CMOS 电路几乎没有静态电量消耗。这就使得 CMOS 的耗电量只有普通 CCD 的 1/3 左右。CMOS 突出问题是在处理快速变换的影像时，由于电流变换过于频繁而过热，暗电流抑制得好就问题不大，如果抑制得不好就十分容易出现噪点。

虽然以 CMOS 技术为基础的百万像素摄像机产品在低照度环境和信噪处理方面存在不足，但这并不会从根本上影响它的应用前景。而且相关国际大企业正在加大力度解决这两个问题，相信在不久的将来，CMOS 的效果会越来越接近 CCD 的效果，并且 CMOS 设备的价格会低于 CCD 设备。

安防行业使用 CMOS 多于 CCD 已经成为不争的事实，尽管相同尺寸的 CCD 传感器分辨率优于 CMOS 传感器，但如果不考虑尺寸限制，CMOS 在照射量率上的优势可以有效克服大尺寸感光元件制造的困难，这样 CMOS 在更高分辨率下将更有优势。另外 CMOS 响应速度比 CCD 快，因此更适合高清监控的大数据量特点。CMOS 图像传感器见图 2-9。

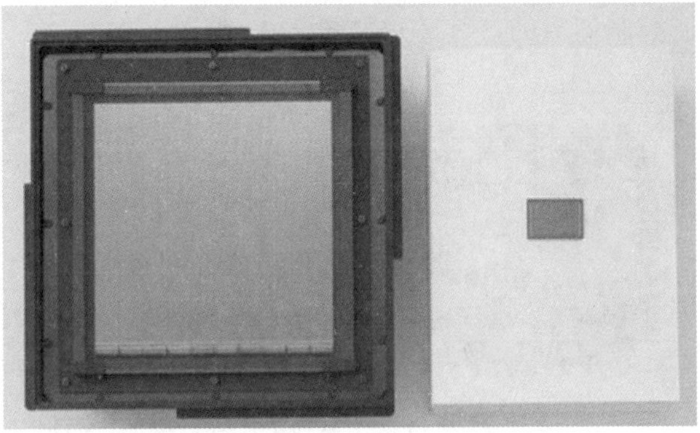

**图 2-9　佳能研制出世界上最大 CMOS 图像传感器（2018 年）**

## 三、前进与转向控制

寻迹小车的运行状态主要有停止、前进、左转、右转、后退等，小车执行哪种运行状态应根据小车采集到的寻迹信号进行判断后选择执行，因此小车寻迹控制是重点，具体实现方法根据控制的具体功能要求和技术方案的选择区别较大。如果仅仅是实现寻迹功能可采用分离元器件或模拟电路、数字电路实现对信号的检测与判断处理，如要进行一定功能的拓展，则可采用单片机、Arduino 或 FPGA 系统完成，如要进行图像、声音等处理，则可使用控制功能更强的 ARM 小系统等。

1. 采用模拟电路或数字电路

通过模拟电路或数字电路可以实现对信号的处理和判断，从而实现对寻迹小车的运行控制，如选用双路差动比较器 LM393，如图 2-10 所示。这种方式构建的电路成本低，但因采用较多分立元件才能实现控制功能，要想调整或增加其他功

**图 2-10　LM393 集成电路**

能不易实现。

2. 采用单片机、Arduino 或 FPGA 系统

（1）单片机　现有的 51 系列单片机是典型的嵌入式微控制器（MCU），由运算器、控制器、存储器、输入输出设备等构成，相当于一个微型的计算机。与应用在个人电脑中的通用型微处理器相比，它更强调自供应（不用外接硬件）和节约成本。它的最大优点是体积小，可放在仪表内部，其存储量小，输入输出接口简单，功耗较低。通过控制程序代码实现对其端口状态的控制，实现智能控制的目的。其芯片如图 2-11 所示。

**图 2-11　51 系列单片机**

（2）Arduino　一款便捷灵活、方便上手的开源电子原型平台，包含硬件（Arduino 板）和软件（Arduino IDE）。由一个欧洲开发团队于 2005 年冬季开发，它构建于开放原始码 simple I/O 界面版，并且具有使用类似 Java、C 语言的 Processing/Wiring 开发环境。主要包含两个主要的部分：硬件部分是可以用来做电路连接的 Arduino 电路板；另外一个则是 Arduino IDE，计算机中的程序开发环境。

Arduino 能通过各种各样的传感器来感知环境，通过控制灯光、马达和其他装置来反馈、影响环境。板子上的微控制器可以通过 Arduino 的编程语言来编写程序，编译成二进制文件，烧录进微控制器。基于 Arduino 的项目，可以包含 Arduino 和其他一些在 PC 上运行的软件，之间进行通信（比如 Flash，Processing，MaxMSP）来实现。其系统板如图 2-12 所示。

（3）FPGA　即现场可编程门阵列，它是在 PAL、GAL、CPLD 等可编程器件的基础上进一步发展的产物。以硬件描述语言（Verilog 或 VHDL）所完成的电路设计，可以经过简单的综合与布局，快速烧录至 FPGA 上进行测试，是现代 IC 设计验证的技术主流。这些可编辑元件可以用来实现一些基本的逻辑门电路（比如 AND、OR、XOR、NOT）或者更复杂一些的组合功能，比如解码器或数学方程式。在大多数的 FPGA 里面，这些可编辑的元件里也包含

图 2-12　arduino 系统板

记忆元件或者其他更加完整的记忆块。

系统设计师可以根据需要通过可编辑的连接把 FPGA 内部的逻辑块连接起来，就好像一个电路试验板被放在了一个芯片里。一个出厂后的成品 FPGA 的逻辑块和连接可以按照设计者而改变，所以 FPGA 可以完成所需要的逻辑功能。

FPGA 是作为专用集成电路（ASIC）领域中的一种半定制电路而出现的，既解决了定制电路的不足，又克服了原有可编程器件门电路数有限的缺点。FPGA 系统板如图 2-13 所示。

图 2-13　FPGA 系统板

3. 采用 ARM 小系统

ARM 处理器是英国 Acorn 有限公司设计的低功耗成本的第一款 RISC 微处理器，全称为 Advanced RISC Machine。ARM 处理器本身是 32 位设计，但也配备 16 位指令集，一般来讲比等价 32 位代码节能达 35%，却能保留 32 位系统的所有优势。

ARM 处理器的 3 大特点是：耗电少同时功能强、16 位/32 位双指令集和合作伙伴众多。

（1）体积小、低功耗、低成本、高性能。

（2）支持 Thumb（16 位）/ARM（32 位）双指令集，能很好兼容 8 位/

16 位器件。

（3）大量使用寄存器，指令执行速度更快。

（4）大多数数据操作都在寄存器中完成。

（5）寻址方式灵活简单，执行效率高。

（6）指令长度固定。

ARMv8 架构 ARMCortex-A50 处理器系列产品，进一步扩大 ARM 在高性能与低功耗领域的领先地位。该系列率先推出的是 Cortex-A53 与 Cortex-A57 处理器以及最新节能 64 位处理技术与现有 32 位处理技术的扩展升级。该处理器系列的可扩展性使 ARM 的合作伙伴能够针对智能手机、高性能服务器等各类不同市场需求开发系统级芯片（SoC），如图 2-14 所示。

**图 2-14　ARM 系统板**

## 四、电机转动控制

1. 直流电机

直流电机（DCM）是指能将直流电能转换成机械能（直流电动机）或将机械能转换成直流电能（直流发电机）的旋转电机。它是能实现直流电能和机械能互相转换的电机。当它作电动机运行时是直流电动机，将电能转换为机械能；作发电机运行时是直流发电机，将机械能转换为电能。

直流减速电机，即齿轮减速电机，是在普通直流电机的基础上，加上配套齿轮减速箱。齿轮减速箱的作用：提供较低的转速，较大的力矩。同时，齿轮减速箱不同的减速比可以提供不同的转速和力矩，这大大提高了直流电机在自动化行业中的使用率。减速电机是指减速机和电机（马达）的集成体。这种集成体通常也可称为齿轮马达或齿轮电机。通常由专业的减速机生产厂进行集成组装好后成套供货。减速电机广泛应用于钢铁行业、机械行业等。使用减速电机的优点是简化设计、节省空间，见图 2-15。

**图 2-15　直流减速电机**

为了实现对直流电机的有效控制和驱动，需要解决直流电机的驱动和电流供给方向控制等问题。

（1）H 桥驱动电路　H 桥式电动机驱动电路包括 4 个晶体管和一个电动机，因其外形酷似字母“H”，所以称为 H 桥驱动电路，如图 2-16 所示。

要使电动机 M 运转，必须使对角线上的一对晶体管导通。例如，当 Q1 管和 Q4 管导通时，电流就从电源正极经 Q1 从左至右穿过电动机，然后再经 Q4 回到电源负极，如图 2-17 所示，此时电动机顺时针转动（正转）。当晶体管 Q2 和 Q3 导通时，电流将从右至左流过电动机，如图 2-18 所示，此时驱动电动机逆时针方向转动（反转）。

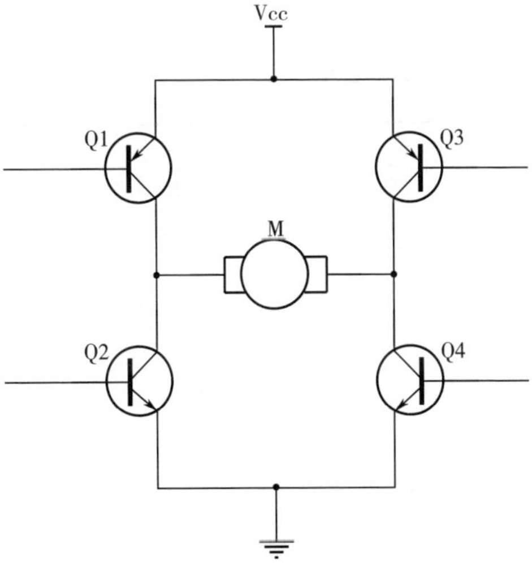


**图 2-16　H 桥式电动机驱动电路**

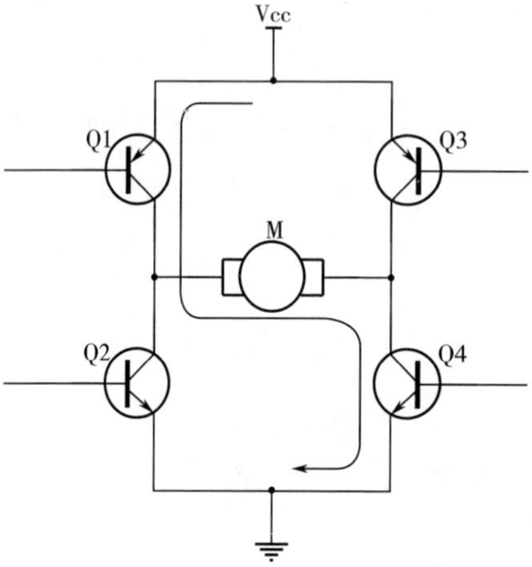


图 2-17 直流电动机正转示意图

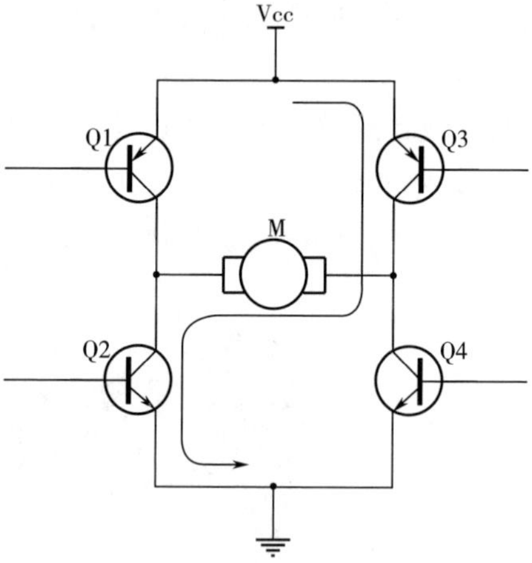


图 2-18 直流电动机反转示意图

（2）使能控制和方向逻辑　驱动电动机时，保证 H 桥上两个同侧的晶体管不会同时导通非常重要。如果晶体管 Q1 和 Q2 同时导通，那么电流就会从正极穿过两个晶体管直接回到负极。此时，电路中除了晶体管外没有其他任何负载，因此电路上的电流就可能达到最大值（该电流仅受电源性能限制），甚至烧坏晶体管。基于上述原因，在实际驱动电路中通常要用硬件电路方便地控制晶体管的开关。

图 2-19 就是基于这种考虑的改进电路，它在基本 H 桥电路的基础上增加

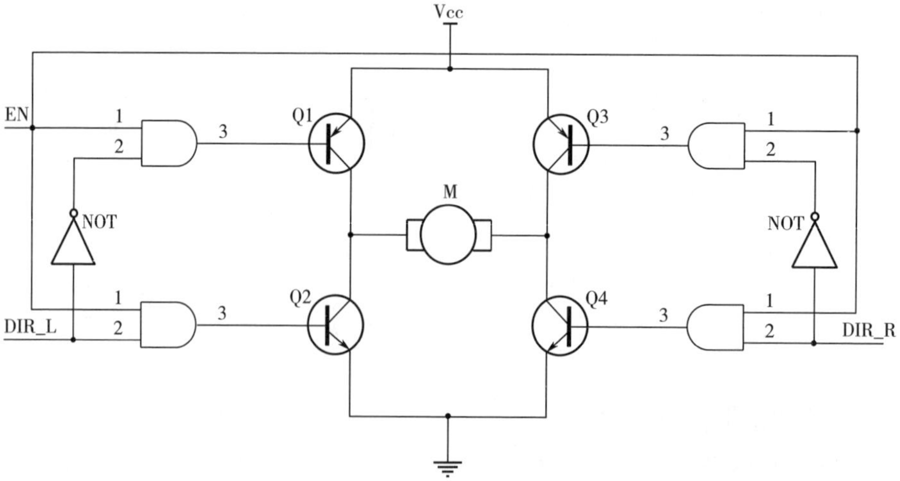


图 2-19 直流电动机改进型 H 桥驱动电路

了4个与门和2个非门。4个与门同一个“使能”导通信号相接，用这样一个信号就能控制整个电路的开关。而2个非门通过提供一种方向输入，可以保证任何时候在H桥的“同侧腿”上都只有一个晶体管能导通。

采用以上方法，电动机的运转就只需要用三个信号控制：两个方向信号和一个使能信号。如果DIR_ L信号为0，DIR_ R信号为1，并且使能信号是1，那么晶体管Q1和Q4导通，电流从左至右流经电动机，如图2-20所示；如果DIR_ L信号变为1，而DIR_ R信号变为0，那么Q2和Q3将导通，电流则反向流过电动机。

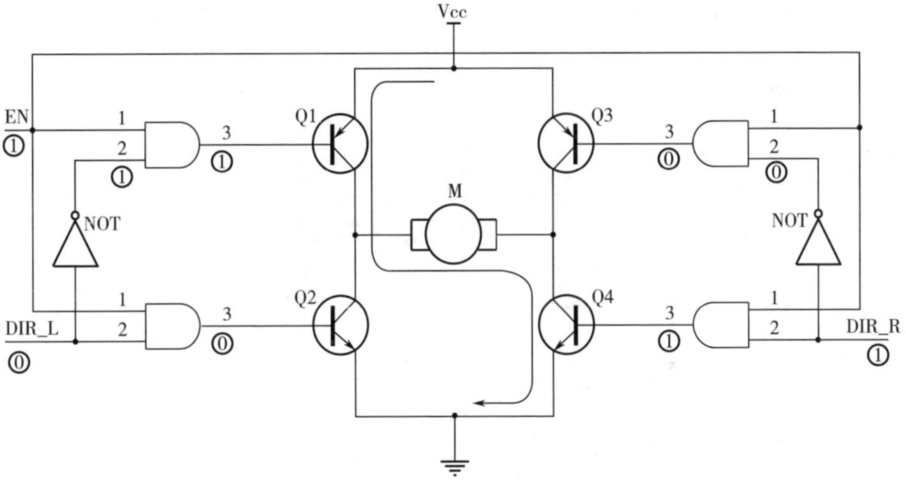


**图2-20　改进型H桥驱动电路直流电动机正转示意图**

实际使用的时候，用分立元件制作H桥是很麻烦的，现在市面上有很多封装好的H桥集成电路，接上电源、电动机和控制信号就可以使用，在额定的电压和电流内使用非常方便可靠，比如常用的L293D、L298N、TA7257P、SN754410等，如图2-21所示为L298N的引脚图，基于L298N构成的常用电动机驱动模块见图2-22，其对应的电路原理图见图2-23。

2. 步进电机

（1）控制原理　步进电机两个相邻磁极之间的夹角为60°，线圈绕过相对的两个磁极，构成一相（A-A′，B-B′，C-C′）。磁极上有5个均匀分布的矩形小齿，转子上没有绕组，而有40个小齿均匀分布在其圆周上，且相邻两个齿之间的夹角为9°。

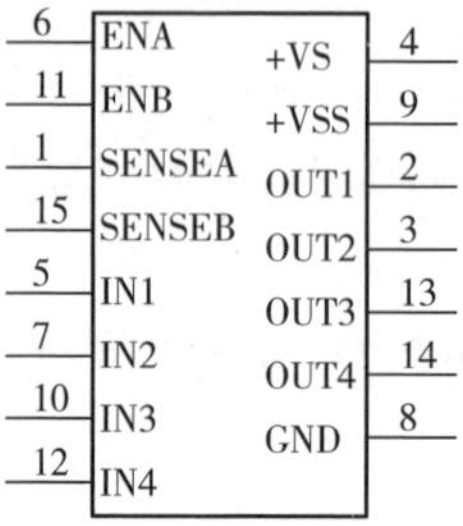


图 2-21　L298N 的引脚图

图 2-22　基于 L298N 的电动机驱动模块

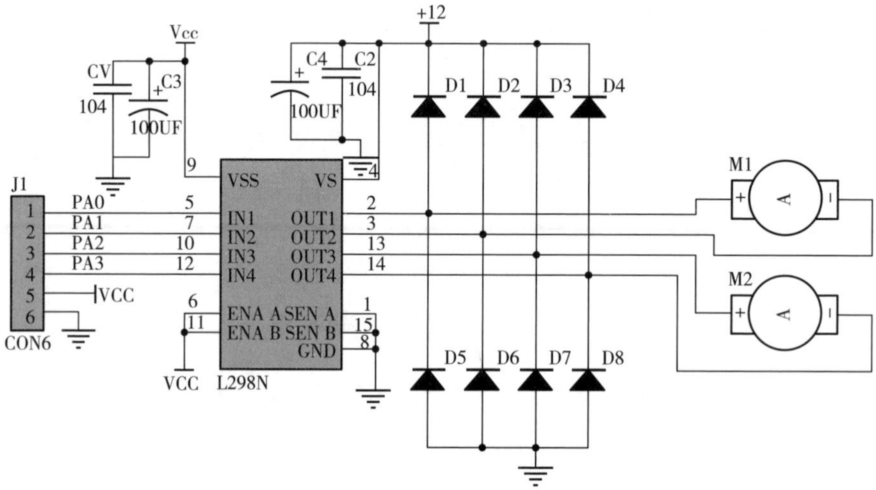


图 2-23　L298N 的电动机驱动电路原理图

当某组绕组通电时，相应的两个磁极就分别形成 N-S 极，产生磁场，并与转子形成磁路。如果这时定子的小齿与转子没有对齐，则在磁场的作用下转子将转动一定的角度，使转子齿与定子齿对齐，从而使步进电机向前“走”一步。

（2）控制方式　如果通过单片机按顺序给绕组施加有序的脉冲电流，就可以控制电机的转动，从而实现数字角度的转换。转动的角度大小与施加的脉冲数成正比，转动的速度与脉冲频率成正比，而转动方向则与脉冲的顺序有关。以三相步进电机为例，电流脉冲的施加共有 3 种方式。

①单相三拍方式——按单相绕组施加电流脉冲。

→A →B →C　　正转
→A →C →B　　反转

②双相三拍方式——按双相绕组施加电流脉冲。

→AB →BC →CA　　正转
→AC →CB →AB　　反转

③三相六拍方式——单相绕组和双相绕组交替施加电流脉冲。

→A →AB →B →BC →C →CA　正转
→A →AC →C →CB →B →BA　反转

单相三拍方式的每一拍步进角为3°，三相六拍的步进角则为1.5°，因此，在三相六拍下，步进电机的运行反转平稳柔和，但在同样的运行角度与速度下，三相六拍驱动脉冲的频率需提高一倍，对驱动开关管的开关特性要求较高。

3. 驱动方式

步进电机常用的驱动方式是全电压驱动，即在电机移步与锁步时都加载额定电压。为了防止电机过载及改善驱动特性，需加限流电阻。由于步进电机锁步时，限流电阻要消耗掉大量的功率，故限流电阻要有较大的功率容量，并且开关管也要有较高的负载能力。

步进电机的另一种驱动方式是高低压驱动，即在电机移步时，加额定或超过额定值的电压，以便在较大的电流驱动下使电机快速移步；而在锁步时则加低于额定值的电压，只让电机绕组流过锁步所需的电流值。这样，既可以减少限流电阻的功率消耗，又可以提高电机的运行速度，但这种驱动方式的电路要复杂一些。

驱动脉冲的分配可以使用硬件方法，即用脉冲分配器实现。现在，脉冲分配器已经标准化、芯片化，市场上可以买到，但硬件方法结构复杂，成本也较高。

步进电机控制（包括控制脉冲的产生和分配）也可以使用软件方法，即用单片机实现，这样既简化了电路，也降低了成本。使用单片机以软件方式驱动步进电机，不但可以通过编程方法在一定范围内自由设定步进电机的转速、往返转动的角度以及转动次数等，而且还可以方便灵活地控制步进电机的运行状态，以满足不同用户的要求。因此常把单片机步进电机控制电路称为可编程步进电机控制驱动器。

4. 单片机控制

步进电机控制的最大特点是开环控制，不需要反馈信号。因为步进电机的运动不产生旋转量的误差累积。

由单片机实现的步进电机控制系统如图 2-24 所示。

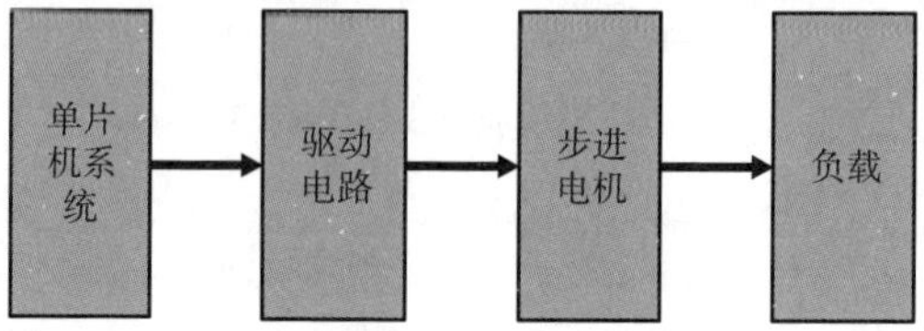


**图 2-24　步进电机控制系统**

假定以 8051 的 P1 口线接步进电机的绕组，输出控制电流脉冲，其中 P1.0 接 A，P1.1 接 B，P1.2 接 C。

双相三拍控制模型如表 2-1 所示。

**表 2-1　　双相三拍控制模型**

| 步序 | P1 口输出状态 | 绕组 | 控制字 |
|---|---|---|---|
| 1 | 00000011 | AB | 03H |
| 2 | 00000110 | BC | 06H |
| 3 | 00000101 | CA | 05H |

# 任务四　寻迹小车方案设计

要实现寻迹小车的寻迹控制功能，首先思考以下几个方面的问题。

（1）怎样搜索有用的设计资料？

（2）怎样从已有的产品中抽取寻迹小车项目有用信息？

（3）寻迹小车的用途是什么？有什么功能？

（4）寻迹小车由哪几部分组成？工作原理是什么？

（5）寻迹小车应达到何种技术指标？

（6）小组成员如何分工？工作计划如何？

除了满足前面所述的寻迹信号的检测和处理，并能根据信号进行判断，控制小车电机运作状态，还要在满足基本寻迹控制的基础上能对其功能进行扩展，同时减少产品生产成本，提高产品稳定性和性价比，本次系统控制采用红外传感器、单片机和 L298 组合方式进行。

首先要能实现小车的正常前进、后退、左转、右转等基本功能，这就要求单片机要能控制直流电动机的转向，在左右直流电动机的配合下实现小车的正常运行；其次，小车要实现寻迹功能，这就要求单片机小系统能接收来自寻迹传感器采集到的信号并进行判断处理，对应产生出控制直流电动机正反运行的控制信号，进而实现寻迹小车的功能。具体实现思路为：由AT89S52单片机的P2口的P2.0~P2.3分别接收来自作为寻迹信号检测的反射式光电传感器检测出来的地面情况信号，经过分析判断后由单片机P1.0~P1.3产生继续前进、左转、右转等控制信号给L298电动机驱动电路后，产生对应的电动机控制驱动电流给直流电动机，实现智能小车寻迹功能的控制。总体结构框图如图2-25所示。

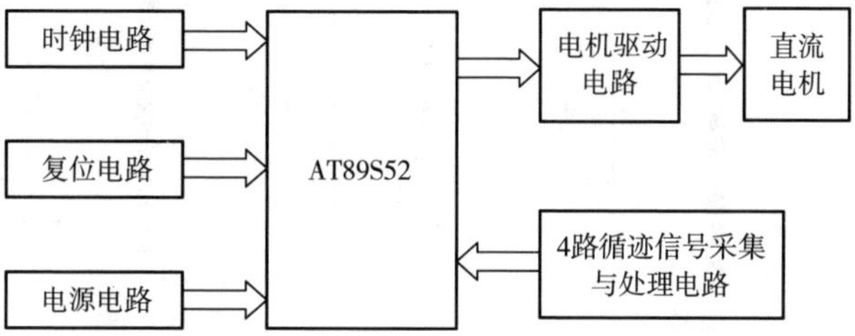


**图2-25　寻迹小车总体结构框图**

如图2-26所示，智能小车在进行寻迹信号的判断处理时，由小车前面安装的4个寻迹功能的光电传感器对信号线进行检测判断。根据智能小车寻迹控制要求，当小车左内侧传感器在线上时，说明小车头略向右侧偏移，小车应先略向左侧转向后再前进，如图2-27（1）所示；如果小车左外侧传感器已经在线上时，说明小车头向右侧偏移量较大，小车应先向左侧快速转向后再前进，如图2-27（2）所示；反之，当小车右内侧传感器在线上时，说明小车头略向左侧偏移，小车应先略向右侧转向后再前进，如图2-27（3）所示；如果小车右外侧传感器已经在线上时，说明小车头向左

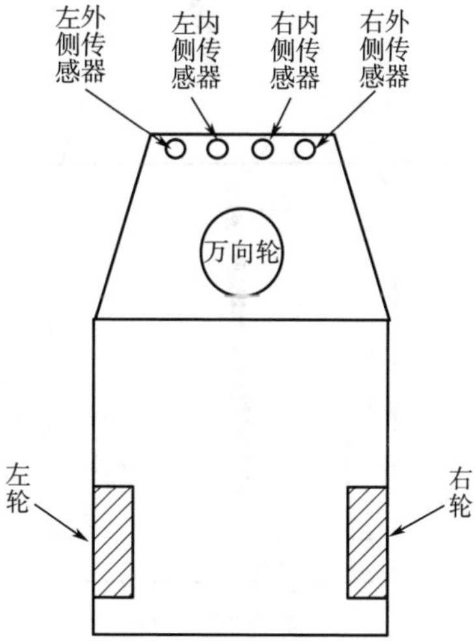


**图2-26　智能小车寻迹传感器与车轮位置示意图**

侧偏移量较大，小车应先向右侧快速转向后再前进，如图 2-27（4）所示；如果四个传感器均没有在线上时，小车则应继续前进，根据前进后的状态决定下一步的运行方式。

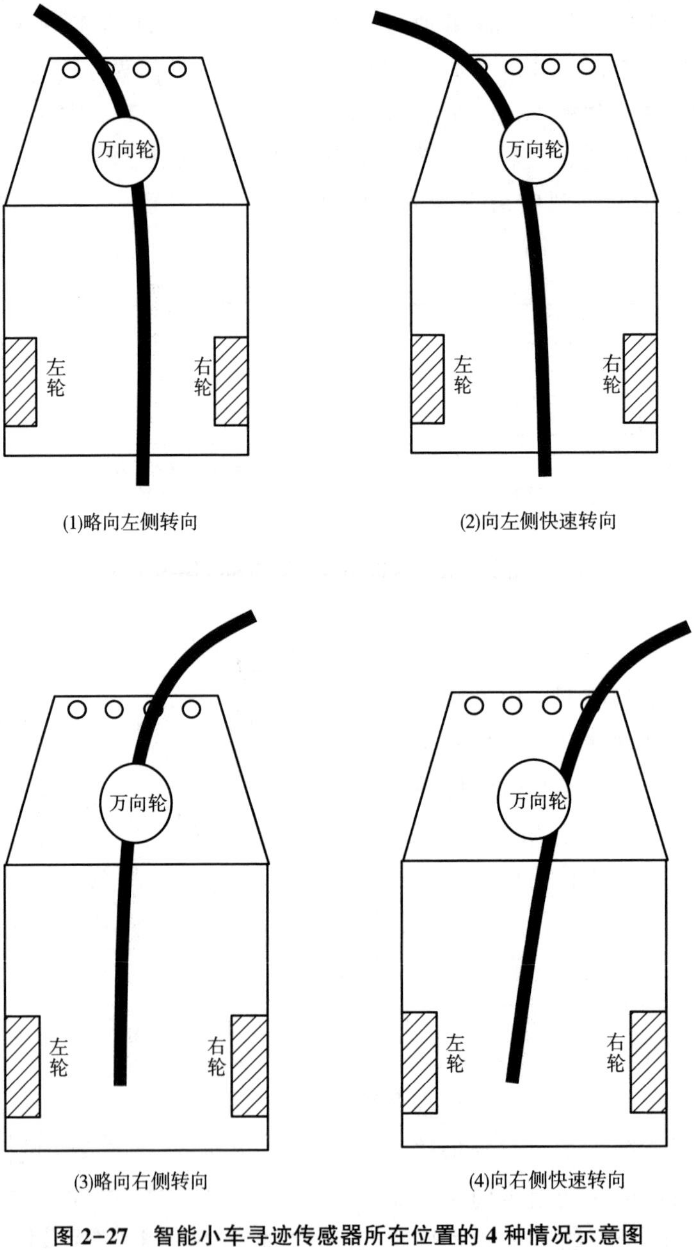


(1)略向左侧转向　(2)向左侧快速转向

(3)略向右侧转向　(4)向右侧快速转向

**图 2-27　智能小车寻迹传感器所在位置的 4 种情况示意图**

# 任务五　寻迹小车项目产品的设计与实现

## 一、硬件设计

1. 单片机最小系统设计

AT89S52是一种低电压、低功耗、高性能CMOS8位微控制器，具有8K系统可编程Flash存储器。器件采用ATMEL公司的高密度、非易失性存储技术生产，兼容标准MCS-51指令系统，片内置通用8位中央处理器和Flash存储单元，同时AT89S52具有32个可编程线I/O口，为更好地连接与控制其他元件提供了方便。AT89S52单片机在电子行业中有着广泛的应用。

由于本设计对数据的处理速度要求不高，控制输出电路采用其他器件将会造成资源的浪费，采用AT89S52单片机的运算功能很强，软件的编程更灵活、自由度大，可以用软件实现各种算法和逻辑的控制，并且具有功耗低、体积小、技术成熟和成本低的优点，使其在各个领域都有广泛的应用。

单片机最小系统电路由C1、C2、晶振、D1、R1、R2等组成。图2-28为本设计应用的单片机小系统。

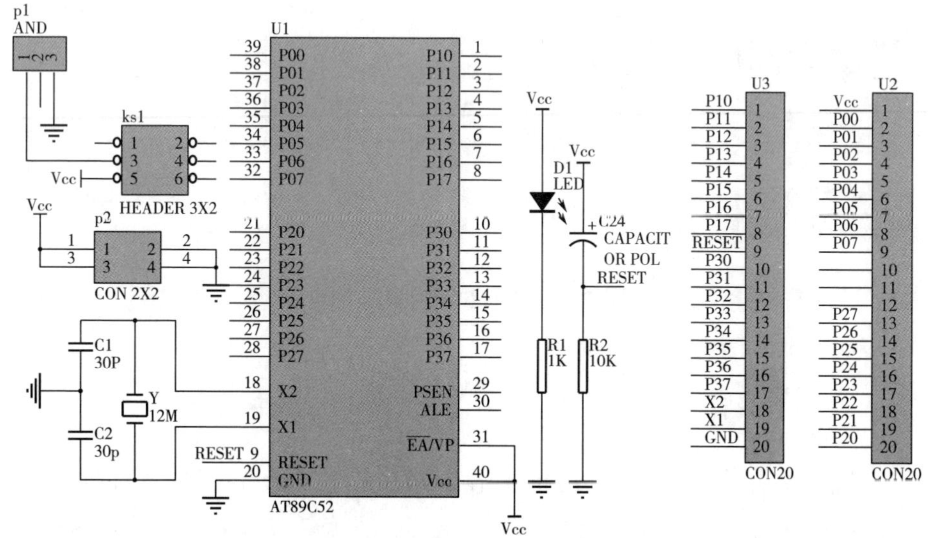


图 2-28　单片机最小系统电路图

2. 外围电路的设计

由于开源技术的应用和发展，对应采用开源技术的传感器模块、电动机驱动模块已较丰富，本设计中智能小车的寻迹控制电路，对其寻迹信号采集可选用寻迹传感器模块，如图 2-29 所示；而直流电动机的驱动可使用 L298 电动机驱动模块，如图 2-30 所示。这样，将 4 个寻迹传感器的输出依次连接到单片机引脚 P2.0~P2.3，L298N 电动机驱动模块的 IN1~IN4 分别对应连接到单片机引脚 P1.0~P1.3，设计出的寻迹小车电路如图 2-31 所示。

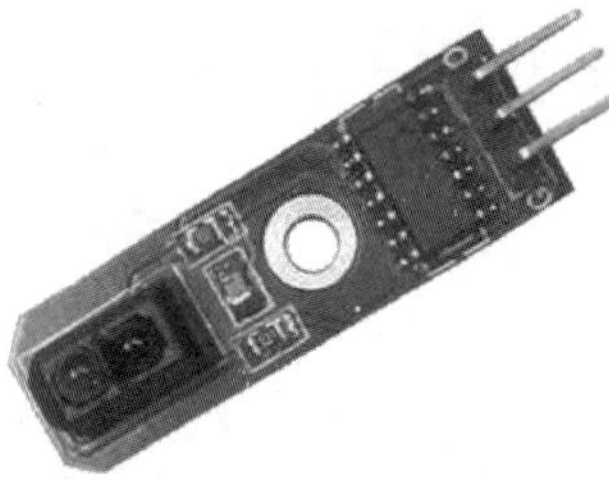

**图 2-29　寻迹传感器模块**

**图 2-30　L298 电动机驱动模块**

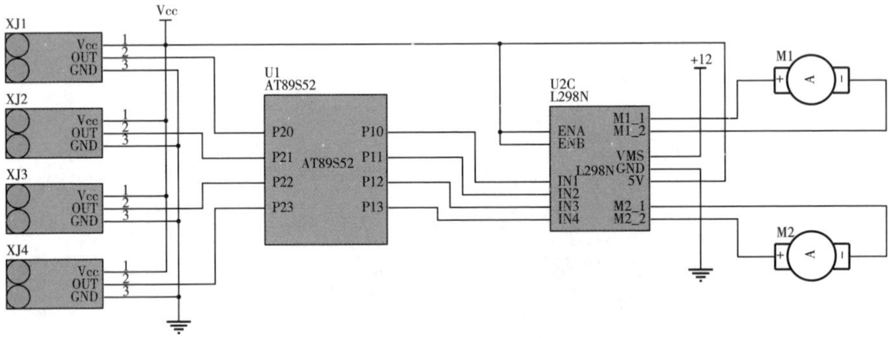


**图 2-31　寻迹小车电路原理图**

## 二、软件设计

根据智能小车实现寻迹功能的控制要求，针对 4 个寻迹传感器位置与两个直流电动机的关系，可以得出以下真值表，见表 2-2（寻迹传感器在黑线上时对应的传感器输出信号为低电平，否则输出为高电平）。

表 2-2 寻迹小车实现对应真值表

| 序号 | 寻迹传感器 | | | | 左电动机 | 右电动机 | 小车运行状态 |
|---|---|---|---|---|---|---|---|
| | 左外 | 左内 | 右内 | 右外 | | | |
| 1 | 0 | 1 | 1 | 1 | 后退 | 前进 | 快速左转 |
| 2 | 1 | 0 | 1 | 1 | 停止 | 前进 | 左转 |
| 3 | 1 | 1 | 0 | 1 | 前进 | 停止 | 右转 |
| 4 | 1 | 1 | 1 | 0 | 前进 | 后退 | 快速右转 |
| 5 | 1 | 1 | 1 | 1 | 前进 | 前进 | 前进 |

根据得出的真值表和智能小车连接寻迹传感器、L298 电动机驱动模块、直流电动机和单片机连接情况，寻迹控制安装要求，可以得出如图 2-32 所示的程序流程图。

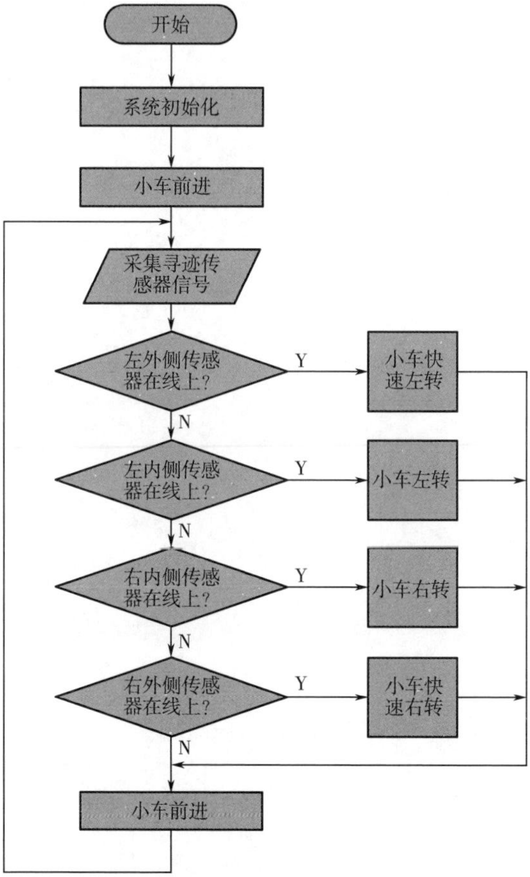


图 2-32 智能寻迹小车控制流程图

练习：请绘制出增加按键实现启动和停止小车寻迹功能的流程图。

根据流程图可编写出如下智能寻迹小车控制功能的程序。

```
#include "reg52.h"
#define uint unsigned int
sbit LL=P2^3;            //左外侧传感器
sbit LM=P2^2;            //左内侧传感器
sbit RM=P2^1;            //右内侧传感器
sbit RR=P2^0;            //右外侧传感器
sbit M11=P1^0;           //电动机 1
sbit M12=P1^1;
sbit M21=P1^2;           //电动机 2
sbit M22=P1^3;

void delay (int i)       //延时
{
    int x, z;
    for (x=i; x>0; x--)
    for (z=110; z>0; z--);
}

void stop ()             //停止
{
    M11=1;
    M12=1;
    M21=1;
    M22=1;
}

void left_ turn ()       //左转
{
    M11=1;
    M12=1;
    M21=1;
```

```
    M22=0;
}

void left_ turn_ f ()        //快速左转
{
    M11=0;
    M12=1;
    M21=1;
    M22=0;
}

void right_ turn ()          //右转
{
    M11=1;
    M12=0;
    M21=1;
    M22=1;
}

void right_ turn_ f ()       //快速右转
{
    M11=1;
    M12=0;
    M21=0;
    M22=1;
}

void go ()                   //小车前进
{
    M11=1;
    M12=0;
    M21=1;
    M22=0;
```

```
}

void back ()                //小车后退
{
    M11=0;
    M12=1;
    M21=0;
    M22=1;
}

void main ()
{
    P1=0xff;
    P2=0xff;
    go ();
    delay (30);
    while (1)
     {
        if (LL==0&&LM==1&&RM==1&&RR==1) //最左传感器在
线上
         {
            left_ turn_ f () ;                    //快速左转
            delay (30);
            stop ();
            delay (10);
        }
    else if (LL==1&&LM==0&&RM==1&&RR==1) //左中传感器在
线上
     {
        left_ turn () ;                           //左转
        delay (30);
        stop ();
        delay (10);
```

```
        }
        else if (LL==1&&LM==1&&RM==0&&RR==1)  //右中传感器在线上
         {
           right_ turn () ;                    //右转
           delay (30);
           stop ();
           delay (10);
        }
        else if (LL==1&&LM==1&&RM==1&&RR==0)  //最右传感器在线上
         {
           right_ turn_ f ();                  //快速右转
           delay (30);
           stop ();
           delay (10);
        }
        else
         {
           go ();                              //前进
           delay (30);
           stop ();
           delay (10);
           }
        }
    }
```

## 三、系统仿真与调试

将程序输入 keil C 软件编译、连接，生成单片机可执行的 hex 文件，下载到由单片机构建成的寻迹控制系统中进行仿真和调试，实现小车的寻迹功能，系统的仿真与调试过程如图 2-33 所示。

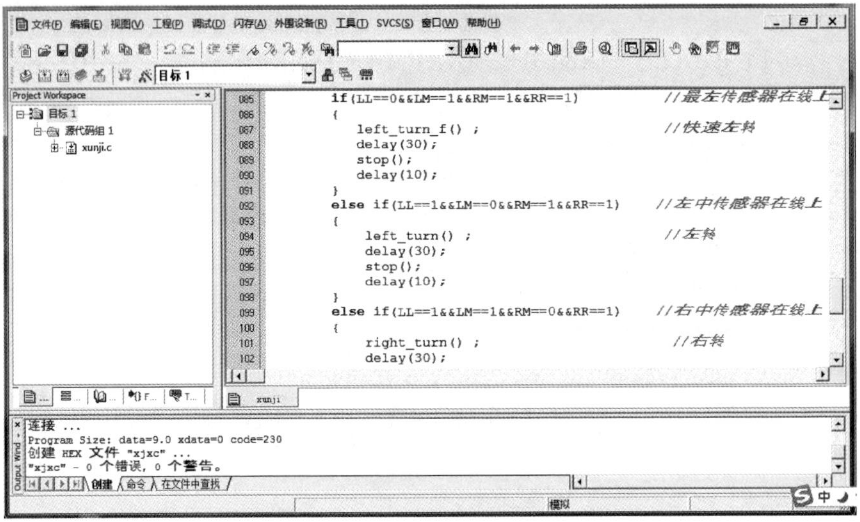

图 2-33　寻迹小车仿真与调试过程图

# 任务六　寻迹小车的后续运作

销售：影响销售的有产品质量、产品功能、产品价格、销售技巧。除此以外还有什么会影响销售？

产品的使用：应提供寻迹小车的使用说明书等。

产品的售后服务：作为一个电子产品，必须要有较好的售后服务。

产品的报废处理：废旧的电子产品对环境的威胁很大，需要有规范的报废处理措施，主要的途径之一为废品的回收，然后由专业的公司进行统一处理。

# 任务七　寻迹小车的创新

## 一、产品创新的意义

从产品创新的意义上看，它是社会进步的体现，可以不断满足人们的需求，同时也是技术不断提高的动力，也是生产该产品的企业发展需要。

## 二、创新的思路

通过在功能、技术、外观、形式上等创新，提高产品的性价比、销售量、性能等。

## 三、创新的方法

1. 头脑风暴法

转换一下思路，洞察顾客深层次需求，将产品的提供内容重新定义，创造更优的顾客价值，拓展市场空间和提升竞争能力。

2. 模仿创新法

模仿创新法指同一类型、同一行业内后发者对领先或创新产品的模仿式创新，这种产品创新本质上属于策略性产品创新的范畴，而不是颠覆性创新或升级性创新。比如：在中国小创伤护理市场，“邦迪”曾占领了大部分市场。云南白药认为自己的市场机会在于同为给伤口止血的创伤药，对于小伤口的治疗效果可以让用户更快愈合，“邦迪”产品的性能只在于胶布的良好性能，而没有杀菌功能，于是邦迪成为了云南白药第一个模仿、也是超越的对象。云南白药选择性地整合全球资源来“以强制强”，与拥有上百年历史在技术绷带和黏性贴等领域具有全球领先技术的德国拜尔斯多夫公司合作开发，不到两年时间，双方合作的“白药创可贴”迅速推向市场。

3. 检核表法

（1）产品有无其他用途？保持原状不变时能否扩大用途？稍加改变，有无别的用途？

（2）能否从别处得到启发？能否借用别处的经验或发明？外界有无相似的想法，能否借鉴？过去有无类似的东西，有什么东西可供模仿？谁的东西可供模仿？现有的发明能否引入其他的创造性设想之中？

（3）现有的东西是否可以做某些改变？改变一下会怎么样？可否改变一下形状、颜色、音响、味道？是否可改变一下意义、型号、模具、运动形式？改变之后，效果又将如何？

（4）放大、扩大　现有的东西能否扩大使用范围？能不能增加一些东西？能否添加部件、拉长时间、增加长度、提高强度、延长使用寿命、提高价值、加快转速？

（5）缩小、省略　缩小一些怎么样？现在的东西能否缩小体积、减轻重量、降低高度、压缩、变薄？能否省略，能否进一步细分？

（6）能否代用　可否由别的东西代替，由别人代替？用别的材料、零件代替，用别的方法、工艺代替，用别的能源代替？可否选取其他地点？

（7）从调换的角度思考问题　能否更换一下先后顺序？可否调换元件、部件？是否可用其他型号，可否改成另一种安排方式？原因与结果能否对换位置？能否变换一下日程？更换一下，会怎么样？

（8）从相反方向思考问题　通过对比也能成为萌发想象的宝贵源泉，可以启发思路。倒过来会怎么样？上下是否可以倒过来？左右、前后是否可以对换位置？里外可否倒换？正反是否可以倒换？可否用否定代替肯定？

（9）从综合的角度分析问题　组合起来怎么样？能否装配成一个系统？能否把目的进行组合？能否将各种想法进行综合？能否把各种部件进行组合？

## 知识链接

### 一、单片机最小系统

1. 单片机基础

单片机是在一块芯片上集成了中央处理部件（CPU）、存储器（RAM、ROM）、定时器/计数器和各种输入/输出（I/O）接口（如并行 I/O 口、串行 I/O 口和 A/D 转换器）等。由于单片机通常是为实时控制应用而设计制造的，因此又称为微控制器（MCU）。

单片机自问世以来，性能不断提高和完善，它不仅能满足很多应用场合的需要，而且具有集成度高、功能强、速度快、体积小、功耗低、使用方便、性能可靠、价格低廉等特点。因此，在工业控制、智能仪器仪表、数据采集和处理、通信系统、网络系统、汽车工业、国防工业、高级计算器具、家用电器等领域的应用日益广泛，并且正逐步取代现有的多片微机应用系统，单片机的潜力越来越被人们所重视。特别是当前用 CMOS 工艺制成的各种单片机，由于其功耗低，使用的温度范围大，抗干扰能力强，能满足一些特殊要求的应用场合，使得单片机的应用范围进一步扩大，同时也促进了单片机技术的发展。

自 1976 年 9 月 Intel 公司推出 MCS-48 单片机以来，单片机就受到了广大用户的欢迎。因此，有关公司都争相推出各自的单片机。例如，GI 公司推出了 PIC1650 系列单片机，Rockwell 公司推出了与 6502 微处理器兼容的 R6500 系列单片机。它们都是8位机，片内有8位中央处理器（CPU）和并行I/O口、8位定时器/计数器以及容量有限的存储器（RAM、ROM），具有简单的中断功能。

目前，国际市场上8位、16位单片机系列已有很多，但目前使用较多的系列是Intel公司的产品，其中又以MCS-51系列单片机应用尤为广泛，而且还在进一步地发展完善，价格也越来越低，性能越来越好。

2. 单片机的应用

单片机是在一块芯片上集成了一台微型计算机所需的CPU、存储器、输入/输出部件和时钟电路等。因此它具有体积小、使用灵活、成本低、易于产品化、抗干扰能力强、可在各种恶劣环境下可靠工作等特点，特别是它控制能力强，因此，单片机在工业控制、智能仪表、外设控制、家用电器、机器人、军事装置等方面得到了广泛的应用。

（1）智能仪表　单片机应用于各种仪器仪表的更新改造，实现仪表的数字化、智能化、多功能化、综合化及柔性化，并使长期以来关于测量仪表中的误差修正和线性化处理等难题迎刃而解。由单片机构成的智能仪表，集测量、处理、控制功能于一体，测量速度和测量精度得到提高，控制功能得到增强，简化了仪器仪表的结构，利于使用、维修和改进。

（2）工业实时控制　单片机应用于各种工业实时控制系统中，如炉温控制系统、火灾报警系统、化学成分的测量和控制等，单片机技术与测量技术、自动控制技术相结合，利用单片机作为控制器，发挥其数据处理和实时控制功能，提高系统的生产效率和产品的自动化程度。采用单片机作为机床数控系统的控制机，可以提高机床数控系统的可靠性，增强功能，降低控制机成本，并有可能改变数控控制机的结构模式。

（3）机电一体化　单片机促进了机电一体化的发展，利用单片机改造传统的机电产品，能够使产品体积减小、功能增强、结构简化，与传统的机械产品相结合，构成了自动化、智能化的机电一体化新产品。例如，在电传打字机的设计中，由于采用单片机，从而取代了近千个机械部件。

（4）通信接口　在数据采集系统中，用单片机对模/数转换接口进行控制，不仅可以提高采集速度，而且还可以对数据进行预处理，如数字滤波、线性化处理及误差修正等，在通信接口中，采用单片机可以对数据进行编码、解码、分配管理以及接收/发送等工作。在一般计算机测控系统中，除打印机、键盘、磁盘驱动器、CRT等通用外部设备接口外，还有许多外部通信、采集、多路分配管理以及驱动控制等接口，如果完全由主机进行管理，势必造成主机负担过重，会降低系统的运行速度，降低接口的管理水平。利用单片机进行通信接口的控制与管理，能够提高系统的运行速度，减少接口的通信密度，提高接口的管理水平。单片机在计算机网络和数字通信中具有非常广阔的应用前景。

（5）家用电器 目前，国内外各种家用电器已普遍采用MCU代替传统的控制电路，使用的MCU大多是小型廉价型的单片机。在这些单片机中集成了许多外设的接口，如键盘、显示器接口及A/D转换等功能单元，而不用并行扩展总线，故常利用这类单片机制作成单片机应用系统，例如洗衣机、电冰箱、微波炉、电饭锅、电视机及其他视频音像设备的控制器。目前单片机应用系统的主要发展趋势是模糊控制化，已形成了众多的模糊控制家电产品。

此外单片机也成功地应用于玩具、游戏机、充电器、IC卡、电子锁、电子秤、步进电机、电子词典、照相机、电风扇和防盗报警等日常生活用品中；在汽车的点火控制、变速控制、排气控制、节能控制、冷气控制以及防滑刹车中也有很多应用。总之，单片机技术集计算机技术、电子技术、电气技术、微电子技术于一身，作为一种智能化的现代开发工具，从根本上改变了传统的控制系统设计思想和设计方法，随着现代电子技术的普及与发展，其应用领域无所不至，无论是工业部门、民用部门乃至事业部门，都有其广泛应用。

3. 单片机的内部结构

MCS-51系列单片机内部集成了CPU、RAM、ROM、定时器/计数器和多种功能的I/O线等，各功能部件由内部总线连接在一起。MCS-51系列单片机主要由以下几部分组成：CPU系统、存储器系统、并行I/O口系统，其他功能单元。

MCS-51系列单片机芯片的内部逻辑结构如图2-34所示。

CPU系统主要包含以下部件：8位CPU、一个片内振荡器及时钟电路、总线逻辑控制。

（1）中央处理器（CPU） 中央处理器CPU是单片机的核心部件，由运算器和控制器组成，此外在CPU的运算器中还有一个专门进行位数据操作的位处理器。

运算器的功能主要是进行算术和逻辑运算，它由算术逻辑单元ALU、累加器ACC、B寄存器、PSW程序状态字寄存器和两个暂存器组成。ALU是运算器的核心部件，基本的算术逻辑运算都在其中进行，包括：加、减、乘、除、增量、十进制调整和比较等算术运算；“与”“或”“异或”等逻辑运算；左移位、右移位和半字节交换等操作；操作数暂存于累加器和相应寄存器中，操作结果存于累加器中，操作结果的状态保存于状态寄存器（PSW）中。

位处理器是单片机中运算器的重要组成部分，又称布尔处理器，专门用来处理位操作，给单片机实现控制功能提供了极大的方便。在硬件上，位处

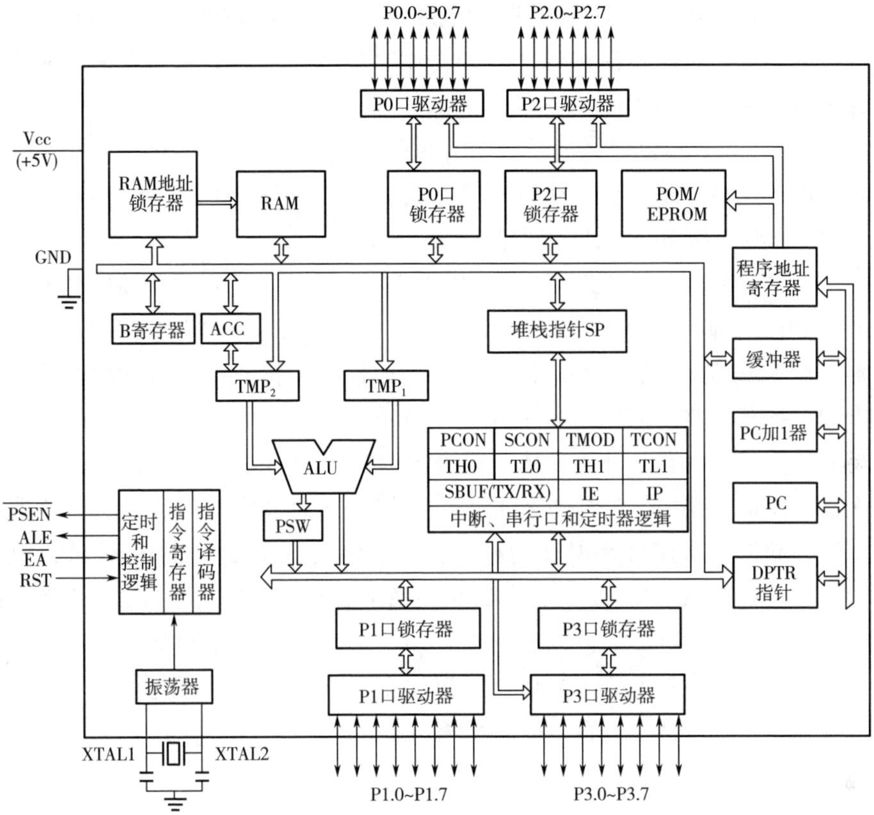


**图 2-34　MCS-51 系列单片机的内部逻辑结构图**

理器以状态寄存器中的进位标志位 CY 为累加器，有以位为单位的 RAM 和 I/O 空间，具有相应的指令系统，可提供 17 条位操作指令以实现置位、复位、取反，等于 0 转、等于 1 转以及位与位的传送，逻辑“与”“或”等操作，操作结果送回进位标志位 CY。

控制器的功能是控制单片机各部件协调动作。其工作过程就是执行程序的过程，而程序的执行是在控制器的控制下进行的。首先从片内、外程序存储器 ROM 中取出指令，送入指令寄存器，然后通过指令寄存器再送入指令译码器，将指令代码译成一种或几种电平信号，该电平信号与系统时钟一起送入时序逻辑电路进行综合后，产生各种按一定时间节拍变化的电平或脉冲控制信号，用以控制系统各部件进行相应的操作，完成指令的执行，执行程序就是重复这一过程。

（2）时钟电路　时钟电路用于产生单片机工作所需要的时钟信号，而 CPU 的时序是指控制器在统一的时钟信号下，按照指令功能发出在时间上有一定次序的信号，控制和启动相关逻辑电路完成指令操作。

MCS-51 型单片机芯片内有时钟电路，但石英晶体和微调电容需要外接。时钟电路为单片机产生时钟脉冲序列，作为单片机工作的时间基准，典型的晶体振荡频率为 12MHz。

MCS-51 单片机的时钟信号可以由两种方式产生：一种是内部方式，利用芯片内部的振荡电路；另一种为外部方式。由于 MCS-51 单片机有 HMOS 型与 CHMOS 型，它们的时钟电路有一定的区别。

①内部时钟方式：MCS-51 单片机内部有一个用于构成振荡器的高增益反相放大器，引脚 XTAL1 和 XTAL2 分别是此放大器的输入端和输出端。这个放大器与作为反馈元件的片外晶体或陶瓷谐振器一起构成一个自激振荡器。虽然有内部振荡电路，但要形成时钟，必须外接元件，图 2-35（1）是单片机内部时钟方式的电路。外接晶体以及电容 C1 和 C2 构成并联谐振电路，接在放大器的反馈回路中，外接电容的大小会影响振荡器频率的高低、振荡器的稳定性、起振的快速性和温度的稳定性，晶体可在 1.2~12MHz 任选，电容 C1 和 C2 一般在 20~100pF 选择。若频率稳定性要求不高，可选用较为廉价的陶瓷谐振器，Cl 和 C2 的典型值约为 47pF。在设计印刷电路板时，应采用温度稳定性能好的高频电容，晶体或陶瓷振荡器和电容应尽可能与单片机芯片靠近安装，以减少寄生电容，提高系统稳定性和可靠性。

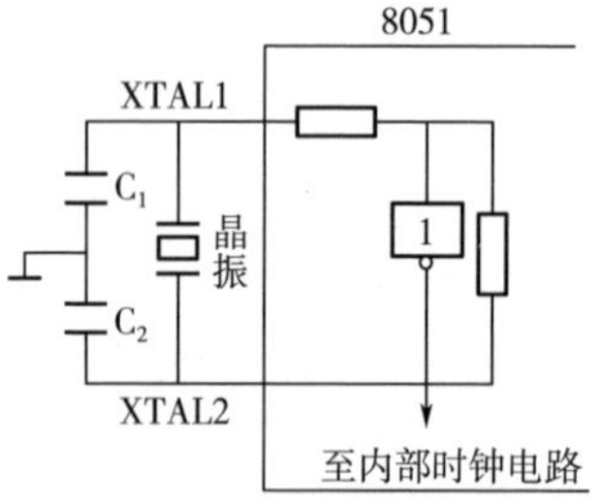


(1)内部时钟方式

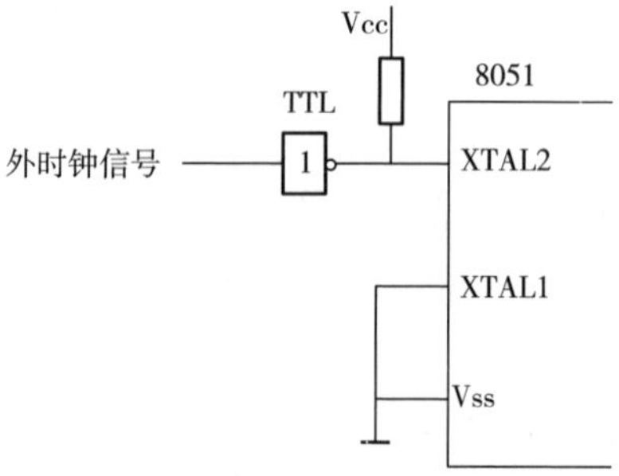


(2)外部时钟方式

**图 2-35　MCS-51 单片机的内部时钟方式电路**

②外部时钟方式：外部时钟方式是利用外部振荡器信号源即时钟源直接接入 XTAL1 或 XTAL2。通常 XTAL1 接地，XTAL2 接外部时钟，电路见图 2-35（2）。由于 XTAL2 的逻辑电平不是 TTL 的，故建议外接一个 4.7~10kΩ 的上拉电阻。

单片机的时序是指 CPU 在执行指令时所需控制信号的时间顺序。时序信号是以时钟脉冲为基准产生的，分为两大类：一类用于芯片内部各功能部件的控制；另一类用于通过单片机的引脚对片外存储器或扩展的 I/O 端口进行控制，该部分时序信号对于分析、设计硬件电路至关重要。

（3）MCS-51 型单片机的时序　按由小到大的顺序依次为时钟周期、状态周期、机器周期、指令周期。

①时钟周期（$P$）：是 MCS-51 型单片机中最小的时序单位，是单片机内部的时钟振荡器 OSC 的振荡频率 $f_{OSC}$ 的倒数，又称振荡周期或拍。它随振荡电路的时钟脉冲频率 $f_{OSC}$ 的高低而改变。例如某单片机的时钟频率 $f_{OSC}$ = 12MHz，则时钟周期 $P=1/f_{OSC}=0.0833\mu s$。但是一旦时钟电路确定，时钟周期就固定不变了。时钟脉冲是系统的基本工作脉冲，它控制着单片机的工作节奏，使单片机的每一步工作都统一到它的步调上来。

②状态周期（$S$）：由连续的两个振荡脉冲组成，即 1 个状态周期=2 个时钟周期。若某单片机的时钟频率 $f_{OSC}$ = 12MHz，则状态周期 $S=2/f_{OSC}=0.167\mu s$。通常把一个状态前后的两个振荡脉冲用 $P1$、$P2$ 来表示。

③机器周期：单片机完成某种基本操作所需要的时间。指令的执行速度与机器周期有关，机器周期越短指令执行速度越快。一个机器周期由 6 个状态周期即 12 个振荡脉冲组成，分别用 $S1\sim S6$ 来表示。这样，一个机器周期中的 12 个振荡周期就可以表示为 $S1P1$、$S1P2$、$S2P1$、$S2P2$……$S6P2$。当单片机系统的时钟频率 $f_{OSC}$ = 12MHz 时，它的一个机器周期就等于 $12/f_{OSC}$，也就是 1μs。

④指令周期：执行一条指令所需要的时间，是时序中最大的时间单位。由于执行不同的指令所需要的时间长短不同，因此用按照指令消耗的机器周期的多少来区别，MCS-51 型单片机的指令可分为单机器周期指令、双机器周期指令和四机器周期指令 3 种。而四机器周期指令只有乘法和除法共两条指令，由此不难看出，当系统时钟频率为 12MHz 时，MCS-51 型单片机的多数指令只需要消耗 1μs 或 2μs 就可以执行完毕。

（4）总线逻辑控制　MCS-51 单片机属于总线型结构，通过地址/数据总线可以与存储器（RAM、EPROM）、并行 I/O 接口芯片相连接。

在访问外部存储器时，P2 口输出高 8 位地址，P0 口输出低 8 位地址，由 ALE（地址锁存允许）信号将 P0 口（地址/数据总线）上的低 8 位锁存到外部地址锁存器中，从而为 P0 口接收数据作准备。

在访问外部程序存储器（即执行 MOVX）指令时，PSEN（外部程序存储器选通）信号有效，在访问外部数据存储器（即执行 MOVX）指令时，由 P3 口自动产生读/写（$\overline{RD}/\overline{WR}$）信号，通过 P0 口对外部数据存储器单元进行读/写操作。

MCS-51 单片机所产生的地址、数据和控制信号与外部存储器、并行 I/O 接口芯片连接简单、方便。

4. 存储器系统

存储器系统主要包含 4K 字节程序存储器（ROM/EPROM/FLASH，可外扩至 64KB）、128 字节数据存储器（RAM，可外扩至 64KB）、特殊功能寄存器 SFR。

存储器是用来存放程序和数据的部件，MCS-51 单片机的存储器结构与常见的微型计算机的配置方式不同，它把程序存储器和数据存储器分开，各有自己的寻址系统、控制信号和功能。

程序存储器用来存放程序和始终要保留的常数，例如所编程序经汇编后的机器码。

数据存储器通常用来存放程序运行中所需要的常数或变量。例如，做加法时的加数和被加数、做乘法时的乘数和被乘数、模/数转换时实时记录的数据等。

从物理地址空间来看，MCS-51 单片机有 4 个存储器地址空间，即片内程序存储器和片外程序存储器以及片内数据存储器和片外数据存储器，见图 2-36。

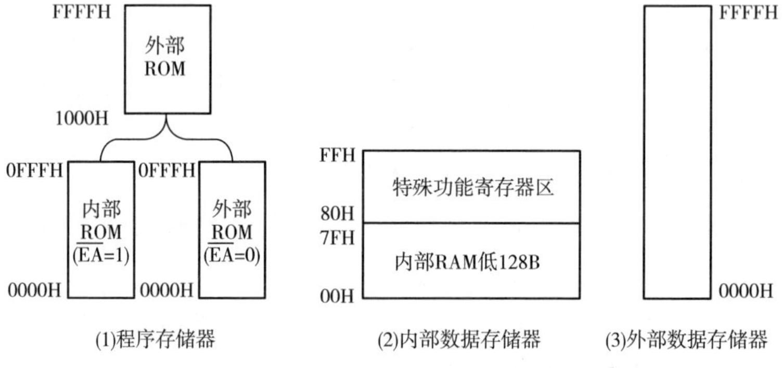


**图 2-36　MCS-51 系列单片机的存储器结构和存储器空间分配**

（1）程序存储器　程序存储器主要用于存放程序代码以及表格常数，分为片内 ROM、片外 ROM 两大部分，两者统一编址。由于单片机工作时程序是不可修改的，其存储单元只能读不能写，故程序存储器是只读存储器。程序存储器以程序计数器 PC 作为地址指针，通过 16 位地址总线，可寻址的地址空间为 64K 字节。

MCS-51 单片机的程序存储器有 16 位地址，可寻址的范围为 64KB。因此，片外程序存储器最大容量为 64KB，而片内程序存储器容量为 4KB。对于 8031 单片机来说，它的内部没有 ROM，因此在实际使用时，必须对它扩展外部程序存储器，最大可扩展空间地址为 64KB，此时 8031 单片机的$\overline{EA}$端必须接地，强制 CPU 从外部程序存储器读取程序。对于内部有 ROM 的 89C51，89S51 等单片机正常运行时，$\overline{EA}$则需接高电平，使 CPU 先读内部程序存储器中的程序，当 PC 值超过内部 ROM 的容量时，才会转而读外部程序存储器中的程序。

单片机复位后 PC 的内容为 0000H，0000H 单元为复位入口地址，故单片机从 0000H 单元开始读取指令执行程序。通常在 0000～0002H 单元中存放一条无条件转移指令，以便转移去执行指定的主程序。内部 ROM 的 0003H～002AH 共有 40 个单元，固定用于 5 个中断源的中断地址区，具体内容如表 2-3 所示的 MCS-51 系列单片机的中断入口地址表。

**表 2-3　　MCS-51 系列单片机的中断入口地址表**

| 中断源 | 入口地址 | 功能说明 |
|---|---|---|
| 外部中断 0 | 0003H | 外部中断 0 的中断服务程序入口地址 |
| 定时器 T0 中断 | 000BH | 定时/计数器 0 溢出中断服务程序入口地址 |
| 外部中断 1 | 0013H | 外部中断 1 的中断服务程序入口地址 |
| 定时器 T1 中断 | 001BH | 定时/计数器 1 溢出中断服务程序入口地址 |
| 串行口中断 | 0023H | 串行口的中断服务程序入口地址 |

（2）数据存储器　数据存储器用来存放运算的中间结果、标志位，以及数据的暂存和缓冲等。可以分为片内 RAM 与片外 RAM 两大部分，片外数据存储器 RAM 的地址空间为 64KB。

①片内数据存储器：MCS-51 系列单片机内部共有 256 个数据存储器单元，地址为 00H～FFH，按其功能划分为两部分，即低 128 单元（地址 00H～7FH）和高 128 单元（地址 80H～FFH）。其中低 128 单元是供用户使用的数据存储单元，高 128 单元为特殊功能寄存器提供特殊功能寄存器区。在任一时刻，CPU 只使用 4 组工作寄存器中的一组，正在使用的这些寄存器称为当前寄存器，当前程序使用的工作寄存器区由程序状态字寄存器 PSW 中的 RS0 和 RS1 两位组合来确定，RS0 和 RS1 的状态与工作寄存器区的对应关系见表 2-4，CPU 通过对 PSW 中的 D4、D3 位内容的修改，就能任选一个工作寄存

器区。

表 2-4　　　　工作寄存器区的选择

| RS1 | RS0 | 当前使用的工作寄存器区 R0~R7 |
|---|---|---|
| 0 | 0 | 0 区（地址为：00H~07H） |
| 0 | 1 | 1 区（地址为：08H~0FH） |
| 1 | 0 | 2 区（地址为：10H~17H） |
| 1 | 1 | 3 区（地址为：18H~0FH） |

如果不加设定，则选定第 0 区，这个特点使 MCS-51 单片机具有快速现场保护功能。应特别注意的是：如果不加设定，在同一段程序中 R0~R7 只能用一次，若用两次程序会出错。如果用户程序不需要 4 个工作寄存器区，则不用的工作寄存器单元可以作一般的 RAM 使用。

工作寄存器区主要用来存放操作数和运算的中间结果，利用工作寄存器为 CPU 提供数据，能够提高程序的运行速度。MCS-51 系列单片机为内部 RAM 提供了丰富的操作指令，执行速度快。工作寄存器单元，除以寄存器的形式使用（即以寄存器符号 R0~R7 表示）外，还以存储单元的形式（以单元地址 00H~1FH）表示。

片内数据存储器的高 128 单元是特殊功能寄存器区。特殊功能寄存器一般用于存放相应功能部件的控制命令、状态和数据。因为对这些寄存器的功能已做了专门的规定，故称之为特殊功能寄存器，简称 SFR。其中 I/O 端口寄存器 P0~P3。特殊功能寄存器 P0、P1、P2 和 P3 分别是 I/O 端口 P0~P3 的锁存器。P0~P3 作为特殊功能寄存器还可用直接寻址的方式参与其他操作指令。

串行数据缓冲器 SBUF。它用于存放欲发送或已接收的数据，其实际上由两个独立的寄存器组成：一个是发送缓冲器，另一个是接收缓冲器。当要发送的数据传送到 SBUF 时，进入的是发送缓冲器；当要从 SBUF 读数据时，则取自接收缓冲器，取走的是刚接收到的数据。

②定时器/计数器：MCS-51 系列单片机中有 2 个 16 位定时器/计数器 T0 和 T1。它们各由 2 个独立的 8 位寄存器组成，共有 4 个独立的寄存器：TH0，TL0，TH1，TL1。可以对这 4 个寄存器寻址，但不能把 T0，T1 当作一个 16 位寄存器来寻址。

其他控制寄存器 IP、IE、TMOD、TCON、SCON 和 PCON 寄存器分别包含有中断系统、定时器/计数器、串行口和供电方式的控制和状态位。

③片外数据存储器：MCS-51 单片机具有扩展 64KB 的外部数据存储器和 I/O 口的能力，对于很多领域已经足够使用，片外数据存储器 RAM 一般由静态 RAM 芯片组成，地址为 0000H～FFFFH，共 64KB 空间。片内 RAM 和片外 RAM 的低 256B 地址相同，但它们却是两个不同的地址空间。

5. 并行 I/O 口系统

MCS-51 单片机设有 4 个 8 位双向 I/O 端口（P0、P1、P2、P3），共 32 条可编程的 I/O 端口线，每一条 I/O 线都能独立地用作输入或输出。P0 口为三态双向口，能带 8 个 LSTTL 电路。P1、P2、P3 口为准双向口（在用作输入线时，口锁存器必须先写入“1”，故称为准双向口），负载能力为 4 个 LSTTL 电路。

（1）P0 口的结构　P0 口的位结构图如图 2-37 所示，包括：1 个输出锁存器、2 个三态缓冲器、1 个输出驱动电路和 1 个输出控制端。输出驱动电路由一对场效应管组成，其工作状态受输出端的控制，输出控制端由 1 个“与”门、1 个反相器和 1 个转换开关 MUX 组成。对 8051/8751 单片机来说，P0 口既可作为输入输出口，又可作为地址/数据总线使用。

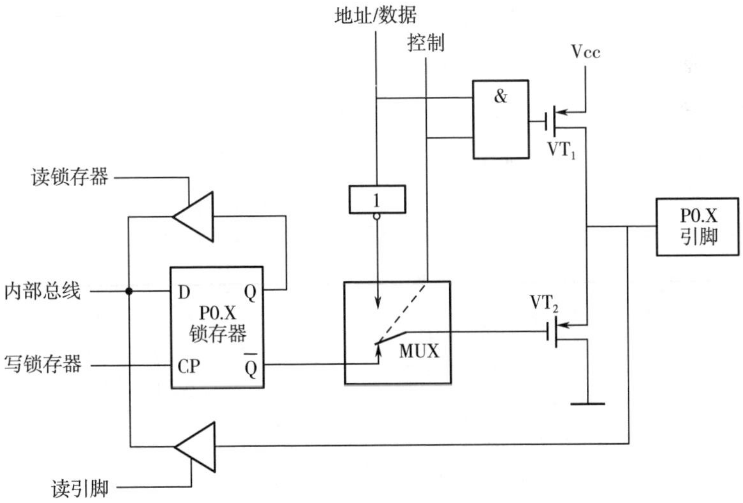


**图 2-37　P0 口的位结构图**

①P0 口作地址/数据复用总线使用：若从 P0 口输出地址或数据信息，此时控制端应为高电平，转换开关 MUX 将反相器输出端与输出级场效应管 VT2 接通，同时“与”门开锁，内部总线上的地址或数据信号通过“与”门去驱

动 VT1 管，又通过反相器去驱动 VT2 管，这时内部总线上的地址或数据信号就传送到 P0 口的引脚上。工作时，低 8 位地址与数据线分时使用 P0 口。低 8 位地址由 ALE 信号的负跳变使它锁存到外部地址锁存器中，而高 8 位地址由 P2 口输出。

②P0 口作通用 I/O 端口使用：对于有内部 ROM 的单片机，P0 口也可以作通用 I/O，此时控制端为低电平，转换开关把输出级与锁存器的 Q 端接通，同时因“与”门输出为低电平，输出级 VT1 管处于截止状态，输出级为漏极开路电路，在驱动 NMOS 电路时应外接上拉电阻；作输入口使用时，应先将锁存器写“1”，这时输出级两个场效应管均截止，可作高阻抗输入，通过三态输入缓冲器读取引脚信号，从而完成输入操作。

（2）P1 口的结构

①P1 口作通用 I/O 端口使用：P1 口是一个有内部上拉电阻的准双向口，位结构如图 2-38 所示，P1 口的每一位口线能独立用作输入线或输出线。作输出时，如将“0”写入锁存器，场效应管导通，输出线为低电平，即输出为“0”。因此，当作为输入线时，必须先将“1”写入口锁存器，使场效应管截止。该口线由内部上拉电阻提拉成高电平，同时也能被外部输入源拉成低电平，即当外部输入“1”时该口线为高电平，而输入“0”时，该口线为低电平。P1 口作为输入时，可被任何 TTL 电路和 MOS 电路驱动，由于具有内部上拉电阻，也可以直接被集电极开路和漏极开路电路驱动，不必外加上拉电阻。P1 口可驱动 4 个 LSTTL 门电路。

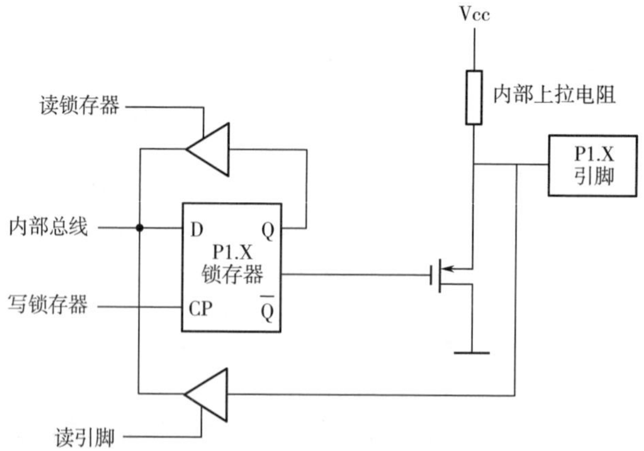


**图 2-38　P1 口的位结构图**

②P1 口的其他功能：P1 口在 EPROM 编程和验证程序时，它输入低 8 位地址。在 8032/8052 系列单片机中，P1.0 和 P1.1 是多功能的，P1.0 可作定时器/计数器 2 的外部计数触发输入端 T2，P1.1 可作定时器/计数器 2 的外部控制输入端 T2EX。

（3）P2 口的结构　如图 2-39 所示，引脚上拉电阻同 P1 口。在结构上，P2 口比 P1 口多一个输出控制部分。

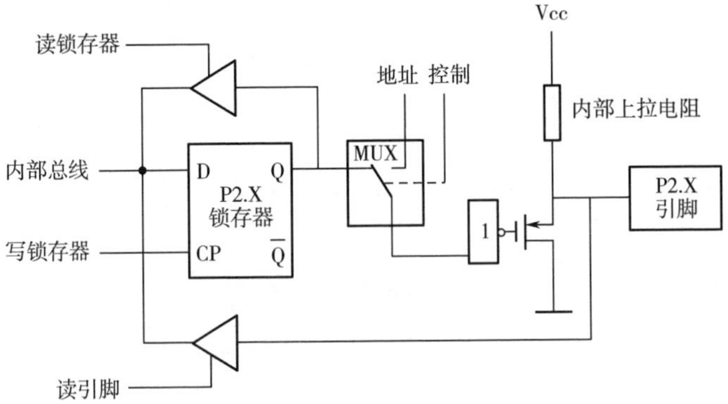


**图 2-39　P2 口的位结构图**

当 P2 口作通用 I/O 端口使用时，是一个准双向口，此时转换开关 MUX 倒向左边，输出级与锁存器接通，引脚可接 I/O 设备，其输入/输出操作与 P1 口完全相同。当 P2 口作地址总线口使用，P2 口用于输出高 8 位地址 A15～A8。这时在 CPU 的控制下，转换开关 MUX 倒向右边，接通内部地址总线。P2 口的口线状态取决于片内输出的地址信息，这些地址信息来源于 PCH、DPH 等。在外接程序存储器的系统中，由于访问外部存储器的操作连续不断，P2 口不断送出地址高 8 位。在 8031 单片机构成的系统中，P2 口一般只作地址总线口使用，不再作为 I/O 端口直接连接外部设备。

（4）P3 口的结构　P3 口是一个多用途的端口，也是一个准双向口，作为第一功能使用时，其功能同 P1 口。P3 口的位结构如图 2-40 所示。

当作为第二功能使用时，每一位功能定义如表 2-5 所示。P3 口的第二功能实际上就是系统具有控制功能的控制线。此时相应的口线锁存器必须为“1”状态，“与非”门的输出由第二功能输出线的状态确定，从而 P3 口线的状态取决于第二功能输出线的电平。在 P3 口的引脚信号输入通道中有 2 个三态缓冲器，第二功能的输入信号取自第一个缓冲器的输出端，第二个缓冲器仍是第一功能的读引脚信号缓冲器。P3 口可驱动 4 个 LSTTL 门电路。

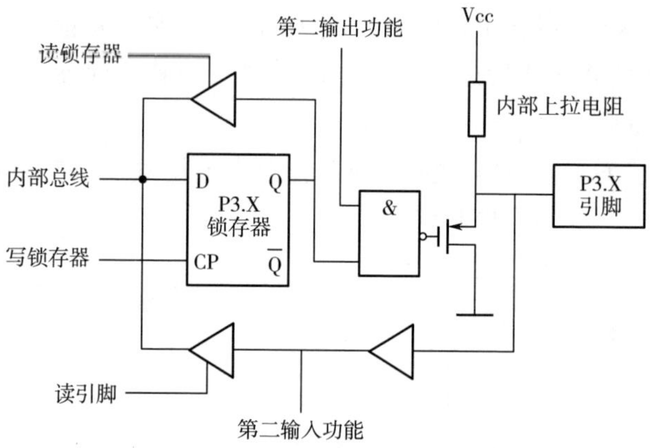


**图 2-40　P3 口的位结构图**

**表 2-5　P3 口的第二功能**

| 端口功能 | 第二功能 |
|---|---|
| P3.0 | RxD——串行输入（数据接收）口 |
| P3.1 | TxD——串行输出（数据发送）口 |
| P3.2 | $\overline{INT0}$——外部中断 0 输入线 |
| P3.3 | $\overline{INT1}$——外部中断 1 输入线 |
| P3.4 | T0——定时器 0 外部输入 |
| P3.5 | T1——定时器 1 外部输入 |
| P3.6 | $\overline{WR}$——外部数据存储器写选通信号输出 |
| P3.7 | $\overline{RD}$——外部数据存储器读选通信号输入 |

每个 I/O 端口内部都有 1 个 8 位数据输出锁存器和 1 个 8 位数据输入缓冲器，4 个数据输出锁存器与端口号 P0、P1、P2 和 P3 同名，皆为特殊功能寄存器。因此，CPU 数据从并行 I/O 端口输出时可以得到锁存，数据输入时可以得到缓冲。

4 个并行 I/O 端口作为通用 I/O 口使用时，共有写端口、读端口和读引脚 3 种操作方式。写端口实际上就是输出数据，是将累加器 A 或其他寄存器中数据传送到端口锁存器中，然后由端口自动从端口引脚线上输出。读端口不是真正从外部输入数据，而是将端口锁存器中输出的数据读到 CPU 的累加器。读引脚才是真正的输入外部数据的操作，是从端口引脚线上读入外部的输入数据。端口的上述 3 种操作实际上是通过指令或程序来实现的，这些将在以后章节中详细介绍。

总之，通常 P0 和 P2 口构成 MCS-51 型单片机的 16 位地址总线，并且 P0 口还是 8 位的数据总线，P3 口多用于第二功能输入与输出，通常只有 P1 口用于一般输入/输出。管脚的复用情况见表 2-6。

**表 2-6　　MCS-51 型单片机的并行 I/O 口的复用情况**

| I/O 口 | 复用情况 |
|---|---|
| P0 口 | 低 8 位地址总线/数据总线分时复用口 |
| P1 口 | 只能作一般 I/O 口 |
| P2 口 | 高 8 位地址总线 |
| P3 口 | 多用于第二功能输入与输出 |

在并行口的使用中，可定义一部分管脚为输入脚，另一部分管脚为输出脚，没有使用的管脚可以悬空。P0 口由于是三态输出，其每个管脚均可驱动 8 个 LSTTL 输入，而 P1~P3 口的输出级均有上拉电阻，每个管脚只能驱动 4 个 LSTTL 输入。在系统复位后，P0~P3 口的 32 个管脚均输出高电平，因此在系统的设计过程中，应保证这些管脚控制的外设不会因为系统复位而发生误动作。

6. 其他功能单元

单片机的其他功能单元包括以下部件：2 个 16 位定时器/计数器、1 个可编程全双工异步串行口、中断系统（具有 5 个中断源、2 个优先级嵌套中断结构）。

8051 型单片机共有 2 个 16 位的定时器/计数器，用于实现定时或计数功能，并可用定时计数结果对单片机以及系统进行控制。共设有五个中断源，其中外部中断 2 个、定时/计数中断 2 个、串行中断 1 个，二级优先级，可实现二级中断嵌套。有一个全双工的串行口，以实现单片机与其他数据设备的串行数据传递。该串行口的功能较强，既可作为全双工异步通信收发器使用，也可作为同步移位器使用。

7. 单片机的外部结构

MCS-51 单片机都采用 40 引脚的双列直插封装方式。图 2-41 为 MCS-51 单片机的引脚排列图，图中引脚可以分为 4 类：电源类引脚 2 个、时钟类引

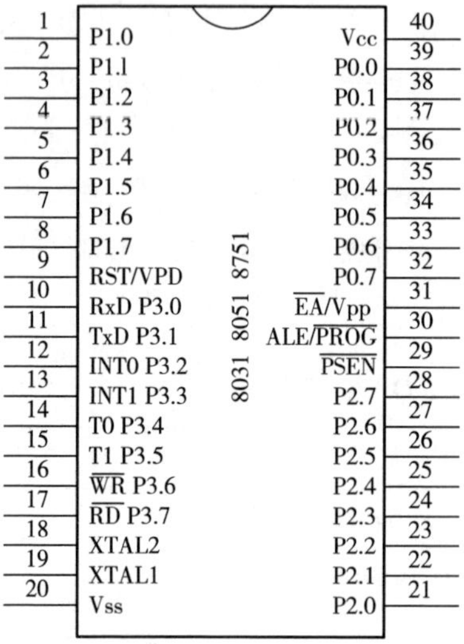


**图 2-41　MCS-51 系列单片机的引脚排列图**

脚 2 个、并行 I/O 类引脚 32 个、控制类引脚 4 个。

（1）电源类引脚　Vss——20 号引脚，Vss 为电源接地端。Vcc——40 号引脚，Vcc 是芯片电源的输入端，接+5V 电源。

（2）时钟类引脚　XTAL1——内部振荡电路反相放大器的输入端，是外接晶体的一个引脚。当采用外部振荡器时，此引脚接地。XTAL2——内部振荡电路反相放大器的输出端，是外接晶体的另一端。当采用外部振荡器时，此引脚接外部振荡源。

（3）控制类引脚　RST/VPD——当振荡器运行时，在此引脚上出现两个机器周期的高电平（由低到高跳变），将使单片机复位；在 Vcc 掉电期间，此引脚可接上备用电源，由 VPD 向内部提供备用电源，以保持内部 RAM 中的数据。

ALE/$\overline{\text{PROG}}$——正常操作时为 ALE 功能（允许地址锁存），提供把地址的低字节锁存到外部锁存器，ALE 引脚以不变的频率（振荡器频率的 1/6）周期性地发出正脉冲信号。因此，它可用作对外输出的时钟，或用于定时目的。但要注意，每当访问外部数据存储器时，将跳过一个 ALE 脉冲，ALE 端可以驱动（吸收或输出电流）8 个 LSTTL 电路。对于 EPROM 型单片机，在 EPROM 编程期间，此引脚接收编程脉冲（$\overline{\text{PROG}}$功能）。

$\overline{\text{PSEN}}$——外部程序存储器读选通信号输出端，在从外部程序存储取指令（或数据）期间，$\overline{\text{PSEN}}$在每个机器周期内两次有效。$\overline{\text{PSEN}}$同样可以驱动 8 个 LSTTL 输入电路。

$\overline{\text{EA}}$/VPP——内部程序存储器和外部程序存储器的选择端。当$\overline{\text{EA}}$/VPP 为高电平时，访问内部程序存储器；当$\overline{\text{EA}}$/VPP 为低电平时，访问外部程序存储器。对于 EPROM 型单片机，在 EPROM 编程期间，此引脚加上 21V 的 EPROM 编程电源（VPP）。

（4）并行 I/O 类引脚　8051 型单片机有 32 条 I/O 线，构成 4 个 8 位双向端口，其基本功能如下。

P0 口（P0.0~P0.7）是一个 8 位漏极开路型双向 I/O 口，在访问外部存储器时，它是分时传送的低字节地址和数据总线，P0 口能以吸收电流的方式驱动 8 个 LSTTL 负载。

P1 口（P1.0~P1.7）是一个带有内部提升电阻的 8 位准双向 I/O 口。能驱动（吸收或输出电流）4 个 LSTTL 负载。

P2 口（P2.0~P2.7）是一个带有内部提升电阻的 8 位准双向 I/O 口，在访问外部存储器时，它输出高 8 位地址。P2 口可以驱动（吸收或输出电流）4 个 LSTTL 负载。

P3 口（P3.0~P3.7）是一个带有内部提升电阻的 8 位准双向 I/O 口。能驱动（吸收或输出电流）4 个 LSTTL 负载。P3 口还用于第二功能。

（5）复位电路　复位是单片机的初始化操作，其目的是使 CPU 及各个寄存器处于一个确定的状态，把 PC 初始化为 0000H，使单片机从 0000H 单元开始执行程序。系统正常上电可以复位，另外，当系统程序运行出错或操作错误使系统处于锁死状态时，也需要复位恢复系统正常工作状态。除 PC 外，复位操作后对某些特殊功能寄存器有影响，如表 2-7 所示。复位还对单片机的少数引脚有影响，例如把 ALE 和$\overline{PSEN}$变为无效，即 ALE=0 和$\overline{PSEN}$=1。

**表 2-7　　单片机复位后的特殊功能寄存器初态**

| 特殊功能寄存器 | 初态 | 特殊功能寄存器 | 初态 |
|---|---|---|---|
| ACC | 00H | TMOD | 00H |
| B | 00H | TCON | 00H |
| PSW | 00H | TH0 | 00H |
| SP | 07H | TL0 | 00H |
| DPL | 00H | TH1 | 00H |
| DPH | 00H | TL1 | 00H |
| P0~P3 | 0FFH | SCON | 00H |
| IP | ×××00000B | SBUF | 不定 |
| IE | 0××00000B | PCON | 0×××××××B |

（6）复位方式主要有以下两种

①上电自动复位方式：该方式是在单片机接通电源后，对复位电路的电容充电来实现的，电路如图 2-42（1）所示。

②手动复位方式：该方式分为按键电平复位和按键脉冲复位。按键电平复位相当于 RST 端通过电阻与 Vcc 电源接通而实现的，电路如图 2-42（2）所示。按键脉冲复位则是用 RC 微分电路产生的正脉冲来实现的，电路如图 2-42（3）所示。

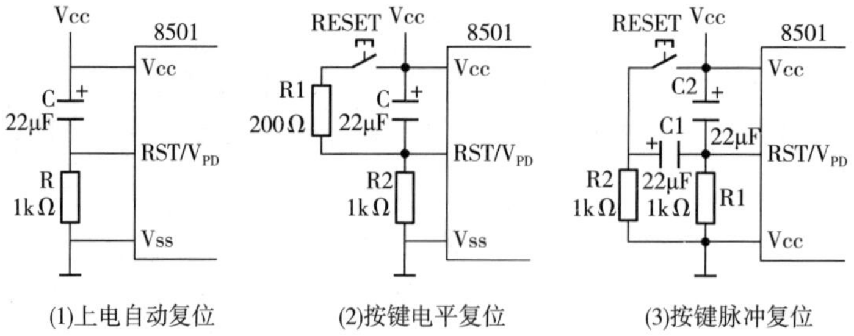


图 2-42　各种复位电路

## 二、寻迹传感器

1. 光电传感器构成的循迹检测电路

在小车中常用于寻迹的传感器由光电传感器模块实现，电路模块中为了有将弱信号放大的功能，常在电路的后级加入放大电路，见图 2-43。为了进一步适应不同环境寻迹的需要，采用 LM393 等集成电路进行比较放大，通过输入端的比较电位的调整，以方便寻迹灵敏度的调整，如图 2-44 所示的电路，调整可调电阻 $R_3$ 的阻值即可调整传感器模块的灵敏度。

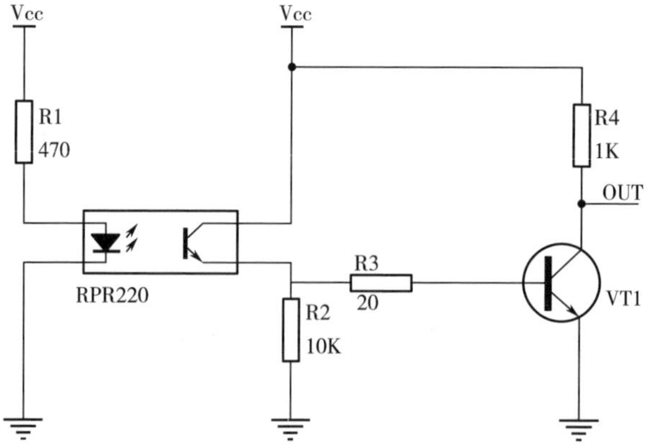


图 2-43　光电传感器检测处理电路

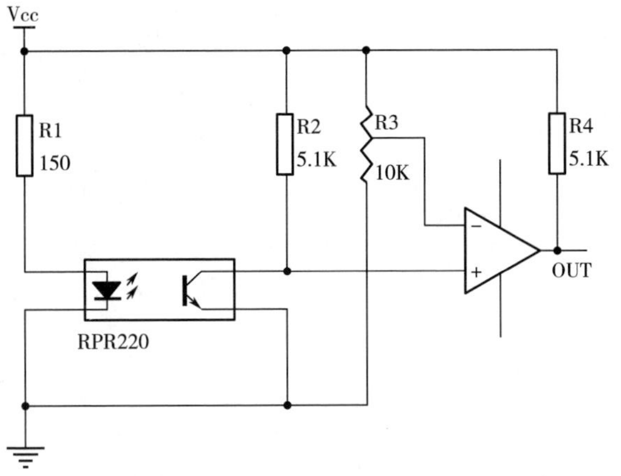


**图 2-44　寻迹传感器模块常见处理电路**

2. 黑线检测原理

黑线的检测原理是红外发射管发射光线到路面，红外光遇到白底则被反射，接收管接收到反射光，经施密特触发器整形后输出低电平；当红外光遇到黑线时则被吸收，接收管没有接收到反射光，经施密特触发器整形后输出高电平。反之，如果检测的是白线，检测出的信号则相反，但此时应注意对小车运行环境的要求。

## 三、按键电路

为了增强人机交互功能，可增加按键电路实现用户指令的输入，但因独立式键盘会占用单片机较多的 I/O 口，使得系统的端口资源不够使用，因而可采用矩阵式键盘的结构形式，它由行线和列线组成，也称行列式键盘，按键位于行列的交叉点上。本设计中使用的为 4×4 的矩阵键盘，不但能完成密码的输入，还能作开锁、密码修改、清空显示等功能键的使用。键盘的每个按键功能在程序设计中进行设置。其功能可根据键盘上每个按键的标记进行，键盘与单片机引脚连接如图 2-45 所示。

## 四、存储电路

为了系统在工作过程中保存和修改必要的数据，并在系统断电后不会丢失，数据存储电路选用存储器 AT24C02 等存储芯片实现。AT24C02 是美国 Atmel公司的低功耗 CMOS 型 EEPROM，内含 256×8 位存储空间，具有工作电

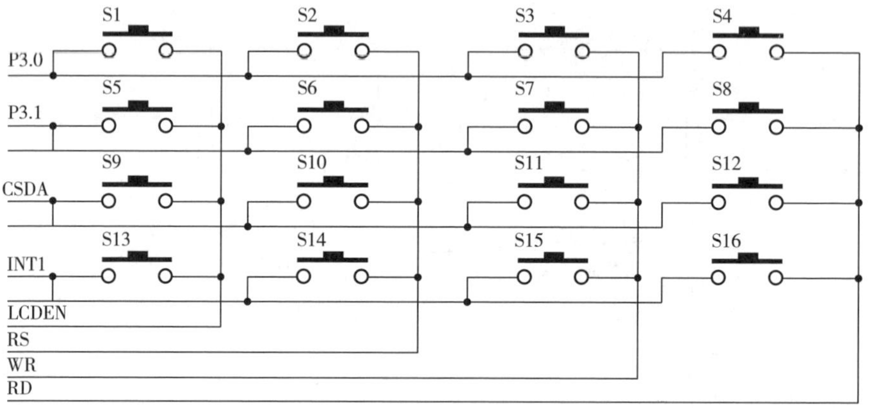


图 2-45　键盘电路原理图

压宽（2.5～5.5V）、擦写次数多（大于 10000 次）、写入速度快（小于 10ms）、抗干扰能力强、数据不易丢失、体积小等特点，而且其采用了串行接口 EEPROM，也节省了系统的 I/O 端口，其电路如图 2-46 所示。

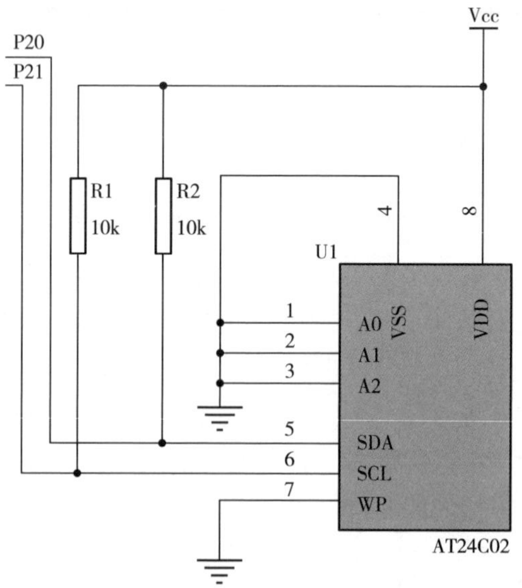


图 2-46　AT24C02 的电路接线图

## 五、显示电路

为了实现系统运行中有一定的中文和图形的显示提示信息，本系统设计中选用带中文字库的 LCD12864 液晶模块作为其显示装置。LCD12864 是一种具有 4 位/8 位并行、2 线或 3 线串行多种接口方式，内部含有国标一级、二级简体中文字库的点阵图形液晶显示模块；其显示分辨率为 128×64，内置 8192 个 16×16 点汉字，和 128 个 16×8 点 ASCII 字符集。利用该模块灵活的接口方式和简单、方便的操作指令，可构成全中文人机交互图形界面。可以显示 8×4 行 16×16 点阵的汉字，也可完成图形显示，低电压低功耗是其又一显著特点。由该模块构成的液晶显示方案与同类型的图形点阵液晶显示模块相比，不论硬件电路结构或显示程序都要简洁得多，且该模块的价格也略低于相同点阵的图形液晶模块。LCD12864 与单片机的连接端口如图 2-47 所示，其中与 EN 脚相连的可调电阻可以调整液晶 LCD12864 的背景光强弱。

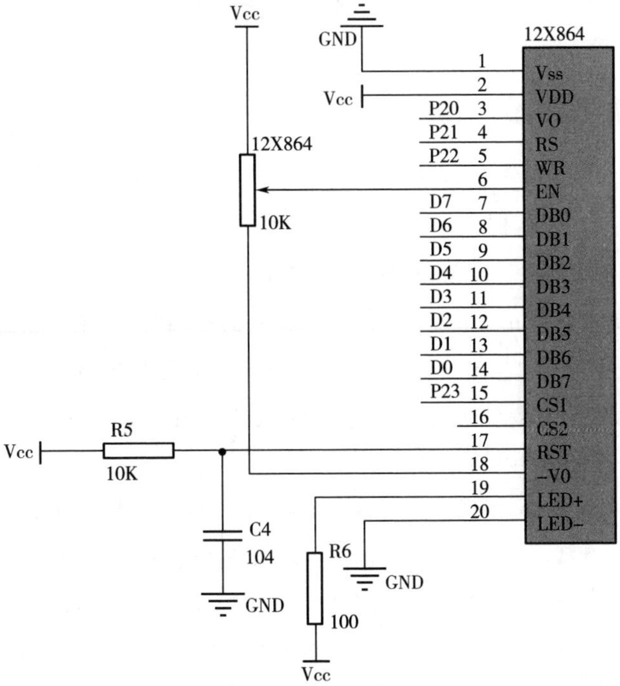


图 2-47　LCD 12864 液晶显示电路图

## 六、蜂鸣器电路

为了进一步增强系统的功能，系统可增加声音播报功能，通过蜂鸣器电路可以实现提示音、报警音、音乐等播放功能，其电路如图 2-48 所示。

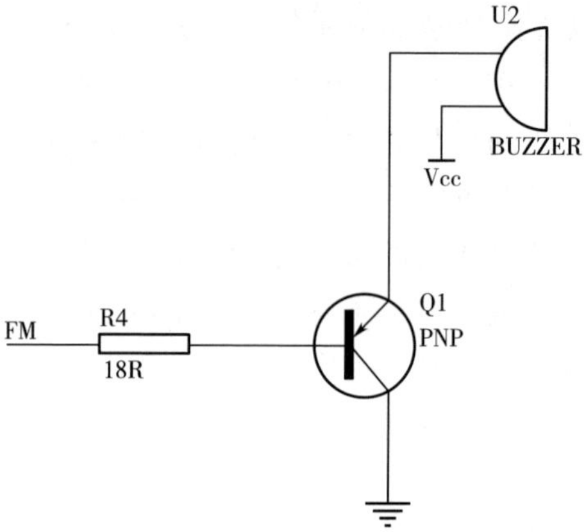


图 2-48　蜂鸣器电路原理图

## 七、软件 Proteus 的使用

1. 操作界面及其功能区划分

软件 Proteus 操作界面如图 2-49 所示。

2. 模型选择元件栏（Mode Selector Toolbar）

①主要模型（Main Modes）由左向右功能分别为：选择元件（Components）（默认选择的）；放置连接点；放置标签（用总线时会用到）；放置文本；用于绘制总线；用于放置子电路；用于即时编辑元件参数（先单击该图标再单击要修改的元件）。

②配件（Gadgets）由左向右功能分别为：终端接口（Terminala）：有 Vcc、地面、输出、输入等接口；器件引脚：用于绘制各种引脚；仿真图表（Graph）：用于各种分析，如 Noise Analysis；录音机；信号发生器（Generators）；电压探针（使用仿真图表时要用到）；电流探针（使用仿真图表时要用到）；虚拟仪表（有示波器等）。

③2D 图形（2D Graphics）由左向右功能为：画各种直线；画各种方框；画各种圆；画各种圆弧；画各种多边形；画各种文本；画

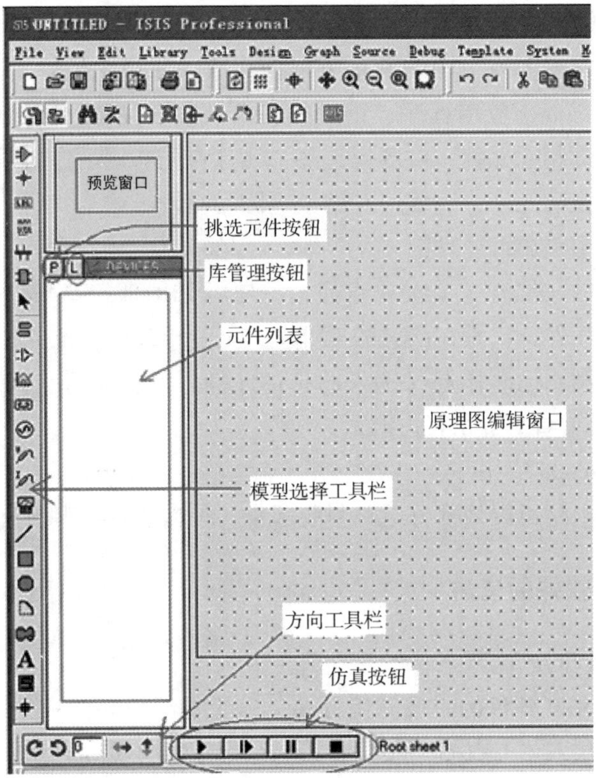


**图 2-49 Proteus 操作界面图**

符号；画原点。

3. 元件列表（The Object Selector）

用于挑选元件（Components）、终端接口（Terminals）、信号发生（Generators）、仿真图表（Graph）等。举例，当选择“元件（Components）”，单击“P”按钮会打开挑选元件对话框，选择了一个元件后（单击了 OK 后），该元件会在元件列表中显示，以后要用该元件时，只需在元件列表中选择即可。

4. 方向工具栏（Orientation Toolbar）

旋转：旋转角度只能是 90°的整倍数。

翻转：水平翻转和垂直翻转。

使用方法：先右键单击元件，再点击（左击）相应的旋转图标。

5. 仿真工具栏

仿真控制按钮由左向右功能分别为：运行、单步运

行、暂停、停止。

6. 绘制原理图

要在原理图编辑窗口中的蓝色方框内完成。原理图编辑窗口的操作是不同于常用的 Windows 应用程序，正确的操作是：用左键放置元件；右键选择元件；双击右键删除元件；右键拖选多个元件；先右键后左键编辑元件属性；先右键后左键拖动元件；连线用左键，删除用右键；改连接线：先右击连线，再左键拖动；中键放缩原理图。

定制自己的元件有 3 个实现途径：一是用 PROTEUS VSM SDK 开发仿真模型，并制作元件；二是在已有的元件基础上进行改造，比如把元件改为 bus 接口的；三是利用已制作好（别人的）的元件。可以到网上下载一些新元件并把它们添加到自己的元件库里面。

7. Sub-Circuits 应用

用一个子电路可以把部分电路封装起来，可以节省原理图窗口的空间。

## 八、Keil 软件的使用

1. Keil 工程的建立

首先启动 Keil 软件的集成开发环境，这里假设已正确安装了该软件，可以从桌面上直接双击 UVision 的图标以启动该软件。UVison 启动后，程序窗口的左边有一个工程管理窗口，该窗口有 3 个标签，分别是 Files、Regs 和 Books，这 3 个标签页分别显示当前项目的文件结构、CPU 的寄存器及部分特殊功能寄存器的值（调试时才出现）和所选 CPU 的附加说明文件，如果是第一次启动 Keil，那么这 3 个标签页全是空的。

（1）源文件的建立　使用菜单“File->New”或者点击工具栏的新建文件按钮，即可在项目窗口的右侧打开一个新的文本编辑窗口，在该窗口中输入以下汇编语言源程序。

保存该文件，注意必须加上扩展名（C 语言源程序一般用“. C”为扩展名），如将文件保存为“exam1. C”。

需要说明的是源文件就是一般的文本文件，不一定使用 Keil 软件编写，可以使用任意文本编辑器编写，而且 Keil 的编辑器对汉字的支持不好，建议使用 UltraEdit 之类的编辑软件进行源程序的输入。

（2）建立工程文件　在项目开发中，并不是仅有一个源程序就行了，还要为这个项目选择 CPU（Keil 支持数百种 CPU，而这些 CPU 的特性并不完全相同），如图 2-50 所示，确定编译、汇编、连接的参数，指定调试的方式，有一些项目还会有多个文件组成等，为管理和使用方便，Keil 使用工程（Project）这一概念，将这些参数设置和所需的所有文件都加在一个工程中，只能对工程而不能对单一的源程序进行编译（汇编）和连接等操作，一步一步地来建立工程。

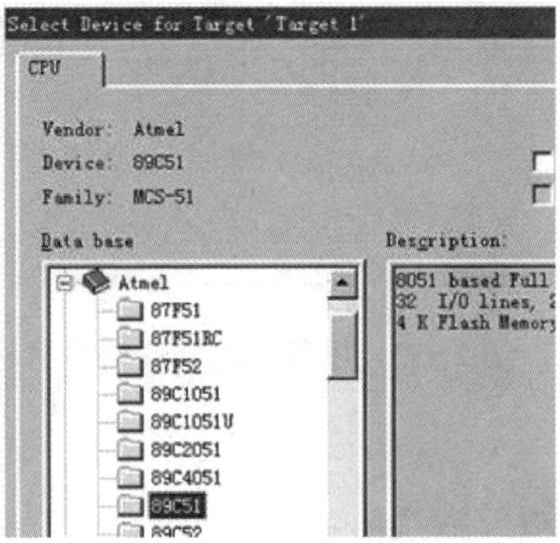

图 2-50　选择目标 CPU

点击“Project－>New Project…”菜单，出现一个对话框，要求给将要建立的工程起一个名字，可以在编辑框中输入一个名字（设为 exam1），不需要扩展名。点击“保存”按钮，出现第二个对话框。这个对话框要求选择目标 CPU，Keil 支持的 CPU 很多，选择 Atmel 公司的 89C51 芯片。点击 Atmel 前面的“+”号，展开该层，点击其中的 89C51，然后再点击“确定”按钮，回到主界面，此时在工程窗口的文件页中出现了“Target1”，前面有“+”号，点击“+”号展开可以看到下一层的“Source Group1”，这时的工程还是一个空的工程，里面什么文件也没有，需要手动把刚才编写好的源程序加入，点击“Source Group1”使其反白显示，然后点击鼠标右键，出现一个下拉菜单，如图 2-51 所示。

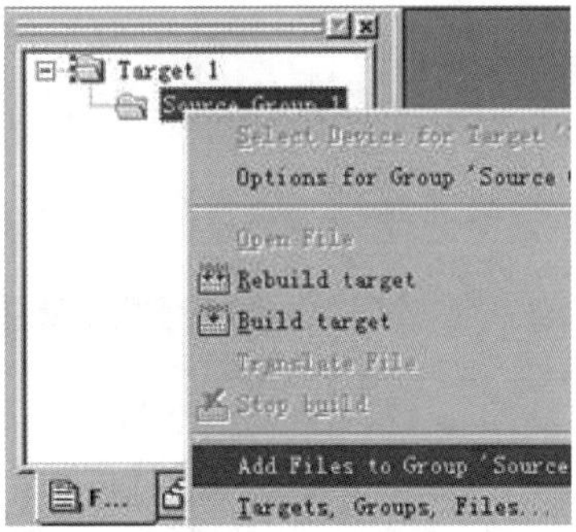

图 2-51　加入文件

选中其中的“Add file to Group'Source Group1”，出现一个对话框，要求寻找源文件，注意该对话框下面的“文件类型”默认为“C source file（*.c）”，也就是以 C 为扩展名的文件。双击“exam1.c”文件，将文件加入项目，注意在文件加入项目后，该对话框并不消失，等待继续加入其他文件，但初学时常会误认为操作没有成功而再次双击同一文件，这时会出现如图 2-52 所示的对话框，提示所选文件已在列表中，此时应点击“确定”，返回前一对话框，然后点击“Close”即可返回主界面，返回后点击“Sourcc Group 1”前的加号，会发现 exam1.asm 文件已在其中。双击文件名，即打开该源程序。

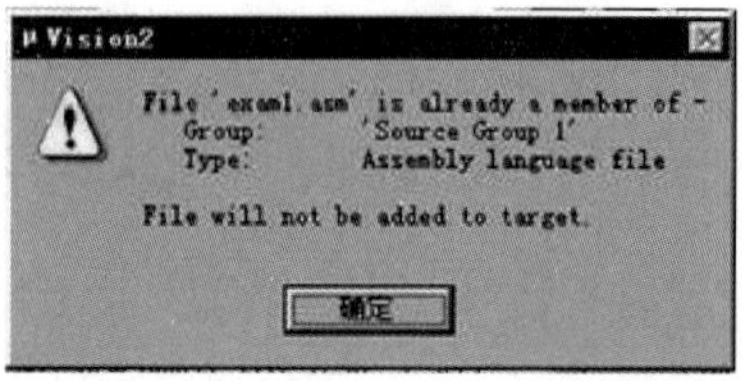


图 2-52　重复加入文件的错误

2. 工程的详细设置

工程建立好以后，还要对工程进行进一步的设置，以满足要求。

首先点击左边 Project 窗口的 Target 1，然后使用菜单“Project -> Option for target‘target1’”即出现对工程设置的对话框，这个对话框可谓非常复杂，共有 8 个页面，绝大部分设置项取默认值就行。

设置对话框中的 Target 页面，如图 2-53 所示，Xtal 后面的数值是晶振频率值，默认值是所选目标 CPU 的最高可用频率值，对于所选的 AT89C51 而言是 24M，该数值与最终产生的目标代码无关，仅用于软件模拟调试时显示程序执行时间。正确设置该数值可使显示时间与实际所用时间一致，一般将其设置成与硬件所用晶振频率相同，如果没必要了解程序执行的时间，也可以不设，这里设置为 12。

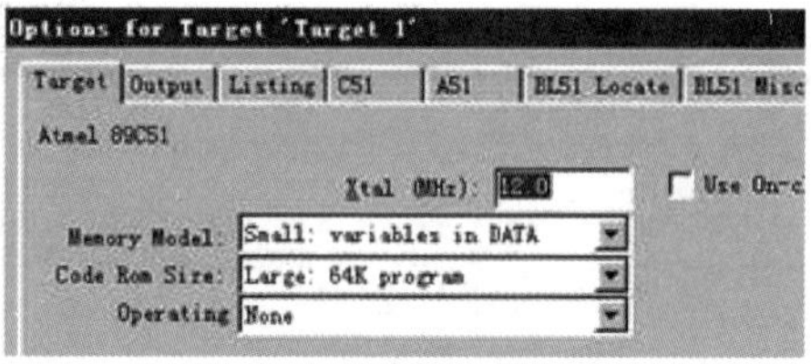


图 2-53　对目标进行设置

Memory Model 用于设置 RAM 使用情况，有 3 个选择项，Small 是所有变量都在单片机的内部 RAM 中；Compact 是可以使用一页外部扩展 RAM，而 Larget 则是可以使用全部外部的扩展 RAM。Code Model 用于设置 ROM 空间的使用，同样也有 3 个选择项，即 Small 模式，只用低于 2K 的程序空间；Compact 模式，单个函数的代码量不能超过 2K，整个程序可以使用 64K 程序空间；Larget 模式，可用全部 64K 空间。“Use on-chip ROM”选择项，确认是否仅使用片内 ROM（注意：选中该项并不会影响最终生成的目标代码量）；Operating 项是操作系统选择，Keil 提供了两种操作系统：Rtx tiny 和 Rtx full，通常不使用任何操作系统，即使用该项的默认值：None（不使用任何操作系统）；“Off Chip Code Memory”用以确定系统扩展 ROM 的地址范围，“Off Chip× Data Memory”组用于确定系统扩展 RAM 的地址范围，这些选择项必须根据所用硬件来决定，由于该例是单片应用，未进行任何扩展，所以均不重新选择，按默认值设置。

设置对话框中的 OutPut 页面，如图 2-54 所示，这里面也有多个选择项，其中“Creat Hex file”用于生成可执行代码文件（可以用编程器写入单片机芯片的 HEX 格式文件，文件的扩展名为“. HEX”），默认情况下该项未被选中，如果要写片做硬件实验，就必须选中该项，这一点是初学者易疏忽的，在此特别提醒注意。选中“Debug Information”将会产生调试信息，这些信息用于调试，如果需要对程序进行调试，应当选中该项。“Browse Information”是产生浏览信息，该信息可以用菜单 View->Browse 来查看，这里取默认值。按钮“Select Folder for Objects ”是用来选择最终的目标文件所在的文件夹，默认是与工程文件在同一个文件夹中。“Name of Executable”用于指定最终生成的目标文件的名字，默认与工程的名字相同，这两项一般不需要更改。

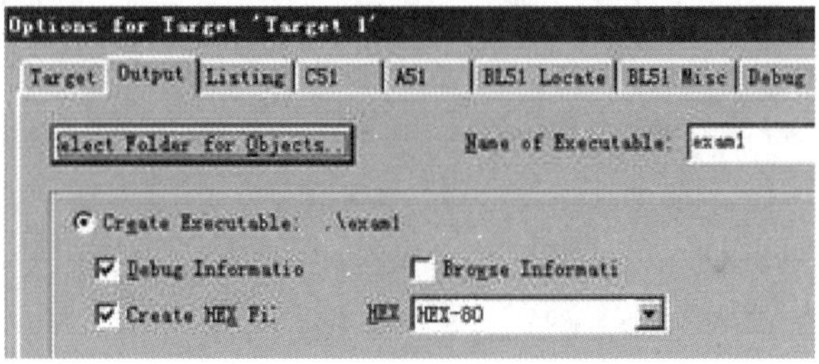


**图 2-54　对输出进行控制**

目标程序设置对话框中的其他各页面与 C51 编译选项、A51 的汇编选项、BL51 连接器的连接选项等用法有关，这里均取默认值，不做任何修改。

Listing 标签页用于调整生成的列表文件选项。在汇编或编译完成后将产生（＊. lst）的列表文件，在连接完成后也将产生（＊. m51）的列表文件，该页用于对列表文件的内容和形式进行细致地调节，其中比较常用的选项是“C Compile Listing”下的“Assamble Code”项，选中该项可以在列表文件中生成 C 语言源程序所对应的汇编代码。

C51 标签页用于对 Keil 的 C51 编译器的编译过程进行控制，其中比较常用的是“Code Optimization”组，如图 2-55 所示，该组中 Level 是优化等级，C51 在对源程序进行编译时，可以对代码多至 9 级优化，默认使用第 8 级，一般不必修改，如果在编译中出现一些问题，可以降低优化级别试一试。“Emphasis”是选择编译优先方式，第一项是代码量优化（最终生成的代码量小）；

第二项是速度优先（最终生成的代码速度快）；第三项是缺省，默认的是速度优先，可根据需要更改。

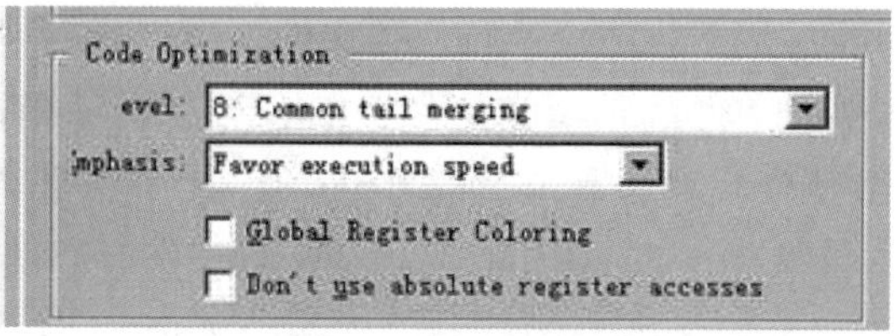


图 2–55　代码生成控制

设置完成后按“确认”返回主界面，工程文件建立、设置完毕。

3. 编译、连接

在设置好工程后，即可进行编译、连接。选择菜单 Project->Build Target，对当前工程进行连接，如果当前文件已修改，软件会先对该文件进行编译，然后再连接以产生目标代码；如果选择“Rebuild All Target Files”将会对当前工程中的所有文件重新进行编译然后再连接，确保最终生产的目标代码是最新的，而 Translate……项则仅对该文件进行编译，不进行连接。

以上操作也可以通过工具栏按钮直接进行。图 2–56 是有关编译、设置的工具栏按钮。从左到右为：编译、编译连接、全部重建、停止编译和对工程进行设置。

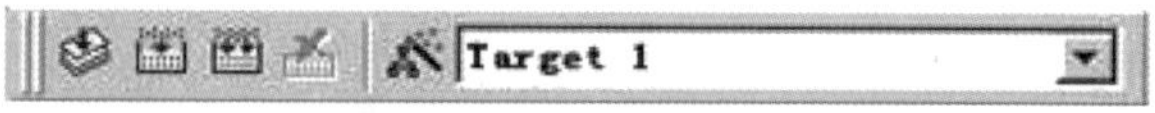


图 2–56　有关编译、连接、项目设置的工具条

编译过程中的信息将出现在输出窗口中的 Build 页中，如果源程序中有语法错误，会有错误报告出现，双击该行，可以定位到出错的位置，对源程序反复修改后，最终会得到如图 2–57 所示的结果，提示获得了名为 exam1. hex 的文件，该文件即可被编程器读入并写到芯片中，同时还产生了一些其他相关的文件，可被用于 Keil 的仿真与调试，这时可以进入下一步调试的工作。

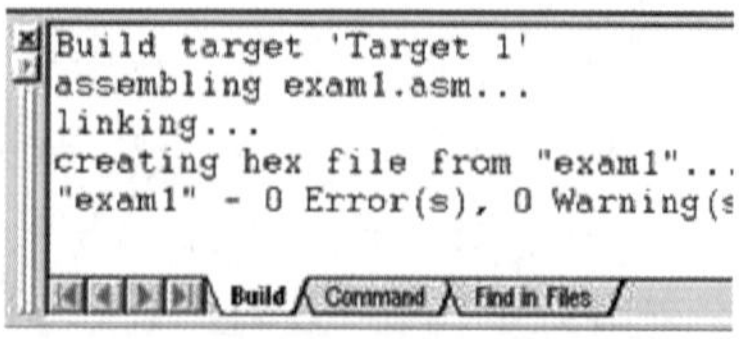


图 2–57　正确编译、连接之后的结果

## 项目小结

### 一、电子信息产品的设计

电子信息产品的设计包括设计的背景分析、需求分析、系统设计方案论证、系统的软硬件设计等。需要通过多种途径查阅资料，集中团队优势完成设计内容。

### 二、电子信息产品的制作与调试

电子信息产品的制作中要注意制作的方法和工艺要求，工艺的好坏也决定了产品质量的好坏和性价比；产品的调试包含硬件调试和软件调试，要注意调试方法和技巧。

### 三、电子信息产品的创新

电子信息产品随着社会发展需要不断进行创新，创新可以在设计技术、制造工艺、功能优化和拓展等方面进行，从而实现产品性价比的提高。

## 拓展知识

### 一、印制电路板（PCB）的设计与制作

1. PCB 设计流程

PCB 设计流程图如图 2-58 所示。

2. PCB 的制作

在制作 PCB 的过程中，由于设计以及成本的限制，故采用的是热转印法来制作的 PCB，制作的详细步骤如下所示。

第一步：电路设计。在 Protel99 软件中正确画出密码锁的原理图，并且对该原理图进行电气规则检查，生成相应的网络表和元件清单，随后再利用网络表生成 PCB 图。

第二步：设计布线规则。在这个步骤中只要对线宽、线距以及焊盘的详细参数的设置，做出的 PCB 就能够符合现实元器件封装大小。

第三步：打印。对设计好的 PCB 图在热转印纸上进行打印，在打印的过

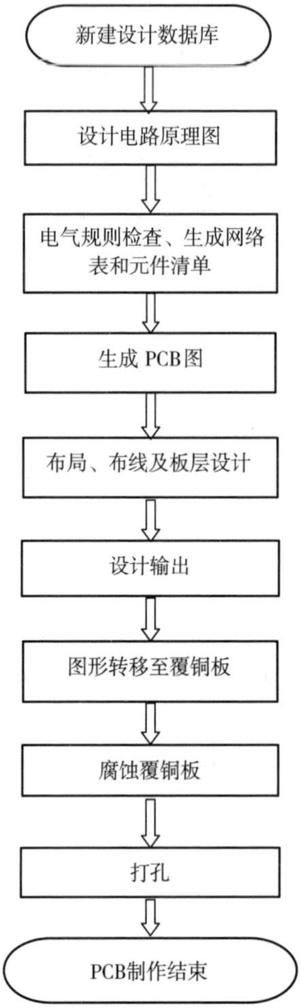


**图 2-58　PCB 制作流程图**

程中要特别注意线条的清晰。

第四步：加热转印。将选好的转印纸裁好放在覆铜板上，用电熨斗（温度调到最高）稍一加热就可以贴在上面，然后持续均匀加热数分钟，加热时稍用力压。待完全冷却后才可将转印纸揭下，此时如果还有缺损可以用记号笔修补。

第五步：腐蚀。将盐酸、过氧化氢和水按约 2∶1∶1（体积比）配好，放入印好的覆铜板，不断摇晃，数秒钟至数分钟内可以腐蚀好。

第六步：腐蚀完后。对电路板进行钻孔和磨边处理，再用湿的细砂纸去掉表面的墨粉。

第七步：焊接，PCB 制作完成。

3. PCB 板制作注意事项

（1）线宽不小于 15mil，线间距不小于 10mil（mil 是英制密尔，即 1/1000 英寸，1mil = 0.0254mm，实际使用中使用）。为确保安全，线宽要在 25～30mil，大电流线按照一般布线原则加宽。导线间距要大于 10mil，焊盘间距最好大于 15mil；有 0.8mm 孔的焊盘要在 70mil 以上，推荐 80mil。否则会由于打孔精度不高使焊盘损坏。孔的直径可以全部设成 10～15mil，不必是实际大小，以利于钻孔时钻头对准。

（2）尽量布成单面板，无法布通时可以考虑跳接线。仍然无法布通时可以考虑使用双面板，但考虑到焊接时要焊两面的焊盘，并排双列或多列封装的元件在 Toplayer 不要设置焊盘。

（3）Bottomlayer 的字要翻转过来写，Toplayer 的正着写。

（4）一些实在有问题的部分（比如断线）需用油性碳素笔、指甲油、油漆什么的进行补救，不过这种情况不是很多。

## 二、产品调试

产品的调试可以分为静态调试和动态调试，静态调试是在用户系统未工作时进行的硬件检测。

第一步：目测。在本设计中首先检查外部的各种原件后，判断其电路是否有断点，将出现的断点焊接。

第二步：用万用表检测。对肉眼看不见的断线地方，本设计结合第一步目测的结果，用万用表再次检测，确认无误后焊接；然后对电路的电源进行检测，查看电路是否有焊接时的短路现象；同时对电阻进行检测与调试，特别是对可调电阻的调试，使电阻符合设计要求，能够使液晶显示正常。

第三步：联机检查。当以上步骤完成之后，将设计接电进行调试，对于工作不稳定的地方再次进行调试或电子元件的更换，使系统能够基本稳定工作。

动态调试是在用户系统工作的情况下发现和排除用户系统硬件中存在的期间内部故障、器件连接逻辑错误等的一种硬件检测。

## 三、GPS 定位系统

全球定位系统（GPS）是20世纪70年代由美国陆海空三军联合研制的新一代空间卫星导航定位系统。其主要目的是为陆、海、空三大领域提供实时、全天候和全球性的导航服务，并用于情报收集、核爆监测和应急通讯等一些军事目的。经过20余年的研究实验，耗资300亿美元，到1994年3月，全球覆盖率高达98%的24颗GPS卫星已布设完成。

GPS监控（以上海市连图信息科技GPS车载终端设备为例）是结合了GPS技术、无线通信技术（GSM/GPRS/CDMA）、图像处理技术及GIS技术，用于对移动的人、宠物、车及设备进行远程实时监控的一门技术。利用GPS监控可以实现以下功能。

1. 跟踪定位

监控中心能全天候24h监控所有被控车辆的实时位置、行驶方向、行驶速度，以便及时掌握车辆的状况。

2. 轨迹回放

监控中心能随时回放近60d内的自定义时段车辆历史行程、轨迹记录（根据情况，可选配轨迹DVD刻录服务）。

3. 报警（报告）

（1）超速报警　车辆行驶速度超出监控中心预设的速度时，及时上报监控中心。

（2）区域报警（电子围栏）　监控中心设定区域范围，车辆超出或驶入预设的区域会向监控调度中心给出相应的报警。

（3）停车报告　调度中心可对车辆的历史停车记录以文字形式生成报表，其中会描述车辆的停车地点、时间和开车时间等信息，并可对其进行打印。

4. 地图制作功能

根据查看需要，客户可以添加修改自定义地图线路，以更好地服务企业运行。

5. 里程统计

系统利用 GPRS 车载终端的行驶记录功能和 GIS 地理系统原理对车辆进行行驶里程统计，并可生成报表且可打印。

6. 车辆信息管理

方便易用的管理平台，提供了车辆、驾驶人员、车辆图片等信息的设定，以方便调度人员工作。

7. 短信通知功能

将被控车辆的各种报警或状态信息在必要时发送到管理者手机上，以便随时随地掌握车辆重要状态的信息。

8. 车辆远程控制

监控中心可随时对车辆进行远程断油断电，锁车功能。

9. 车载电话

车载电话可以像普通手机一样拨打电话，调度中心可对此电话进行远程权限设置，即呼入限制、呼出限制，只能呼叫指定的若干电话号码。

10. 油耗检测、车辆调度

实时监控车辆的油耗变化，并生成历史时段油量变化报表或油量曲线图，进而直观反映出油量的正常消耗与非正常消耗及加油数量不足等现象，达到油耗高水平管理，杜绝不良事件的发生（需搭配油量传感器）。调度人员确定调度车辆或者在地图上画定调度范围，GPS 系统自动向车辆或者画定范围内的所有车辆发出调度命令，被调度车辆及时回应调度中心，以确定调度命令的执行情况。GPS 系统还可对每辆车成功调度次数进行月统计。

11. GPS 导航

要实现 GPS 监控功能必须具备 GPS 终端、传输网络和监控平台 3 个要素，这3个要素缺一不可。通过这3个要素，组成3层结构的监控系统应用于车辆调度监控领域，可以提供车辆防盗、反劫、行驶路线监控及呼叫指挥等功能；应用在对人、宠物的跟踪领域，可以提供对老人、小孩及宠物的跟踪，老人、小孩遇到突发事件时的求救等功能。GPS 监控的 3 个要素为：GPS 终端、监控平台、传输网络等。

GPS 终端是 GPS 监控系统的前端设备，一般隐秘地安装在各种车辆内或佩带在人或宠物身上，GPS 终端设备主要由主 CPU、GPS 模块、GPRS 模块、I/O 接口及外围电路组成。

监控平台是 GPS 监控的核心，是远程可视指挥和监控管理平台，一旦在车辆上安装 GPS 监控设备或者在人身上佩带了 GPS 监控设备，设备上的 GPS 模块会实时地将车或人的位置信息通过无线网络发送到监控中心，在监控中心的电子地图上可以看到车辆、人或宠物所在的直观位置，监控中心可通过无线网络对车辆、人或宠物进行远程监控，也可对设备进行设置，例如通过下发指令设置上传间隔、远程重启设备等。

可使用 GPRS 无线通信网络或 CDMA 无线通信网络，也可以使用短信方式进行数据传输。

12. 车辆定位系统

全球定位系统在车辆管理上的应用，被称作车辆定位系统。

（1）实时监控　GPS 车辆管理系统应用了移动 GPRS 为监控数据的载体，真正实现了对车辆的全天候实时监控（速度、方向等），监控频率可达到 1 秒级。

（2）行驶信息管理　系统可对车辆以往的行驶数据信息进行下载、回放、保存等。

（3）车辆超速报警　管理员可单独或是设定全部车辆的行驶上下限速度，当车辆行驶速度超过该限制时，系统即会提示车辆即超速报警，并伴有声音和窗口弹出提示。

（4）自建图层　管理员可以通过文字和图像在地图上自行标注公司以及工地的方位，也可以自行构建道路上没有的路线，更好地完善地图来管理车辆。

（5）文字调度管理　管理可通过文字方式向某一辆车或是某一群车辆发送文字调度信息。发送的信息将保存下来，以供日后查证。

（6）超速报警统计　通过系统提供的行驶数据保存功能，在事后可将某车在某月某日某一段时间的行车数据进行回放，并可生成报表供打印，该功能可作考核用。

（7）行车线路跟踪　可对单独一辆或是全部车辆进行实时记录行驶路线功能，当车辆驶过后就会在地图上划出一条黑线，管理员可直观看到车辆的行驶路线情况。

（8）区域报警功能　可以设定禁区，当车进入禁区，监控处发出警报提醒。或定制行驶路线，当驾驶员驶离预定的驾驶路线时发出报警。

（9）完善的管理员管理功能

①车辆信息管理：可对车辆信息进行查询、统计、增、删、改的维护工作。

②可对管理员进行权限分配，实现分级、多级管理。

③日志管理：如对登录日志、报警设定、消息发送等进行统计、打印和删除。

（10）里程油耗统计　通过系统提供的行驶数据保存功能，可将某车在某天某日某一段时间的行车千米数及所耗油量，生成报表供打印，该功能可作参考。

13. GPS 用于导航

GPS 导航系统的基本原理是测量出已知位置的卫星到用户接收机的距离，然后综合多颗卫星的数据就可知道接收机的具体位置。要达到这一目的，卫星的位置可以根据星载时钟所记录的时间在卫星星历中查出。而用户到卫星的距离则通过纪录卫星信号传播到用户所经历的时间，再将其乘以光速得到。

由于大气层电离层的干扰，这一距离并不是用户与卫星的真实距离，而是伪距（PR）：当 GPS 卫星正常工作时，会不断地用 1 和 0 二进制码元组成的伪随机码（简称伪码）发射导航电文。GPS 系统使用的伪码一共有两种：分别是民用的 C/A 码和军用的 P（Y）码。C/A 码频率 1.023MHz，重复周期 1 毫秒（ms），码间距 1 微秒（μs），相当于 300m；P 码频率 10.23MHz，重复周期 266.4d，码间距 0.1 微秒，相当于 30m。而 Y 码是在 P 码的基础上形成的，保密性能更佳。导航电文包括卫星星历、工作状况、时钟改正、电离层延时修正、大气折射修正等信息。它是从卫星信号中解调制出来的，以 50b/s 调制在载频上发射的。导航电文每个主帧包含 5 个子帧，每帧长 6s。前三帧各 10 个字码；每 30s 重复一次，每小时更新一次，后两帧共 15000b。导航电文中的内容主要有遥测码、转换码、第 1、2、3 数据块，其中最重要的则为星历数据。当用户接收到导航电文时，提取出卫星时间并将其与自己的时钟对比便可得知卫星与用户的距离，再利用导航电文中的卫星星历数据推算出卫星发射电文时所处位置，用户在 WGS-84 大地坐标系中的位置速度等信息便可得知。

可见 GPS 导航系统卫星部分的作用就是不断地发射导航电文。然而，由于用户接收机使用的时钟与卫星星载时钟不可能总是同步，所以除了用户的三维坐标 $x$、$y$、$z$ 外，还要引进一个 $\Delta t$ 即卫星与接收机之间的时间差作为未知数，然后用 4 个方程将这 4 个未知数解出来。所以如果想知道接收机所处的位置，至少要能接收到 4 个卫星的信号。

GPS 接收机可接收到用于授时的准确至纳秒级的时间信息；用于预报未来几个月内卫星所处概略位置的预报星历；用于计算定位时所需卫星坐标的广播星历，精度为几米至几十米（各个卫星不同，随时变化）；以及 GPS 系统信息，如卫星状况等。

通过 GPS 接收机对码的测量就可得到卫星到接收机的距离，由于含有接收机卫星钟的误差及大气传播误差，故称为伪距。对 0A 码测得的伪距称为 UA 码伪距，精度约为 20m 左右，对 P 码测得的伪距称为 P 码伪距，精度约为 2m 左右。

GPS 接收机对收到的卫星信号进行解码或采用其他技术，将调制在载波上的信息去掉后，就可以恢复载波。严格而言，载波相位应被称为载波拍频相位，它是收到的受多普勒频移影响的卫星信号载波相位与接收机本机振荡产生信号相位之差。一般在接收机钟确定的历元时刻测量，保持对卫星信号的跟踪，可记录下相位的变化值，但开始观测时的接收机和卫星振荡器的相位初值是不知道的，起始历元的相位整数也是不知道的，即整周模糊度，只能在数据处理中作为参数解算。相位观测值的精度高至毫米，但前提是解出整周模糊度，因此只有在相对定位，并有一段连续观测值时才能使用相位观测值，而要达到优于米级的定位精度也只能采用相位观测值。

按定位方式，GPS 定位分为单点定位和相对定位（差分定位）。单点定位就是根据一台接收机的观测数据来确定接收机位置的方式，它只能采用伪距观测量，可用于车船等的概略导航定位。相对定位（差分定位）是根据两台以上接收机的观测数据来确定观测点的相对位置的方法，它既可采用伪距观测量也可采用相位观测量，大地测量或工程测量均应采用相位观测值进行相对定位。

在 GPS 观测量中包含了卫星和接收机的钟差、大气传播延迟、多路径效应等误差，在定位计算时还要受到卫星广播星历误差的影响，在进行相对定位时大部分公共误差被抵消或削弱，因此定位精度将大大提高，双频接收机可以根据两个频率的观测量抵消大气中电离层误差的主要部分。在精度要求高，接收机间距离较远时（大气有明显差别），应选用双频接收机。

## 【案例十四】智能避障车

### 一、项目要求

利用智能小车车体和单片机小系统实现以下内容：小车后退过程中检测车尾方向障碍物的有无和距离远近，并通过数码管动态显示电路或LCD1602液晶模块显示出距离障碍物的距离，当距离小于2m后能根据距离的远近产生不同的报警提示音，在检测出距离小于20cm时小车实现自动转向功能。

### 二、项目实施

1. 总体设计

智能小车智能控制系统是在实现小车的正常前进、后退、左转、右转等基本功能后实现智能控制，这就要求单片机要能控制直流电机的转向，在左右直流电机的配合下实现小车的正常运行；其次，小车要实现智能控制，这就要求单片机小系统能接收来自多种传感器如超声波传感器采集到的信号并进行判断处理，对应检测出的信号进行显示和自动控制与提示，进而实现小车智能控制功能。具体实现思路为：由AT89S52单片机的P2口分别接收来自传感器检测出的信号，经过分析判断后由单片机P1口产生继续前进、左转、右转等控制信号给L298电机驱动电路后，产生对应的电机控制驱动电流给直流电机，同时通过P0口和P2口实现信息显示和声音的控制。系统总体结构框图如图2-59所示。

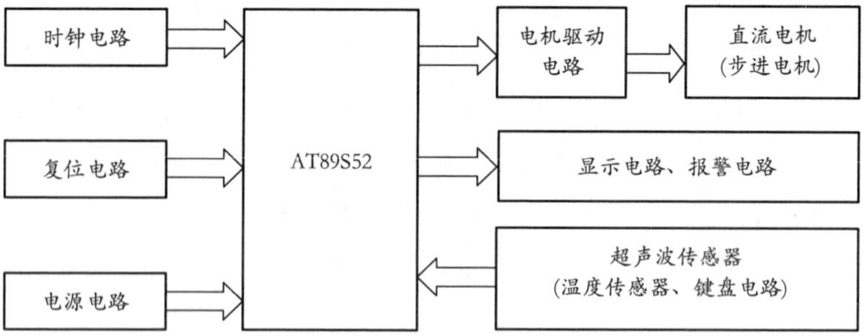


图2-59　智能小车智能控制系统总体结构框图

2. 硬件设计

在本系统的硬件电路设计中，负责小车前进、转向等控制的直流电机控制电路可采用图 2-31 的控制电路，本系统的设计主要负责距离检测的超声波传感器模块的连接，完成温度检测的 DS18B20 的连接；另一个方面就是设计出对输出部分的测量小车到障碍物的距离显示 LCD1602 液晶显示器，同时根据小车到杂物距离远近等信息进行判断分析，实现产生不同报警音的报警电路，具体电路的连接见图 2-60。其中超声波传感器模块选用型号为 HC-SR04 的距离检测模块，见图 2-61。

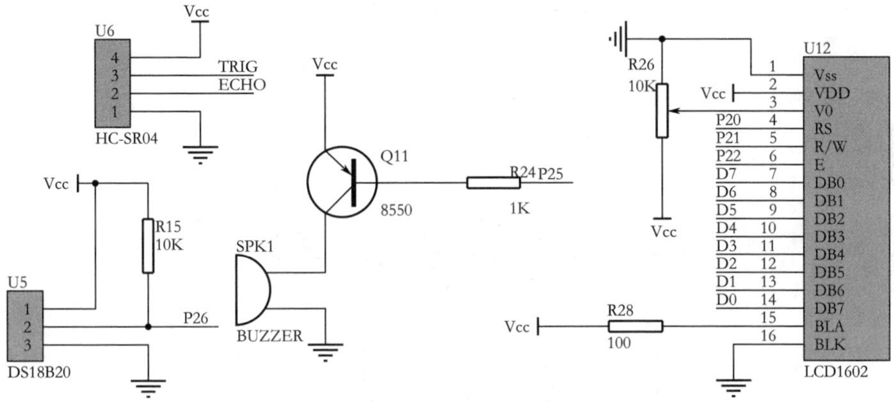


图 2-60　智能小车智能控制系统的信号采集与显示报警电路

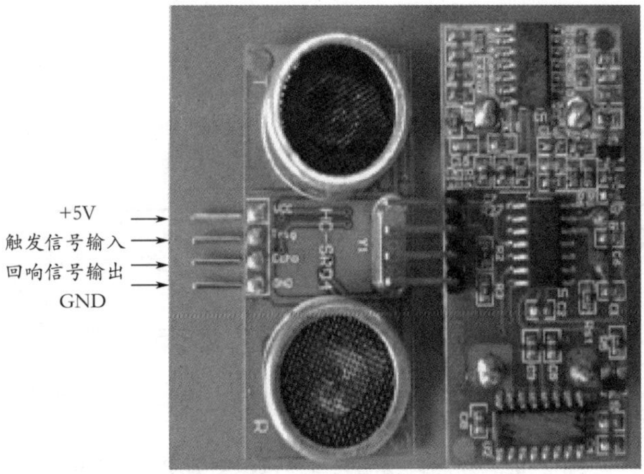


图 2-61　HC-SR04 超声波模块

3. 软件设计

在智能小车智能控制程序设计时，根据超声波传感器模块对距离检测的原理，小车离障碍物的距离 = 高电平时间×声速（340m/s）/2，结合超声波传感器 HC-SR04 模块的控制和数据读取要求，可得到图 2-62 所示的基于超声波模块的距离自动测试与显示控制的程序流程图。

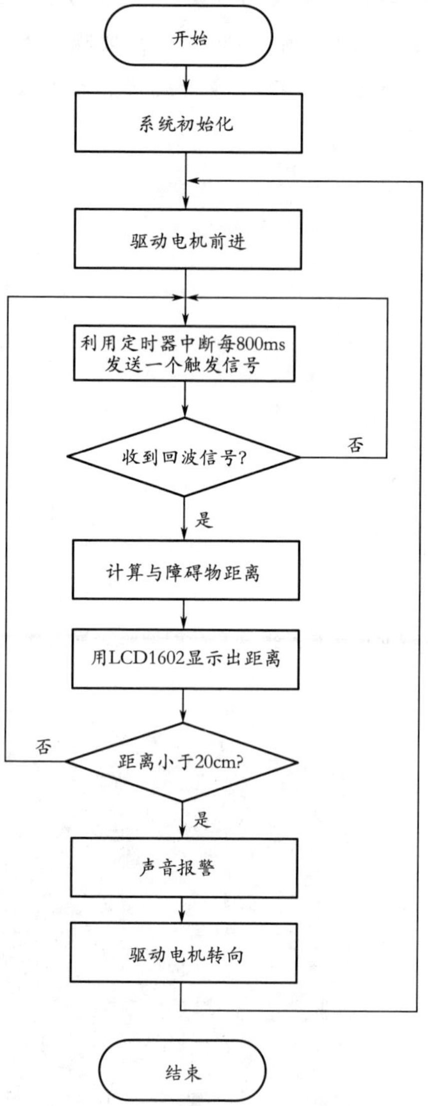


**图 2-62　距离自动测试与显示控制的程序流程图**

基于超声波传感器模块的小车距离检测与通过 LCD1602 显示出来的控制程序为：

```
/＊接线：模块 TRIG 接 P2.4      ECH0 接 P2.3＊/
#include <AT89x51.H>               //器件配置文件
```

```
#include <intrins. h>
#define   RX   P2_ 3
#define   TX   P2_ 4
#define LCM_ RW   P2_ 1          //定义 LCD 引脚
#define LCM_ RS   P2_ 0
#define LCM_ E    P2_ 2
#define BJ        P2_ 5          //定义报警引脚
#define WD        P2_ 6          //定义温度引脚
#define LCM_ Data   P0
#define Key_ Data P3_ 0          //定义 Keyboard 引脚
#define Key_ CLK   P3_ 2
#define Busy      0x80           //用于检测 LCM 状态字中的 Busy 标识
void LCMInit (void);
void DisplayOneChar (unsigned char X, unsigned char Y, unsigned char DData);
void DisplayListChar (unsigned char X, unsigned char Y, unsigned char code * DData);
void Delay5Ms (void);
void Delay400Ms (void);
void Decode (unsigned char ScanCode);
void WriteDataLCM (unsigned char WDLCM);
void WriteCommandLCM (unsigned char WCLCM, BuysC);
unsigned char ReadDataLCM (void);
//unsigned char ReadStatusLCM (void);
unsigned char code ybzy [ ] = {"www. ybzy. cn"};
unsigned char code zy [ ] = {"DZXXGCZY OK!"};
unsigned char code Cls [ ] = {"                "};
unsigned char code ASCII [15] = {'0','1','2','3','4','5','6','7','8','9','.','-','M'};
static unsigned char DisNum = 0; //显示用指针
unsigned int  time=0;
unsigned long S=0;
bit  flag =0;
```

```
unsigned char disbuff [4] = { 0, 0, 0, 0,};
void WriteDataLCM (unsigned char WDLCM) //写数据
{
WDLCM = ( (WDLCM&0x01) <<7) | ( (WDLCM&0x02) <<5)
        | ( (WDLCM&0x04) <<3) | ( (WDLCM&0x08) <<1)
        | ( (WDLCM&0x10) >>1) | ( (WDLCM&0x20) >>3)
        | ( (WDLCM&0x40) >>5) | ( (WDLCM&0x80) >>7);
    ReadStatusLCM ();         //检测忙信号
    LCM_ Data = WDLCM;
    LCM_ RS = 1;
    LCM_ RW = 0;
    LCM_ E = 0;               //若晶振速度太高可以在此后加短延时
    LCM_ E = 0;               //延时
    LCM_ E = 1;
}
void WriteCommandLCM (unsigned char WCLCM, BuysC)   //写指令
{
WCLCM=( (WCLCM&0x01) <<7) | ( (WCLCM&0x02) <<5)
       | ( (WCLCM&0x04) <<3) | ( (WCLCM&0x08) <<1)
       | ( (WCLCM&0x10) >>1) | ( (WCLCM&0x20) >>3)
       | ( (WCLCM&0x40) >>5) | ( (WCLCM&0x80) >>7);
    if (BuysC) ReadStatusLCM ();   //根据需要检测忙信号
    LCM_ Data = WCLCM;
    LCM_ RS = 0;
    LCM_ RW = 0;
    LCM_ E = 0;
    LCM_ E = 0;
    LCM_ E = 1;
}
unsigned char ReadDataLCM (void)    //读数据
{
    LCM_ RS = 1;
    LCM_ RW = 1;
```

```
        LCM_ E = 0;
        LCM_ E = 0;
        LCM_ E = 1;
        return (LCM_ Data);
    }
    void LCMInit (void)                    //LCM 初始化
    {
        LCM_ Data = 0;
        WriteCommandLCM (0x38, 0); //三次显示模式设置，不检测忙信号
        Delay5Ms ();
        WriteCommandLCM (0x38, 0);
        Delay5Ms ();
        WriteCommandLCM (0x38, 0);
        Delay5Ms ();
        WriteCommandLCM (0x38, 1); //显示模式设置，开始要每次检测忙信号
        WriteCommandLCM (0x08, 1); //关闭显示
        WriteCommandLCM (0x01, 1); //显示清屏
        WriteCommandLCM (0x06, 1); // 显示光标移动设置
        WriteCommandLCM (0x0F, 1); // 显示开及光标设置
    }
    //按指定位置显示一个字符
    void DisplayOneChar (unsigned char X, unsigned char Y, unsigned char DData)
    {
        Y &= 0x1;
        X &= 0xF;                  //限制 X 不能大于 15，Y 不能大于 1
        if (Y) X | = 0x40;         //当要显示第二行时地址码+0x40
        X | = 0x80;                //算出指令码
        WriteCommandLCM (X, 1);//发命令字
        WriteDataLCM (DData);      //发数据
    }
```

```
//按指定位置显示一串字符
void DisplayListChar (unsigned char X, unsigned char Y, unsigned char code
* DData)
{
    unsigned char ListLength;
    ListLength = 0;
    Y &= 0x1;
    X &= 0xF;                    //限制 X 不能大于 15, Y 不能大于 1
    while (DData [ListLength] >0x19)    //若到达字串尾则退出
      {
    if (X <= 0xF)                //X 坐标应小于 0xF
      {
        DisplayOneChar (X, Y, DData [ListLength] ); //显示单个字符
        ListLength++;
        X++;
      }
    }
}
void Delay5Ms (void)         //5ms 延时
{
  unsigned int TempCyc = 5552;
  while (TempCyc--);
}
void Delay400Ms (void)       //400ms 延时
{
  unsigned char TempCycA = 5;
  unsigned int TempCycB;
  while (TempCycA--)
    {
      TempCycB=7269;
      while (TempCycB--);
    }
}
```

```
/*********************************************************/
void Conut (void)
{
  time=TH0 * 256+TL0;
  TH0=0;
  TL0=0;
  S= (time * 1.7) /100;          //算出来是 CM
  if ( (S>=700) | | flag= =1)  //超出测量范围显示“-”
   {
       flag=0;
       DisplayOneChar (0, 1, ASCII [11] );
       DisplayOneChar (1, 1, ASCII [10] ); //显示点
       DisplayOneChar (2, 1, ASCII [11] );
       DisplayOneChar (3, 1, ASCII [11] );
       DisplayOneChar (4, 1, ASCII [12] ); //显示 M
   }
  else
   {
       disbuff [0] =S%1000/100;
       disbuff [1] =S%1000%100/10;
       disbuff [2] =S%1000%10 %10;
       DisplayOneChar (0, 1, ASCII [disbuff [0] ] );
       DisplayOneChar (1, 1, ASCII [10] ); //显示点
       DisplayOneChar (2, 1, ASCII [disbuff [1] ] );
       DisplayOneChar (3, 1, ASCII [disbuff [2] ] );
       DisplayOneChar (4, 1, ASCII [12] ); //显示 M
   }
}
/*********************************************************/
void zd0 () interrupt 1  //T0 中断用来计数器溢出, 超过测距范围
{
  flag=1; //中断溢出标志
}
```

```
/***********************************************************/
void  StartModule ()                //启动模块
{
  TX=1;                             //启动一次模块
  _nop_ ();
  _nop_ ();
  _nop_ ();
  _nop_ ();
  _nop_ ();
  _nop_ ();
  _nop_ ();
  _nop_ ();
  _nop_ ();
  _nop_ ();
  _nop_ ();
  _nop_ ();
  _nop_ ();
  _nop_ ();
  _nop_ ();
  _nop_ ();
  _nop_ ();
  _nop_ ();
  _nop_ ();
  _nop_ ();
  _nop_ ();
  TX=0;
}
/***********************************************************/
void delayms (unsigned int ms)
{
    unsigned char i=100, j;
    for (; ms; ms--)
      {
```

```
          while (--i)
            {
              j=10;
              while (--j);
            }
      }
}
/*****************************************************************/
void main (void)
{
      unsigned char TempCyc;
      Delay400Ms ();              //启动等待，等 LCM 进入工作状态
      LCMInit ();                 //LCM 初始化
      Delay5Ms ();                //延时片刻（可不要）
      DisplayListChar (0, 0, ybzy);
      DisplayListChar (0, 1, zy);
      ReadDataLCM ();             //测试用句无意义
      for (TempCyc=0; TempCyc<10; TempCyc++)
      Delay400Ms ();              //延时
      DisplayListChar (0, 1, Cls);
      while (1)
        {
          TMOD=0x01;              //设 T0 为方式 1，GATE=1
          TH0=0;
          TL0=0;
          ET0=1;                  //允许 T0 中断
          EA=1;                   //开启总中断
          while (1)
            {
             StartModule ();
             DisplayOneChar (0, 1, ASCII [0] );
             while (! RX);         //当 RX 为零时等待
             TR0=1;                //开启计数
```

```
            while (RX);             //当 RX 为 1 计数并等待
            TR0=0;                  //关闭计数
            Conut ();               //计算
            delayms (80);           //80ms
        }
    }
}
```

# 项目三　项目超市

## 任务一　项目情景

项目团队从项目超市中遴选与评估合适项目，对遴选出的项目进行需求定义、模块设计、方案设计、人员配置、时间规划及预算安排并确定任务，撰写相应文档，项目团队搭建项目开发平台并对项目进行准确实现，对项目产品进行测试与调试，并进行部署与运行维护，对比较好的可以应用的项目进行孵化与推广。

### 一、案例分析：公共信息服务平台

公共信息服务平台的建设基于 JavaEE 企业级应用跨平台开发技术（Struts2、Spring、Hibernate）实现，简称 SSH。SSH 用于构建灵活、易于扩展的多层 Web 应用程序。案例运行环境以 Windows 操作系统为例，包括 JRE（Java Runtime Environment）Java 运行时环境、JDK（Java Development ToolKit）Java 开发工具包、JVM（Java Virtual Machine）Java 虚拟机、WEB 服务器（Tomcat 服务器）、数据库 Microsoft Sql Server Express，SSL 总体如图 3－1 所示。

公共信息服务平台主要由九大功能模块组成：项目申报、融资担保、天使投资、科技成果、大学生创业、孵化服务、信息公告、交流互动、系统管理。

“项目申报”用于创业服务中心对有项目申报需求的企业进行项目申报的指导服务。

“融资担保”和“天使投资”可以让创业服务中心建立资金需求企业与担保公司、投资公司/机构/个人的对接桥梁。

“科技成果”为有技术、有专利项目的企业寻求合作机会或者转让技术、

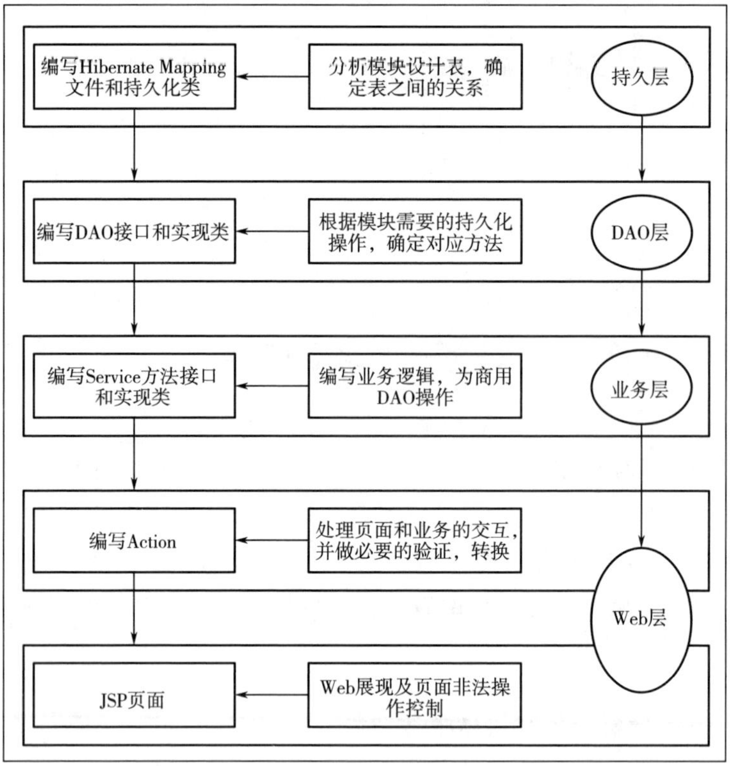


**图 3-1　SSL 框架图**

专利项目的机会。

“大学生创业”为大学生创业者提供服务指导以及创业支持。

“孵化服务”是创业服务中心对企业或登录用户提供的企业管理、政策法规等方面的信息共享服务。

“信息公告”可以用来显示项目申报结果、投融资业务评估结果等信息，供项目申报企业、资金需求企业、投资公司/机构/个人、担保公司等进行查看。

“交流互动”可以方便所有登录用户与创业服务中心留言互动。

“公共信息服务平台”技术架构如图 3-2 所示。

## 二、项目超市涉及的主要仪器设备、元器件

项目超市涉及的主要仪器设备、元器件如表 3-1 所示。

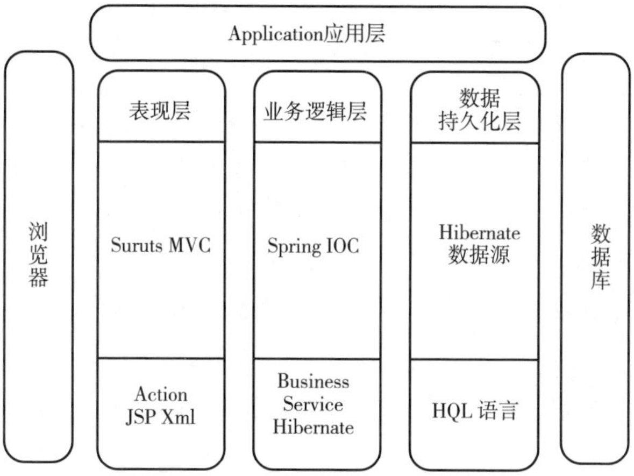


**图 3-2　SSL“公共信息服务平台”技术架构图**

**表 3-1　项目超市涉及的主要仪器设备、元器件**

| 类型 | 名称 | 数量 | 型号 | 备注 |
|---|---|---|---|---|
| 设备 | 电脑 | 若干 | 普通 | |
| | 智能手机 | 若干 | 普通 | |
| | 示波器 | 1 | 20M | |
| | 万用表 | 1 | 普通 | |
| 工具 | JDK | 1 | V1. 8 | |
| | TOMCAT | 1 | | |
| | Eclipse | 1 | | |
| | MySql | 1 | | |
| | Keil μVision 3 | 1 | V3. 53 版以上 | |
| | Proteus | 1 | V7. 5 版以上 | |
| | 下载线及相关软件 | 1 | 编程器或 ISP 下载 | |
| | 电烙铁 | 1 | 通用 | |
| 元器件（模块） | 51 单片机小系统板 | 1 | 含 AT89S51（AT89S52） | I/O 端口已引出 |
| | 电源 | 1 | 直流 5V/400mA 输出 | |
| | 电源 | 1 | 直流 12V/400mA 输出 | |
| | 减速直流电机 | 2 | +5V | |
| | 电机驱动模块 | 1 | L298 | |
| | 小车车体 | 1 | 含轮胎、6V 以上电池盒 | |
| | 循迹传感器模块 | 3 | 含比较放大和信号指示 | |

续表

| 类型 | 名称 | 数量 | 型号 | 备注 |
|---|---|---|---|---|
| 材料 | 焊锡 | 若干 | $\Phi$0. 5mm | |
| | 排针 | 若干 | 通用 | |
| | 铜柱 | 若干 | M3、高度（5~30mm） | |
| | 螺钉 | 若干 | M3、长度（5、10、30mm） | |
| | 螺母 | 若干 | M3 螺钉、铜柱配套 | |
| | 导线 | 若干 | $\Phi$0. 8mm | |
| | 杜邦线 | 若干 | 通用，长 20cm 以上 | |
| | 小捆扎带 | 若干 | 通用 | |
| | 焊膏 | 若干 | | |

## 三、项目能力目标

（1）熟悉项目遴选与评估流程。
（2）熟悉程序员的工作职责。
（3）熟悉项目开发环境搭建方法。
（4）熟悉系统框架搭建方法。
（5）能撰写项目设计方案。
（6）熟悉项目 Web 页面设计。
（7）熟悉视图、数据组件、业务组件、控制器的开发。
（8）熟悉项目发布管理。
（9）熟悉项目部署与推广应用。

## 四、项目计划决策

项目超市计划决策如表 3-2 所示。

**表 3-2　　项目计划决策**

| 序号 | 考核点 | 考核内容 | 考核方式 | 比例及评分 |
|---|---|---|---|---|
| 一、项目组考核（项目组各个阶段完成情况） | | | | 30% |
| 1 | 项目组 | 项目需求分析与编码测试 | 评审与检查 | 90 |
| | | 项目结项及资料完整性 | 评审及答辩 | 10 |

续表

| 序号 | 考核点 | 考核内容 | 考核方式 | 比例及评分 |
|---|---|---|---|---|
| 二、项目组成员考核 | | | | 50% |
| 1 | 项目应用程度与完成质量 | 根据学员在项目组中担任的角色，承担的工作任务，完成任务的工作量与质量情况进行测评 | 走查与答辩 | 60 |
| 2 | 编码习惯和熟练程度 | 根据学员承担的编码任务，对完成编码的可读性、安全性、高效性、可维护性等方面进行考评 | 走查 | 40 |
| 三、平时表现 | | | | 20% |
| 1 | 职业素养 | 根据学员平时考勤、纪律、工作积极性、团队协同工作能力进行考评 | 走查和答辩 | 50 |
| 2 | 创新和钻研精神 | 根据学员学习新技术、解决技术难题等方面的成果进行考评 | 走查和答辩 | 50 |

# 任务二　项目遴选与评估

## 一、项目遴选与评估过程体系标准

项目评价指标体系如图 3-3 所示。

**图 3-3　项目评价指标体系**

## 二、如何创建用户喜欢的项目

一个问题总是有多种解决方案，而我们要确定用户喜欢的项目，就意味着要在不同的矛盾体中做出一个权衡。我们在设计的过程中总是可以看到很多的矛盾体：开放和整合，一致性和特殊化，稳定性和延展性等。任何一对矛盾体都源于我们对项目的不同期望。可是，要满足项目稳定运行的要求，就必然会影响我们对项目易于扩展的期望。我们希望项目简单明了，却增加了项目的复杂度。没有一个项目能够满足所有的要求，因为这些要求之间带有天生的互斥性。而我们评价项目设计好坏的依据，就只能是根据不同要求的轻重缓急，在其间做出合理的权衡。

需求应满足符合性、正确性、完整性，包括功能性需求和非功能性需求。

## 三、项目阶段与产出物介绍

先启阶段：软件项目开发计划、项目审批表、技术可行性报告。

构建阶段：需求规约、需求规格说明书、软件实现规约、用例建模界面原型风格。

分析设计：软件系统分析和设计模型、架构设计说明书、数据库设计说明书、软件系统界面原型。

产品化阶段：单元编码、测试用例、软件测试分析报告、软件安装手册、用户使用手册、项目开发总结报告。

项目管理：项目计划、任务分配表、配置管理计划、配置状态报告。

对遴选的项目进行需求定义、模块设计、方案设计、人员配置、时间规划及预算安排并确定项目组各人员任务，撰写相应文档。

在该任务中，主要完成项目过程与产品质量保证计划、项目可行性分析报告、项目配置管理计划、项目开发计划等。

1. 项目过程与产品质量保证计划

主要完成内容包括修订文档历史记录表、角色与职责表、评价产品的时间表、评价过程的时间表，分别如表 3-3 至表 3-6 所示。

2. 项目可行性分析报告主要完成的功能

（1）项目设计目的、背景、定义。

（2）项目基本要求、主要目标、假定与限制、评价准则。

（3）项目技术风险识别、风险评估、风险评价、风险管理与监控。

表 3-3　修订文档历史记录

| 标题：过程与产品质量保证计划 | | | |
|---|---|---|---|
| 作者：<br>创建日期：<br>上次更新日期：<br>版本：<br>项目小组名称： | | | |
| 日期 | 版本 | 说明 | 作者 |
| | | | |
| | | | |
| | | | |
| | | | |

表 3-4　角色与职责

| 角色 | 姓名 | 职责 |
|---|---|---|
| 过程与产品质量保证（PPQA）工程师 | | 1. 参照项目的质量目标，制定并执行项目《过程和产品质量保证计划》<br>2. 根据《PPQA 检查单》，对项目过程和产品的执行情况进行检查和评价，对不符合标准、规程的问题要进行报告、追踪、验证和记录<br>3. 将不能协调解决或不能及时解决的问题上报高层和组织级 PPQA<br>4. 每阶段汇总并向项目经理、事业部经理和组织级 PPQA 报告 PPQA 的活动记录（《PPQA 阶段报告》） |
| 项目经理 | | 1. 协助 PPQA 人员一同编制项目《过程和产品质量保证计划》，并支持计划的实施<br>2. 参与项目《过程和产品质量保证计划》评审<br>3. 根据计划或由事件驱动参与评价软件质量保证活动<br>4. 对 PPQA 人员发现的不符合问题及时制定解决方案，积极采取有效的纠正措施<br>5. 保证项目组成员接受有关质量保证方面的培训，并认同质量保证组工作的意义和价值 |

续表

| 角色 | 姓名 | 职责 |
|---|---|---|
| 配置管理员 | | 将项目的《过程和产品质量保证计划》《PPQA 检查单》《PPQA 阶段报告》《PPQA 不符合问题跟踪表》纳入配置管理 |
| 部门总监 | | 1. 为 PPQA 活动提供足够的资源<br>2. 每个阶段评价 PPQA 活动及结果（根据《PPQA 阶段报告》做出反馈意见）<br>3. 确保 PPQA 工程师有独立的汇报渠道，解决 PPQA 人员上报的不符合问题 |

**表 3-5　　评价产品的时间**

| 评价活动 | 计划日期 | 审查产品 | 活动形式 | 检查表 | PPQA |
|---|---|---|---|---|---|
| 检查计划工件（项目开发计划，WBS 计划，配置管理计划，软件过程与质量保证计划，风险管理计划，测试计划） | | 计划工件 | 审查 | PPQA 检查单 | |
| 系统测试用例 | | 系统测试用例 | 审查 | PPQA 检查单 | |
| 涉众调研请求 | | 涉众调研请求 | 审查 | PPQA 检查单 | |
| 软件需求规约 | | 软件需求规约 | 审查 | PPQA 检查单 | |
| 检查需求工件（前景文档、补充规约、词汇表、软件实现规约） | | 前景文档、补充规约、词汇表、软件实现规约 | 审查 | PPQA 检查单 | |
| 数据库设计模型 | | 数据库设计模型 | 审查 | PPQA 检查单 | |
| 系统分析模型/系统设计模型 | | 系统分析模型/系统设计模型 | 审查 | PPQA 检查单 | |
| 代码（软件模块）第一次 | | 代码（软件模块） | 审查 | PPQA 检查单 | |
| 代码（软件模块）第二次 | | 代码（软件模块） | 审查 | PPQA 检查单 | |
| 测试结果 | | 测试结果 | 审查 | PPQA 检查单 | |

表 3-6　　评价过程的时间

| 评价活动 | 计划日期 | 审查产品 | 活动形式 | 检查表 | PPQA |
|---|---|---|---|---|---|
| 项目立项过程 | | 过程（IPM、PP、PMC、RSKM、SAM、CM、MA、VAL、VER） | 审查 | PPQA 检查单 | |
| 需求开发过程 | | 过程（IPM、PP、PMC、RSKM、SAM、CM、DAR、MA、RD/RM、TS、VAL、VER） | 审查 | PPQA 检查单 | |
| 需求基线审计 | | 过程 | 审查 | PPQA 检查单 | |
| 分析设计过程 | | 过程（IPM、PP、PMC、RSKM、SAM、CM、MA、TS、VER） | 审查 | PPQA 检查单 | |
| 设计基线审计 | | 过程 | 审查 | PPQA 检查单 | |
| 编码过程 | | 过程（IPM、PP、PMC、RSKM、SAM、CM、MA、TS、VER） | 审查 | PPQA 检查单 | |
| 测试过程 | | 过程（IPM、PP、PMC、RSKM、SAM、CM、MA、PI、VAL、VER） | 审查 | PPQA 检查单 | |
| 开发代码基线审计 | | 过程 | 审查 | PPQA 检查单 | |
| 验收部署过程 | | 过程（IPM、PP、PMC、RSKM、SAM、CM、MA、RD/RM、TS、VER） | 审查 | PPQA 检查单 | |
| 结项 | | 过程（IPM、PP、PMC、RSKM、SAM、CM、MA、TS、VER） | 审查 | PPQA 检查单 | |

3. 项目配置管理计划主要完成内容

项目配置管理计划主要完成内容包括组织结构划分（图 3-4），工作与职责分配（表 3-7），工具、环境和基础设施配置（表 3-8），配置库的权限划分角色说明（表 3-9），项目的配置管理系统开发库目录结构与权限（表 3-10），变更过程中的活动（表 3-11）。

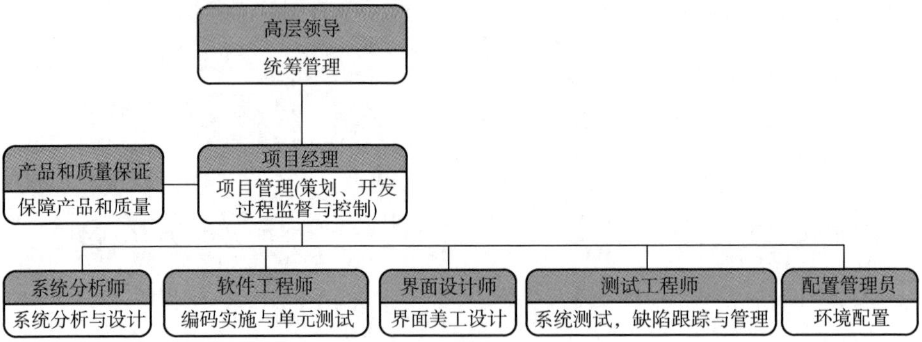


**图 3-4　组织结构划分图**

**表 3-7　　工作与职责分配表**

| 角色 | 相关人员 | 职责 | 接口 |
| --- | --- | --- | --- |
| CCB | | 委员会监督变更流程，由所有利益方包括客户、开发人员和用户代表组成 | 与任意角色：任意角色提出变更请求，需提交给 CCB，对变更请求进行处理后，将结果通知给提出者 |
| 配置经理 | | 配置经理负责为产品开发团队提供全面的配置管理（CM）基础设施和环境。CM 的作用是支持产品开发行为，使开发人员和集成员有适当工作区来构建和测试其工件，并且使所有工件均可根据需要包含在部署单元中。配置经理还必须确保 CM 环境有利于进行产品复审、更改和缺陷跟踪等活动。配置经理还负责撰写 CM 计划并汇报基于“变更请求”的进度统计信息，发布基线 | 与项目经理：CM 计划需要参照 SDP 计划，而且 SDP 又参照 CM 计划。CM 经理每周/每阶段都要提供系统的配置状态报告给项目经理<br>与集成员：CM 经理创建配置管理库，而集成员创建集成工作区。集成员创建基线和提升基线，由 CM 经理管理基线<br>与部署员：CM 经理创建部署单元，需要部署计划<br>与架构设计员：CM 经理创建 CM 环境，需要实施模型<br>与任意角色：任意角色创建开发工作区，需要配置库<br>与组织 CM 管理员：在每一阶段基线完成后提交基线工件<br>与 PPQA 人员：配合 PPQA 人员活动 |

续表

| 角色 | 相关人员 | 职责 | 接口 |
|---|---|---|---|
| 集成员 | | 与集成员在集成工作区将构件组合起来，生成一个工作版本。集成员还负责制定集成计划。集成在子系统和系统级别进行，每次集成均有独立的集成工作区 | 与配置经理：获取配置库的情况。获取管理状态下的基线版本 |
| 任意角色 | 项目组所有成员 | 与任何角色均可以“检入”和“检出”任何与产品相关的工件，以便在配置控制系统中进行维护。此外，任意角色都可以提交变更请求，并且对它们所拥有的变更请求进行更新 | |

**表 3-8　　工具、环境和基础设施配置表**

| 类型 | 使用时期 | 工具 | 原因 |
|---|---|---|---|
| 配置管理 | 计划、设计、实施、测试、产品集成 | SVN1. 6. 5 | 操作方便，易于使用，Eclipse 中可以集成 SVN，便于代码的版本控制 |

**表 3-9　　配置库的权限划分角色说明表**

| 角色 | 名单 | 角色说明 |
|---|---|---|
| PM | | 项目经理 |
| SA | | 系统分析 |
| SE | | 软件工程 |
| TE | | 测试工程 |
| CM | | 配置管理员 |
| PPQA | | 产品和质量保证 |

表 3-10　　项目的配置管理系统开发库目录结构与权限

| 项目名称 | | | |
|---|---|---|---|
| 类型 | 目录结构 | 权限 | |
| | | 只读 | 写 |
| 项目管理类 | PP | PM、SA、SE、TE、CM、PPQA | PM、CM |
| | PMC | PM、SA、SE、TE、CM、PPQA | PM、CM |
| | IPM | PM、SA、SE、TE、CM、PPQA | PM、CM、SA |
| | SAM | PM、SA、SE、TE、CM、PPQA | PM、CM |
| | RSKM | PM、SA、SE、TE、CM、PPQA | PM、CM |
| 工程类 | RD | PM、SA、SE、TE、CM、PPQA | PM、CM、SA、SE |
| | RM | PM、SA、SE、TE、CM、PPQA | PM、CM、SA、SE |
| | TS | PM、SA、SE、TE、CM、PPQA | PM、CM、SA、SE |
| | Analysis Design | PM、SA、SE、TE、CM、PPQA | PM、CM、SA、SE |
| | Interface Prototype | PM、SA、SE、TE、CM、PPQA | PM、CM、SA、SE |
| | Database Design | PM、SA、SE、TE、CM、PPQA | PM、CM、SA、SE |
| | Detail Design | PM、SA、SE、TE、CM、PPQA | PM、CM、SA、SE |
| | PI | PM、SA、SE、TE、CM、PPQA | PM、CM、SA、SE |
| | VAL | PM、SA、SE、TE、CM、PPQA | PM、CM 、TE |
| | VER | PM、SA、SE、TE、CM、PPQA | PM、CM |
| | Coding | PM、SA、SE、TE、CM、PPQA | PM、CM 、SE |
| 其他类 | ProjTemplete | PM、SA、SE、TE、CM、PPQA | PM、CM |
| | ProjCase | PM、SA、SE、TE、CM、PPQA | PM、CM |
| | Standard | PM、SA、SE、TE、CM、PPQA | PM、CM |
| 支持类 | CM | PM、SA、SE、TE、CM、PPQA | PM、CM |
| | PPQA | PM、SA、SE、TE、CM、PPQA | PM、CM、PPQA |
| | DAR | PM、SA、SE、TE、CM、PPQA | PM、CM、SA、SE |
| | MA | PM、SA、SE、TE、CM、PPQA | PM、CM |
| | OT | PM、SA、SE、TE、CM、PPQA | PM、CM |

**表 3-11 变更过程中的活动**

| 活动 | 角色 | 内容 |
| --- | --- | --- |
| 提交变更请求 | 提交者 | 项目的任何涉众均可提交变更请求（CR）。通过将变更请求状态设置为已提交，变更请求被记录到变更请求追踪系统中（例如 Clear Quest）并放置到 CCB 复审队列中 |
| 复审变更请求 | CCB | 此活动的作用是复审已提交的变更请求。在 CCB 复审会议中对变更请求的内容进行初始复审，以确定它是否为有效请求。如果是，则基于小组所确定的优先级、时间表、资源、努力程度、风险、严重性以及其他任何相关的标准，判定该变更是在当前发布版的范围内还是范围外 |
| 确认重复或拒绝 | CCB | 如果怀疑某个变更请求为重复的请求或已拒绝的无效请求（例如，操作符错误、无法重现、工作方式等），将指定一个 CCB 代表来确认重复或已拒绝的变更请求。如果需要的话，该代表还从提交者处收集更多信息 |
| 更新变更请求 | 提交者 | 如果评估变更请求时需要更多的信息（详细信息），或者如果变更请求在流程中的某个时刻遭到拒绝（例如被确认为是重复、已拒绝等），那么将通知提交者，并用新信息更新变更请求。然后将已更新的变更请求重新提交给 CCB 复审队列，以考虑新的数据 |
| 分配工作与安排工作时间 | 项目经理 | 一旦变更请求被置为已打开，项目经理就将根据请求的类型（例如扩展请求、缺陷、文档变更、测试缺陷等）把工作分配给合适的角色，并对项目时间表做必要的更新 |
| 进行变更 | 指定的角色 | 指定的角色执行在流程的有关部分中指定的活动集（例如需求、分析设计、实施、制作用户支持材料、设计测试等），以进行所请求的变更。这些活动将包括常规开发流程中所述的所有常规复审活动和单元测试活动。然后，变更请求将标记为已解决 |
| 核实测试工作版本中的变更 | 测试员 | 指定的角色（分析员、开发人员、测试员、技术文档编写员等）解决变更后，变更将放置在要分配给测试员的测试队列中，并在产品工作版本中加以核实 |
| 核实发布工作版本中的变更 | 系统集成员 | 已确定的变更一旦在产品的测试工作版本中得到了核实，就将变更请求放置在发布队列中，以便在产品的发布工作版本予以核实、生成发布版本说明等，然后关闭该变更请求 |

## 四、项目开发计划主要完成的内容

项目开发计划主要完成的内容包括交付产品（表 3-12）、组织结构划分（图 3-4）、利益相关人角色和职责（表 3-13）、利益相关人介入计划（表 3-14）、项目阶段划分及主要工作产品（表 3-15）、项目采用的过程（表 3-16）。

**表 3-12　　交付产品**

| 所属阶段 | 交付工件名称 | 工件类型 |
|---|---|---|
| 项目策划 | 项目开发计划 | Word 文档 |
| 需求分析 | 软件需求规约 | Word 文档 |
| 分析设计 | 分析和设计模型 | IBM Rational Rose 工件 |
| | 数据库设计模型 | Word 文档 |
| | 数据库设计说明书 | Word 文档 |
| 编码测试 | 软件代码工程 | Web 应用程序源代码 |
| | 软件测试报告 | Word 文档 |
| 项目结项 | 发布工程 | Web 应用程序可发布工件 |
| | 软件安装与使用手册 | Word 文档 |
| | 项目开发总结报告 | Word 文档 |
| 整个开发过程 | 项目阶段评审报告 | Word 文档 |

**表 3-13　　利益相关人角色和职责**

| 姓名 | 角色 | 职责 |
|---|---|---|
| | 项目经理 | 项目管理（策划、开发过程监督与控制） |
| | 系统分析师 | 系统分析与设计 |
| | 系统分析师 | 系统分析与设计 |
| | 软件工程师 | 编码实施与单元测试 |
| | 软件工程师 | 编码实施与单元测试 |

**表 3-14　利益相关人介入计划**

| 姓名 | 角色 | 职责 |
| --- | --- | --- |
| | 测试工程师 | 系统测试，缺陷跟踪与管理 |
| | PPQA | 过程与产品质量检查 |
| | 配置管理员 | 环境配置 |
| | 界面设计师 | 界面美工设计 |

**表 3-15　项目阶段划分及主要工作产品**

| 所属阶段 | 交付工件名称 | 工件类型 | 预定交付日期 |
| --- | --- | --- | --- |
| 项目策划 | 项目开发计划 | Word 文档 | |
| 需求分析 | 软件需求规约 | Word 文档 | |
| 分析设计 | 软件系统分析和设计模型 | IBM Rational Rose 工件 | |
| | 软件系统 Demo | Word 文档 | |
| | 数据库设计说明书 | Word 文档 | |
| 编码测试 | 软件代码 | Web 应用程序源代码 | |
| | 软件测试报告 | Word 文档 | |
| 项目结项 | 发布工程 | Web 应用程序可发布工件 | |
| | 软件安装与使用手册 | Word 文档 | |
| | 项目开发总结报告 | Word 文档 | |

**表 3-16　项目采用的过程表**

| 工程（Engineering） | 项目管理（Project Manage） | 支持（Sustain） |
| --- | --- | --- |
| 需求管理（REQM） | 项目策划（PP） | 过程和产品质量保证（PPQA） |
| 需求开发（RD） | 项目监督和控制（PMC） | 配置管理（CM） |
| 技术解决方案（TS） | 风险管理（RSKM） | 决策分析和解决方案（DAR） |
| 产品集成（PI） | 集成项目管理（IPM） | 度量与分析（MA） |
| 验证（VER） | | |
| 确认（VAL） | | |

## 知识链接

### 一、不同项目组织结构介绍

在不同时期和不同规模的软件企业中，软件开发团队的组织形式是有差异的。对不同规模的项目，如何组建项目开发团队？

方案一：项目负责人总揽全局

对于“小作坊”的软件开发团队，可以由一个项目负责人总览全局。项目负责人承担从用户需求-软件需求-总体设计的所有工作。同时还需要做到整个团队进度规划、质量保证、配置管理和沟通协调等相关工作。所以小型项目团队对项目负责人的业务、技术和沟通管理等技能要求都较高，项目负责人是项目中的总体方案确认者和架构师。项目负责人能力和技能往往决定了整个软件项目的成败。

这里指的小型团队不是只有一个人的项目，所以项目负责人最好不要介入模块设计和编码活动中，而是应该把重点放在进度的控制和质量的保证上面。由于项目负责人一般有较强的技术能力，所以项目负责人可以承担项目中要使用的一些新技术的研究和项目中一些疑难问题的解决等相关工作。项目负责人还应该有计划地对设计开发人员的代码进行评审，对发现的规范性、性能、复用差等问题跟项目成员确认，并写入项目开发规范中。

方案二：项目负责人和开发负责人分离

在这种方案下，项目负责人和开发负责人在软件需求和架构上的工作是重叠的。这两个岗位的人员共同来确认项目的总体方案和架构。项目负责人的重点在项目管理和与客户交流沟通上，只有确认清楚第一手的用户需求，才能开发出来用户满意度高的软件。对于很多小型项目往往是用户需求都没有搞清楚就开工，项目成员完全凭借着自己的感觉在做系统，过程中又不注意与用户及时反馈和迭代，导致开发出完全不能使用的系统；开发负责人的重点是对整个开发过程负责，包括对项目经理确认的进度目标进行任务的进一步分解，安排后续的增量和迭代计划。方案二的重点是第一次解放项目经理，架构的核心移动到了开发负责人，而项目经理仅仅是参与讨论和评审，而单独剥离出开发负责人后，可以更好地对开发过程进行跟踪和协调，开发负责人重点放在项目内部，而避免过多和外部干系人的沟通和协调。

方案三：测试的专职化

对于项目团队发展到5~10人的时候，项目中的测试工作必须由专职化的测试人员来完成。一般测试人员的配置比例为4~6个开发人员配置一名专职化的测试人员。测试人员站在第三方和模拟使用者角度来进行系统的测试，可以更好发现系统的Bug和相关问题，有效保证系统的质量。

在方案三中项目经理工作进一步清晰，项目经理不再承担软件需求和架构的相关工作，而重点放在项目内外的沟通协调和整个项目进度计划的安排上。这个时候项目中的设计负责人对整个系统的总体设计方案和架构负责，而且设计负责人也将不再参与具体的功能模块的设计和开发工作。设计负责人的重点转化到软件需求的开发和总体设计上面（如涉及RUP中的用例建模、用例分析、架构设计、组件接口复用）。

方案四：项目经理和需求角色分离

当项目团队的规模发展到12~20人的时候，项目团队基本上可以算作是中小型。这个时候项目经理完全专职化做项目管理的工作，包括项目进度计划制定、项目跟踪监控、风险分析和控制、项目度量分析和决策等相关内容。对于需求活动设置专门的需求工程师岗位来完成需求的开发。同时项目中设置专门的架构设计人员，架构设计人员不再负责需求的开发工作，而重点在于系统总体设计方案的确定，系统的4+1视图的分析，同时架构人员要考虑整个系统集成方案的确定和具体功能单元以及模块的集成。

由于项目规模的扩大，项目的配置项更加复杂，项目也需要同时有开发、测试、集成和Bug Fix等多个分支，因此需要设置专门的配置管理员来进行项目的配置管理。

对于项目同时需要开发新版本，又需要对已经发布的维护版本进行功能改进的时候，项目中要考虑设置专门的维护人员，由维护人员来完成项目小功能的改进和Bug的修复。这样新版本设计开发人员可以更专注地进行新功能的开发。

不同规模的软件企业都有各自的开发团队，但这些团队的组织形式差异很大。

## 二、企业级应用开发项目组角色与职责

目前，绝大多数软件企业都会根据项目的规模、技术平台、行业背景来构建项目组。在一个典型的软件项目开发组中，工作角色大致可以分为两类。

管理类角色：制订计划、组织资源开展工作，并对过程进行跟踪监控，

如部门经理、项目经理等。

技术类角色：执行计划，按时交付工作成果，如开发架构师、开发工程师、设计员、数据库设计员、集成员、程序员等。

在不同的软件开发企业中，由于管理的成熟度不同，采用的软件开发过程及工作角色划分也会有所差别。

## 三、不同项目组织结构介绍

1. 瀑布模型

由 W. W. Royce 在 1970 年最初提出的软件开发模型，在瀑布模型中，开发被认为是按照需求分析、设计、实施、测试、集成和维护坚定顺畅地进行。

2. 迭代模型

统一软件开发过程（Rational Unified Process，RUP）推荐的周期模型，也是本教材中使用的周期模型。在 RUP 中，迭代被定义为：包括产生产品发布（稳定、可执行的产品版本）的全部开发活动和要使用该发布版本必需的所有其他外围元素。所以，在某种程度上，开发迭代是一次完整的经过所有工作流程的过程（至少包括需求工作流程、分析设计工作流程、实施工作流程和测试工作流程）。实质上，它类似小型的瀑布式项目。

（1）迭代模型与传统的瀑布模型相比较，具有以下优点

①降低了在一个增量上的开支风险：如果开发人员重复某个迭代，那么只是损失这一个开发有误的迭代的花费。

②降低了产品无法按照既定进度进入市场的风险：通过在开发早期就确定风险，可以尽早解决而不至于在开发后期匆忙解决。

③加快了整个开发工作的进度：因为开发人员清楚问题的焦点所在，工作会更有效率。

由于用户的需求并不能在一开始就做出完全的界定，通常是在后续阶段中不断细化的。因此，迭代过程这种模式使适应需求的变化会更容易些。

（2）迭代模型的选择使用条件

①在项目开发早期需求可能有所变化。

②分析设计人员对应用领域很熟悉。

③高风险项目。

④用户可不同程度地参与整个项目的开发过程。

⑤使用面向对象的语言或统一建模语言（Unified Modeling Language，UML）。

⑥使用计算机辅助软件工程（Computer Aided Software Engineering，CASE）工具，如Rose（非常受欢迎的对象软件开发工具）。

⑦具有高素质的项目管理者和软件研发团队。

3. 敏捷开发模型

敏捷开发（Agile Development）是一种以人为核心，迭代、循序渐进的开发方法。在敏捷开发中，软件项目的构建被切分成多个子项目，各个子项目的成果都经过测试，具备集成和可运行的特征。敏捷开发技术的特点和优势如下。

（1）个体和交互胜过过程和工具。

（2）可以工作的软件胜过面面俱到的文档。

（3）客户合作胜过合同谈判。

（4）响应变化胜过遵循计划。

## 四、JavaEE的体系结构

1. JavaEE的体系结构

表示层：由用户界面和用户生成界面的代码组成。

中间层：包含系统的业务和功能代码。

数据层：负责完成存取数据库的数据和对数据进行封装。

2. 三层体系结构优点

（1）一个组件的更改不会影响其他两个组件　例如如果用户需要更换数据库，那么只有数据层组件需要修改代码。同样，如果更改了用户界面设计，那么只有表示层组件需要修改代码。

（2）由于表示层和数据层相互独立，因而可以方便地扩充表示层，使系统具有良好的可扩展性。

（3）代码重复减少，因为在3个组件之间尽可能共享代码。

（4）良好的分工与协作　这将使不同的小组能够独立地开发应用程序的不同部分，并充分发挥各自的优势。

3. JavaEE核心技术

一种动态页面技术（Java Server Pages，JSP），它的主要目的是将表示逻辑从Servlet中分离出来。JSP页面由HTML代码和嵌入其中的Java代码所组成。服务器在页面被客户端请求以后对这些Java代码进行处理，然后将生成的HTML页面返回给客户端的浏览器。

Struts 2以WebWork优秀的设计思想为核心，吸收了Struts 1的部分优点，建立了一个兼容 WebWork 和 Struts 1 的 MVC 框架。Struts 2 采用拦截器的机制来处理用户的请求，这样的设计也使得业务逻辑控制器能够与 Servlet API 完全脱离开。

Spring 是一个轻量级的 Java 开源框架，它是为了解决企业应用开发的复杂性而创建的。Spring 使用基本的 JavaBean 来完成以前只可能由 EJB 完成的事情。Spring 的核心是控制反转（IoC）和面向切面（AOP）。

Hibernate 是一个开放源代码的对象关系映射框架，它对 JDBC 进行了非常轻量级的对象封装。Hibernate 可以应用在任何使用 JDBC 的场合，既可以在 Java 的客户端程序使用，也可以在 Servlet/JSP 的 Web 应用中使用，完成数据持久化的重任。

JavaScript 是一种由 Netscape 的 LiveScript 发展而来的、原型化继承的、面向对象的、动态类型的、区分大小写的客户端脚本语言，它在浏览器中运行，为浏览器提供了强大的处理能力，为客户提供更流畅的浏览效果。

### 五、数据库设计

公共信息服务平台是典型的信息管理系统，而数据库是信息系统最重要的组成部分，用来存储信息管理系统的数据信息。我们在公共信息服务平台中实现的科技成果转化功能的数据库是根据系统功能结构、需求分析而设计出来的。

创建概念模型和物理模型使用的工具是 Power Designer。Power Designer 是 Sybase 公司进行数据库设计的软件，是开发人员常用的数据库建模工具。

## 任务三　项目设计方案与平台搭建

### 一、项目可行性分析报告编写

项目设计方案中首先进行项目可行性分析报告的编写，此过程中编写涉及的主要有部门人员和主要客户人员表、技术风险估计表，分别如表 3-17，表 3-18 所示。

表 3-17　　部门人员和主要客户人员表

| 姓名 | 职位 | 备注 |
|---|---|---|
| | 部门经理 | |
| | 项目经理 | 项目管理（策划、开发过程监督与控制） |
| | 系统分析师若干 | 系统分析与设计 |
| | 软件工程师若干 | 编码实施与单元测试 |
| | 测试工程师 | 系统测试，缺陷跟踪与管理 |
| | PPQA | 过程与产品质量检查 |
| | 配置管理员 | 环境配置 |
| | 界面设计师 | 界面美工设计 |
| | 孵化经理 | 客户 |

表 3-18　　技术风险估计表

| 是否有类似的开发经验 | 有（统一接件系统） |
|---|---|
| 项目的目标是否太高 | 项目目标完全可以实现 |
| 开发人员是否能达到开发要求 | 经过培训可以满足 |
| 开发设备是否满足项目开发目标 | 现有设备无法满足，但事业部已将设备更新列入计划，付诸实施后可满足 |
| 时间限制是否合理 | 时间限制太紧 |
| 协作单位是否配合工作 | 协作单位表示全力配合 |

## 二、项目配置管理计划编写

根据《软件配置管理规范》要求进行配置库编写，配置库包括开发库、受控库和基线库。编写的表主要有配置库的权限划分表、配置管理系统受控库目录结构与权限表、配置管理系统基线库目录结构与权限表，分别如表 3-19、表 3-20、表 3-21 所示。

表 3-19　配置库的权限划分表

| 角色 | 成员名单 | 角色说明 |
|---|---|---|
| PM | | 项目经理 |
| SA | | 系统分析师 |
| SE | | 软件工程师 |
| TE | | 测试工程师 |
| CM | | 配置管理员 |
| PPQA | | 产品和质量保证 |

| 项目名称 | 公共信息服务平台 | | |
|---|---|---|---|
| 类型 | 目录结构 | 权限 | |
| | | 只读 | 写 |
| 项目管理类 | PP | PM、SA、SE、TE、CM、PPQA | PM、CM |
| | PMC | PM、SA、SE、TE、CM、PPQA | PM、CM |
| | IPM | PM、SA、SE、TE、CM、PPQA | PM、CM、SA |
| | SAM | PM、SA、SE、TE、CM、PPQA | PM、CM |
| | RSKM | PM、SA、SE、TE、CM、PPQA | PM、CM |
| 工程类 | RD | PM、SA、SE、TE、CM、PPQA | PM、CM、SA、SE |
| | RM | PM、SA、SE、TE、CM、PPQA | PM、CM、SA、SE |
| | TS | PM、SA、SE、TE、CM、PPQA | PM、CM、SA、SE |
| | Analysis Design | PM、SA、SE、TE、CM、PPQA | PM、CM、SA、SE |
| | Interface Prototype | PM、SA、SE、TE、CM、PPQA | PM、CM、SA、SE |
| | Database Design | PM、SA、SE、TE、CM、PPQA | PM、CM、SA、SE |
| | Detail Design | PM、SA、SE、TE、CM、PPQA | PM、CM、SA、SE |
| | PI | PM、SA、SE、TE、CM、PPQA | PM、CM、SA、SE |
| | VAL | PM、SA、SE、TE、CM、PPQA | PM、CM 、TE |
| | VER | PM、SA、SE、TE、CM、PPQA | PM、CM |
| | Coding | PM、SA、SE、TE、CM、PPQA | PM、CM 、SE |
| 其他类 | ProjTemplete | PM、SA、SE、TE、CM、PPQA | PM、CM |
| | ProjCase | PM、SA、SE、TE、CM、PPQA | PM、CM |
| | Standard | PM、SA、SE、TE、CM、PPQA | PM、CM |

续表

| 项目名称 | 公共信息服务平台 | | |
| --- | --- | --- | --- |
| 类型 | 目录结构 | 权限 | |
| | | 只读 | 写 |
| 支持类 | CM | PM、SA、SE、TE、CM、PPQA | PM、CM |
| | PPQA | PM、SA、SE、TE、CM、PPQA | PM、CM、PPQA |
| | DAR | PM、SA、SE、TE、CM、PPQA | PM、CM、SA、SE |
| | MA | PM、SA、SE、TE、CM、PPQA | PM、CM |
| | OT | PM、SA、SE、TE、CM、PPQA | PM、CM |

**表 3-20　　配置管理系统受控库目录结构与权限表**

| 项目名称 | 公共信息服务平台 | | |
| --- | --- | --- | --- |
| 类型 | 目录结构 | 权限 | |
| | | 只读 | 写 |
| 项目管理类 | PP | PM、SA、SE、TE、CM、PPQA | PM、CM |
| | PMC | PM、SA、SE、TE、CM、PPQA | PM、CM |
| | IPM | PM、SA、SE、TE、CM、PPQA | PM、CM、SA |
| | SAM | PM、SA、SE、TE、CM、PPQA | PM、CM |
| | RSKM | PM、SA、SE、TE、CM、PPQA | PM、CM |

**表 3-21　　配置管理系统基线库目录结构与权限表**

| 项目名称 | 公共信息服务平台 | | |
| --- | --- | --- | --- |
| 类型 | 目录结构 | 权限 | |
| | | 只读 | 写 |
| 工程类 | RD | PM、SA、SE、TE、CM、PPQA | CM |
| | RM | PM、SA、SE、TE、CM、PPQA | CM |
| | TS | PM、SA、SE、TE、CM、PPQA | CM |
| | Analysis Design | PM、SA、SE、TE、CM、PPQA | CM |
| | Interface Prototype | PM、SA、SE、TE、CM、PPQA | CM |
| | Database Design | PM、SA、SE、TE、CM、PPQA | CM |
| | Detail Design | PM、SA、SE、TE、CM、PPQA | CM |
| | PI | PM、SA、SE、TE、CM、PPQA | CM |

续表

| 项目名称 | 公共信息服务平台 | | |
|---|---|---|---|
| 类型 | 目录结构 | 权限 | |
| | | 只读 | 写 |
| 工程类 | VAL | PM、SA、SE、TE、CM、PPQA | CM |
| | VER | PM、SA、SE、TE、CM、PPQA | CM |
| | Coding | PM、SA、SE、TE、CM、PPQA | CM |

## 三、项目开发计划编写

根据《软件项目开发管理规范》要求进行项目开发计划编写。编写的表主要有项目阶段划分及主要工作产品表、项目采用过程表、项目活动列表，分别如表 3-22、表 3-23、表 3-24 所示。

**表 3-22　项目阶段划分及主要工作产品表**

| 所属阶段 | 交付工件名称 | 工件类型 | 预定交付日期 |
|---|---|---|---|
| 项目策划 | 项目开发计划 | Word 文档 | |
| 需求分析 | 软件需求规约 | Word 文档 | |
| 分析设计 | 软件系统分析和设计模型 | IBM Rational Rose 工件 | |
| | 软件系统 Demo | Word 文档 | |
| | 数据库设计说明书 | Word 文档 | |
| 编码测试 | 软件代码 | Web 应用程序源代码 | |
| | 软件测试报告 | Word 文档 | |
| 项目结项 | 发布工程 | Web 应用程序可发布工件 | |
| | 软件安装与使用手册 | Word 文档 | |
| | 项目开发总结报告 | Word 文档 | |

**表 3-23　项目采用过程表**

| 工程（Engineering） | 项目管理（Project Manage） | 支持（Sustain） |
|---|---|---|
| 需求管理（REQM） | 项目策划（PP） | 过程和产品质量保证（PPQA） |
| 需求开发（RD） | 项目监督和控制（PMC） | 配置管理（CM） |

续表

| 工程（Engineering） | 项目管理（Project Manage） | 支持（Sustain） |
|---|---|---|
| 技术解决方案（TS） | 风险管理（RSKM） | 决策分析和解决方案（DAR） |
| 产品集成（PI） | 集成项目管理（IPM） | 度量与分析（MA） |
| 验证（VER） | | |
| 确认（VAL） | | |

**表 3-24　　　　项目活动列表**

| 跟踪活动 | 周期 | 形式或工具 | 结果或记录 |
|---|---|---|---|
| 项目周报 | 每周一次 | 周报模板 | 见项目周报 |
| 项目周例会 | 每周一次 | 周例会模板 | 见项目周例会 |
| 项目工作日志 | 每天走查 | 工作日志模板 | 见项目工作日志 |
| 同行评审 | 不定期 | 同行评审模板 | 见同行评审 |

## 知识链接

### 一、JDK

Java 开发工具包（Java Development Toolkit，JDK）：包含运行环境、Java 工具和 Java 基础类库。运行环境（Java Runtime Environment，JRE）：运行 Java 程序所必须的环境集合，包含 JVM 标准实现及 Java 核心类库。Java 虚拟机（Java Virsual Machine，JVM）：指通过软件模拟的具有完整硬件系统功能的、运行在一个完全隔离环境中的完整计算机系统，包括 Java 虚拟机、一套字节码指令集、一组寄存器、一个方法调用栈、一个垃圾回收堆和一个存储方法域。

JDK 是 Java 程序开发和运行的基础，在开发 Java 程序之前，必须要先安装并配置好 JDK。本书使用 JDK1.7 来进行程序开发。

1. 下载安装包

首先需要先到 Oracle 公司的 Java 网站 http：//www.oracle.com/technetwork/java/javase/downloads/index.html 上下载 JDK1.7 版本的安装包。

2. 安装 JDK

根据安装向导将 JDK 安装在 d:/java 目录。

3. 配置环境变量

配置环境变量 path 的目的是当在 DOS 窗口中输入相关命令的时候，DOS

才会从 path 指定的目录去查找是否存在这样的 exe、bat 等可执行程序。因为我们接下来的练习将在 DOS 窗口中进行。右键点击“我的电脑”，如图 3-5 所示。点击“环境变量”，如图 3-6 所示。选择“系统变量”的 path 变量，点击“编辑”，如图 3-7 所示。

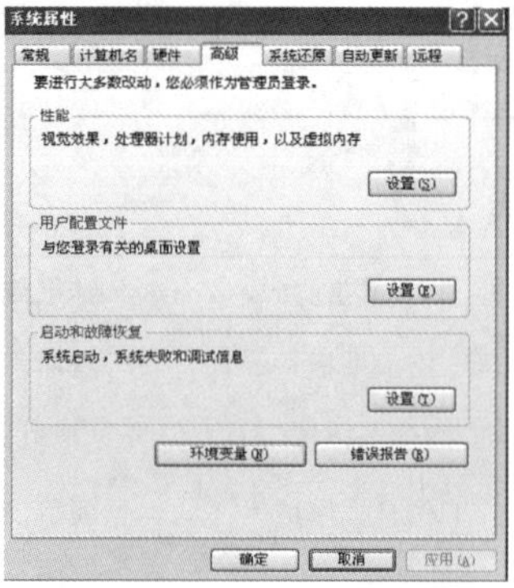


图 3-5 系统属性对话框

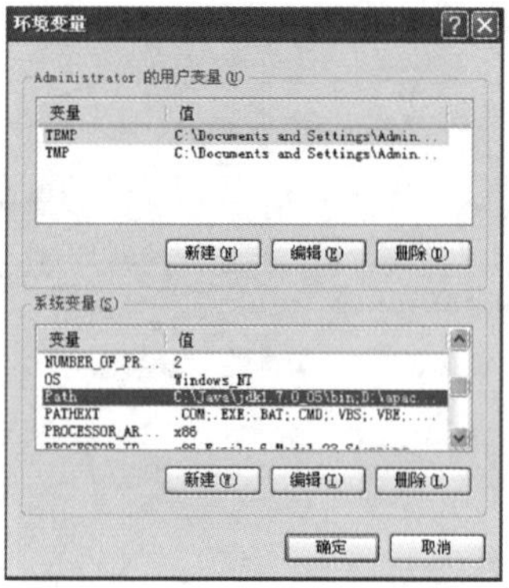


图 3-6 环境变量对话框

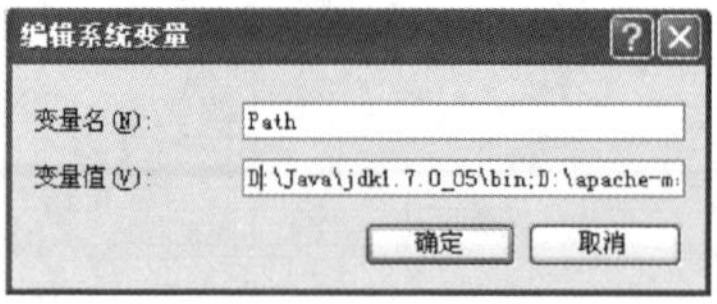


图 3-7 编辑系统变量对话框

将 JDK 安装的 bin 目录的路径拷贝到 path 最前面，点击【确定】，现在环境变量 path 就配置完成。

4. 检查配置是否正确

现在点击【开始】菜单，选择【运行】项将弹出运行窗口，输入 cmd 并点击确定按钮。在 dos 命令行中输入 javac 后键入回车键，看到如图 3-8 所示的显示，就说明安装配置成功了。

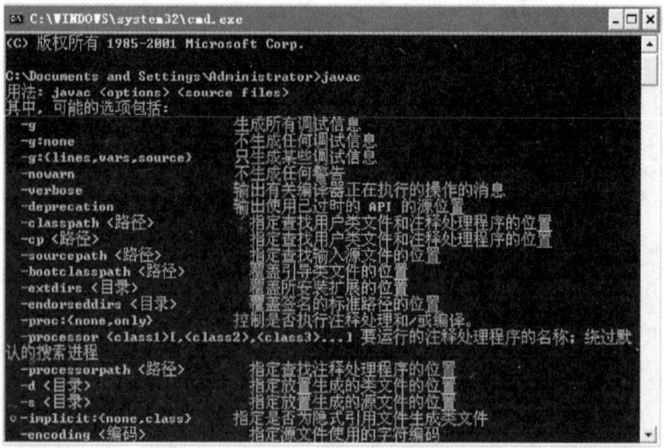


图 3-8 安装配置成功

## 二、Tomcat 概述

Tomcat 服务器是一个免费的开放源代码的 Web 应用服务器。Tomcat 是 Apache软件基金会（Apache Software Foundation）的 Jakarta 项目中的一个核心项目，由 Apache、Sun 和其他一些公司及个人共同开发而成。由于有了 Sun 的参与和支持，最新的 Servlet 和 JSP 规范总是能在 Tomcat 中得到体现。因为 Tomcat 技术先进、性能稳定而且免费，因而深受 Java 爱好者的喜爱并得到了部分软件开发商的认可，成为目前比较流行的 Web 应用服务器。

首先到 Apache 的官方网站 http：//www. apache. org 上下载 Tomcat6. 0 版本的安装包。安装包有两种：Windows 安装版和免安装压缩版，建议下载免安装压缩版。

首先将 Tomcat 安装程序下载到本地。如果下载的是 Windows 安装版，直接运行安装程序即可，期间不用做任何修改；如果是免安装压缩版，直接将文件解压到硬盘某个目录下就可以了，本书中使用的 Tomcat 安装于 d:盘根目录中。Tomcat 的目录结构如图 3-9 所示。

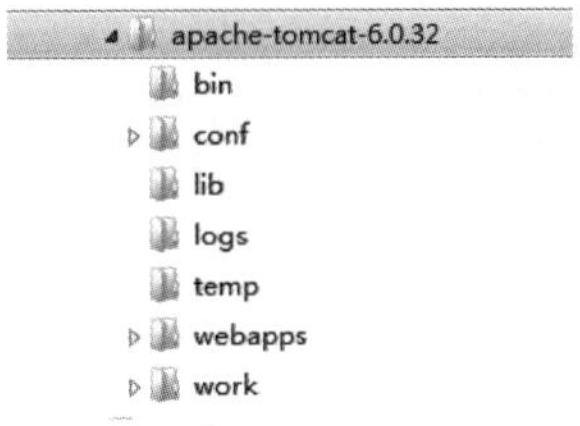


**图 3-9　Tomcat 目录结构图**

（1）bin：Tomcat 的运行和启动目录。

（2）conf：Tomcat 的配置文件目录。

（3）lib：Tomcat 的库文件目录。

（4）logs：Tomcat 的日志文件目录。

（5）temp：Tomcat 的临时文件目录。

（6）webapps：Tomcat 的 Web 应用程序部署目录。

（7）work：Tomcat 的临时工作文件目录。

安装好 Tomcat 后，需要对 Tomcat 进行一些必要的配置才能让其更好地工作。

## 三、配置系统管理

可以配置一个管理员账号，该账号不影响开发人员使用 Tomcat 部署应用，主要是用于登录 Tomcat 控制台查看 Tomcat 服务器的一些基本信息。在 D：\apache-tomcat-6. 0. 32 \ conf目录下找到 tomcat-users. xml 文件，添加自己定义的管理员账号，添加内容如下。

```
<? xml version='1.0' encoding='utf-8'?>
<tomcat-users>
  <role rolename="tomcat" />
  <user username=" tomcat" password=" tomcat" roles=" tomcat" />
</tomcat-users>
```

## 四、启动内存参数的配置

打开 catalina. bat 文件，然后在 rem 下添加如下代码。

set JAVA_ OPTS = ' - server - Xms256m - Xmx512m - XX：PermSize = 128M - XX：MaxPermSize = 256M'。其中，-server 表示以 server 模式运行(运行效率比默认的 client 高很多)，-Xms256m 是最小内存，-Xmx512m 是最大内存，其中 256 与 512 可根据实际的内存做相应调整，PermSize/MaxPermSize 为最小/最大堆大小。一般报内存不足时，都是说这个太小，堆空间剩余小于 5%就会警告，建议把这个稍微设大一点，不过要视实际内存大小来设置。

1. 配置 JDK 目录

在最后一个 rem 后面增加 set JAVA_ HOME=C：\ Java\jdk1. 7. 0_05。

2. 配置虚拟主机

打开/tomcat/conf/server. xml，在<host>节点间添加相应内容

<Context path="/exam" docBase="d：/exam" debug="0" reloadable="true"></Context>

3. GET 方式解决乱码

打开/tomcat/conf/server. xml，找到并添加一个选项，如加粗字体部分是添加内容。

< Connector port = " 8080 " protocol = " HTTP/1. 1 " connectionTimeout = "20000"

redirectPort=" 8443" **URIEncoding=" utf-8"** />

4. 数据源配置

运行 Tomcat，只需执行 d：\ apache-tomcat-6. 0. 32 \ bin \ startup. bat 即可以命令行方式运行。

Tomcat 服务器缺省的 HTTP 端口是 8080，在输入 URL 地址时，一定要输入正确的 IP 地址和端口号。

## 五、Eclipse 概述

Eclipse 是著名的跨平台集成开发环境（IDE）。最初主要用于 Java 语言开发，但是目前亦有人通过插件使其作为其他计算机语言比如 C++和 Python 的开发工具。Eclipse 本身只是一个框架平台，但是众多插件的支持使得 Eclipse 拥有其他功能相对固定的 IDE 软件很难具有的灵活性。许多软件开发商以 Eclipse 为框架开发自己的 IDE。

（1）首先从 www. eclipse. org 官网下载 eclipse-jee-indigo-SR2-win32. zip。

（2）将下载的 Eclipse 安装包解压到本地目录。

（3）第一次打开 Eclipse 会弹出选择工作空间的提示，选择一个工作空间点击确认。

（4）进入 IDE 后配置 JRE，选择 Eclipse 主界面中 Window 菜单下的 Preferences。

（5）选择“Java”→“Installed JREs”，点击右边“Add...”，如图 3-10 所示。

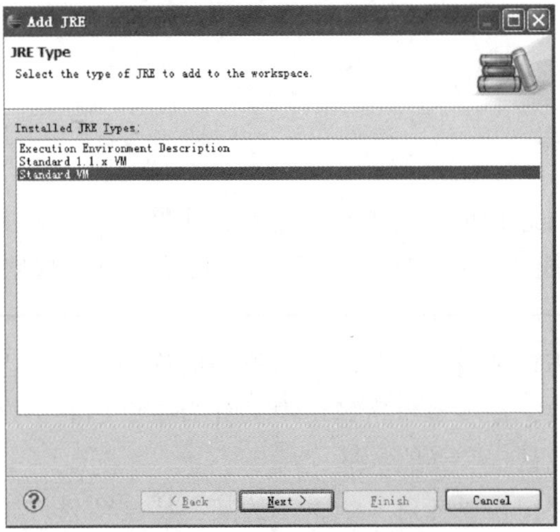


**图 3-10　“Add JRE”对话框**

（6）选择安装的 JDK，如图 3-11 所示。在下图中点击 Directory 按钮，选择 JDK 安装的根目录，然后点击 Finish 即可。

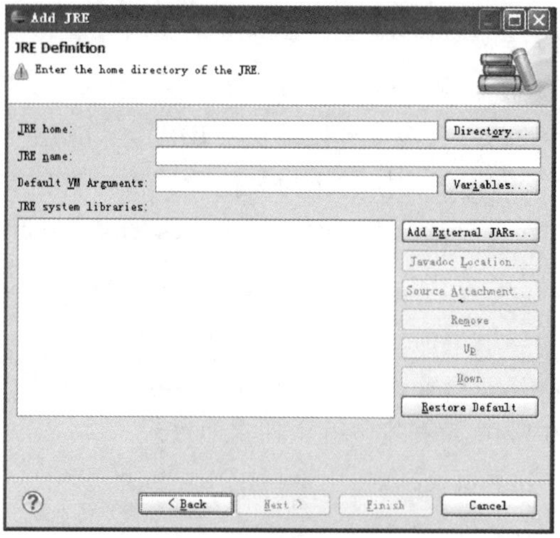


图 3-11　选择安装的 JDK

# 任务四　项目实现

## 一、基本工作

对遴选的项目进行项目实现平台搭建、项目系统框架构建、项目软硬件配置、项目各功能模块的实现、项目测试调试、项目部署等，并撰写相应文档。

项目实现中需对项目各个模块进行详细的规约设计，比如某个项目中有项目申报这个模块，在项目申报模块中又分为 3 个小的子模块：创新基金申报、高新技术企业认定和其他申报。

创新基金申报，主要针对一个企业的某一特定项目。如果该项目符合创新基金申报条件，就可以享受国务院批准设立的政府专项基金。

高新技术企业认定，主要针对一个企业的资质评定，根据《高新技术企业认定管理办法》，一个企业被认定为高新技术企业以后，就可以享受国家的税收优惠政策。

其他申报，主要针对某些临时性项目或创新基金、高新技术企业认定之外的其他申报。

以创新基金申报为例进行说明，创新基金申报流程如图 3-12 所示。

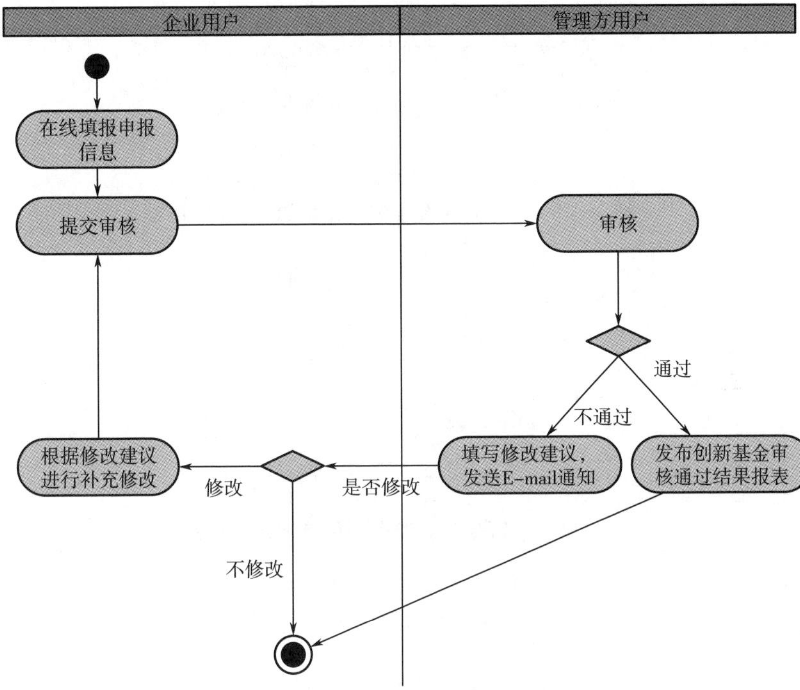


**图 3-12　创新基金申报流程**

如图 3-12 所示，创新基金申报的主要流程：项目申报企业首先要在线填报企业以及项目的详细资料；填报以后，提交给孵化器公司进行审核；审核不合格的话，孵化器公司需要填写审核修改建议，给项目申报企业发 E-mail。另外，项目申报企业登录系统后，在审核结果中自己也可以看到审核不通过的信息，项目申报企业再根据修改建议进行补充、修改，然后再提交审核。如果孵化器公司审核通过的话，就将审核结果发布到创新基金申报结果公告中。项目申报企业看到公告后，就可以直接将创新基金申报材料送交给创新基金申报评审机构进行审核评估。在这个过程中，孵化器公司仅仅扮演孵化辅导的角色，指导企业的申报。

整个创新基金申报分为创新基金管理、创新基金审核、创新基金审核结果、创新基金审核结果管理四个子模块。由于四个子模块类似，这里以创新基金管理子模块为例阐述。而创新基金管理又分为创新基金申报企业信息模块、创新基金申报项目管理模块和创新基金申报管理模块三个子模块构成。用例图分别如图 3-13 至图 3-18 所示。

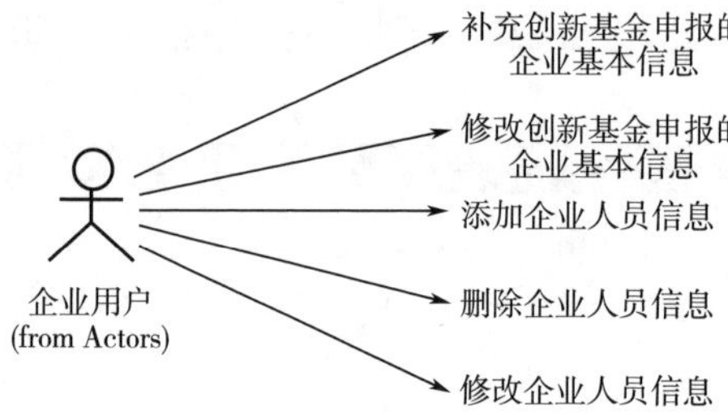


图 3-13　创新基金管理中企业信息模块用例

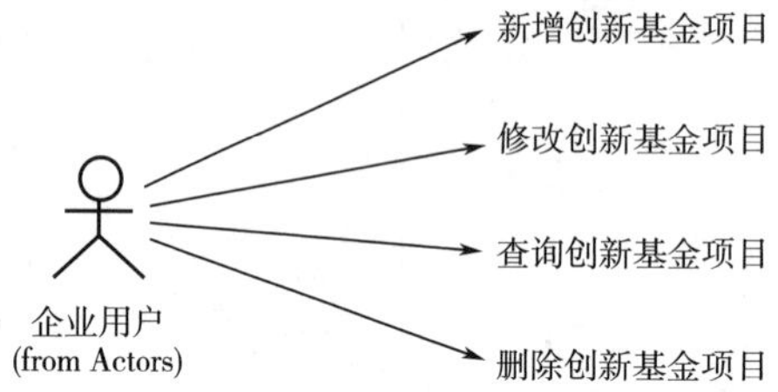


图 3-14　创新基金管理中项目管理模块用例

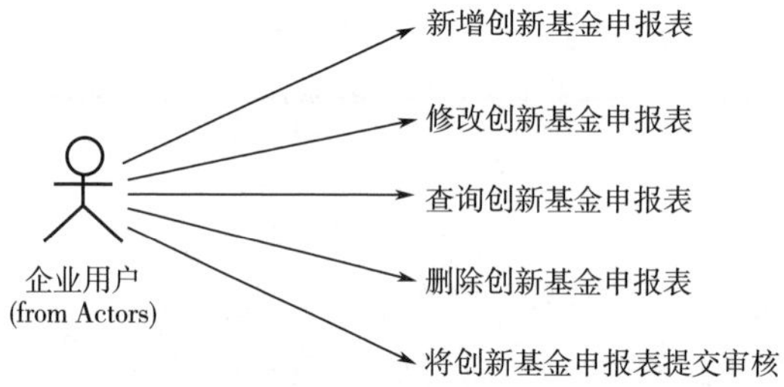


图 3-15　创新基金管理中的申报管理模块用例

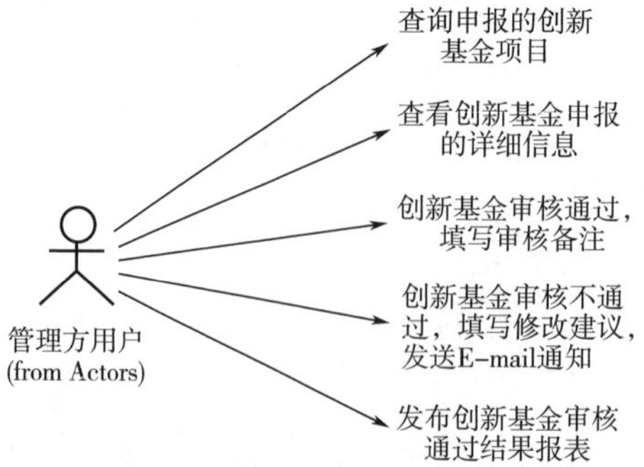


图 3-16　创新基金审核模块用例

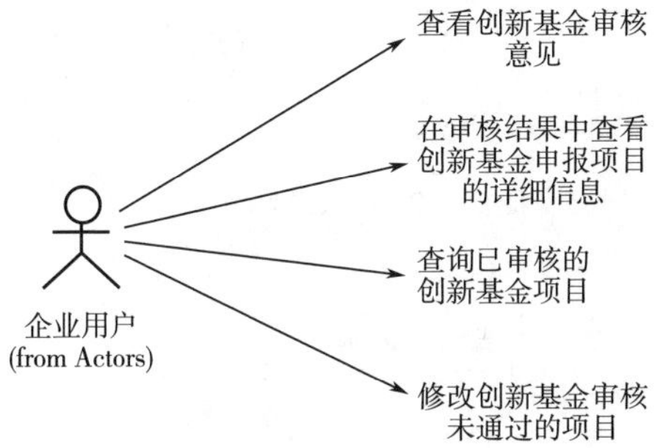


**图 3-17　创新基金审核结果模块用例**

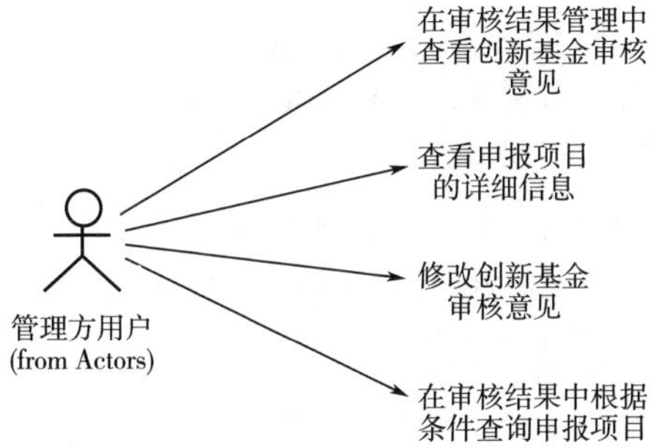


**图 3-18　创新基金审核结果管理模块用例**

## 二、测试与调试

根据需求规约，各小组搭建项目平台，结合课余时间，完成项目设计，在项目正式应用前，还需对项目产品进行测试与调试，需撰写项目测试文档，涉及主要编写表有功能性测试需求表、非功能性测试需求表、功能测试表、用户界面测试表、性能测试表、配置测试表、部署测试表等，分别如表 3-25 至表 3-31 所示。

**表 3-25　　功能性测试需求表**

| 需求树 | 测试需求项编号 | 测试需求项 | 优先级 |
| --- | --- | --- | --- |
| | | | |

注：A 表示“高”优先级；B 表示“中”优先级；C 表示“低”优先级。

表 3-26　　非功能性测试需求表

| 测试需求项 | 条件 | 测试需求项编号 | 性能指标 |
| --- | --- | --- | --- |
| 操作平台环境 | Windows 7 和 Windows 10 | | 能正常运行 |
| 多用户并发访问 | 同时满足 100 个用户进行访问 | | 能正常运行 |
| 响应时间 | 在满足此表硬件需求的条件下，运行本系统 | | 响应时间为 1~2s |
| 安全管理 | 能满足不同权限用户登录 | | 仅在被授予的权限内操作 |
| 数据库需求 | Microsoft SQL2005 能正常运行 | | 能正常运行 |
| 硬件需求 | PⅢ以上的微机与笔记本电脑；内存要求：128M 以上；硬盘：1G 以上 | | 能正常运行 |
| 界面需求 | 采用 Windows 的通用图形界面，且必须对鼠标键盘提供支持 | | 用户友好，能正常运行 |
| 测试服务器 | Intel Xeon E5530，3. 00GHz 8GB 内存，148GB 硬盘 | | 能正常运行 |
| 测试客户机 | Pentium （R） Dual - Core CPU E5300 @ 2. 60GHz 1. 20GHz 1. 99 GB | | 能正常访问 |

表 3-27　　功能测试表

| 测试目标 | 确保功能测试需求项以及用例场景能够实现 |
| --- | --- |
| 方法 | 采用黑盒测试技术设计功能测试用例。为各测试用例制定测试过程。执行测试用例来核实各用例、用例场景、用例流。主要核实以下内容：<br>使用有效数据时得到预期的结果<br>在使用无效数据时显示相应的错误消息或警告消息 |
| 完成标准 | 所计划的测试已全部执行<br>缺陷修复率达到测试停止标准 |
| 需考虑的特殊事项 | 系统日期和事件可能需要特殊的支持活动<br>需要通过业务模型来确定相应的测试需求和测试过程 |

表 3-28　　用户界面测试表

| | |
|---|---|
| 测试目标 | 核实以下内容：通过浏览测试对象可正确反映业务的功能和需求，这种浏览包括窗口与窗口、字段与字段之间的浏览，以及各种访问方法（Tab 键、鼠标移动和快捷键）的使用<br>窗口的对象和特征（例如菜单、大小、位置、状态）都符合标准 |
| 方法 | 为每个窗口创建或修改测试，以核实各个应用程序窗口和对象都可正确地进行浏览，并处于正常的对象状态 |
| 完成标准 | 证实各个窗口都与基准版本保持一致，或符合可接受标准 |
| 需考虑的特殊事项 | 并不是所有定制或第三方对象的特征都可访问 |

表 3-29　　性能测试表

| | |
|---|---|
| 测试目标 | 确保本系统同时满足 100 个用户进行访问，响应时间为 1～2s |
| 方法 | 用 Loadrunner 对系统所有功能录制脚本，同时设置 100 人运行此脚本 |
| 完成标准 | 多个事务或多个用户：在可接受的时间范围内成功地完成测试脚本，没有发生任何故障 |
| 需考虑的特殊事项 | 无 |

表 3-30　　配置测试表

| | |
|---|---|
| 测试目标 | 确保本系统在有其他软件运行的情况下可以不受太大影响 |
| 方法 | 在运行本系统的同时打开其他软件，如，Word 等 |
| 完成标准 | 程序运行时，无不可忍受程度的影响 |
| 需考虑的特殊事项 | 无 |

表 3-31　　部署测试表

| | |
|---|---|
| 测试目标 | 核实在以下情况下，测试对象可正确地首次部署到各种所需的硬件配置中，更新（以前部署过相同版本的计算机） |
| 方法 | 启动或执行部署 |
| 完成标准 | 软件能够成功执行，没有出现任何故障 |
| 需考虑的特殊事项 | 部署时，对于公共组件应该提示 |

## 知识链接

### 一、项目 Web 页面设计

1. HTML

超文本标记语言（Hypertext Markup Language，HTML），用于描述网页文档的一种标记语言。

在 HTML 中，所有的标记符都用尖括号括起来，并且一般都成对出现：即包括开始标记符和结束标记符。它们定义了标记符所影响的范围。结束符和开始符的区别是其前面有一个斜线。如<B>合体显示</B>，其只影响<B>和</B>之间的文字，而不会影响标记符以外的文字。

2. 标记符属性

许多标记符还包括一些属性，以便对标记符作用的内容进行更详细地控制；所有的属性都放置在开始标记符的尖括号里。如<FONT SIZE=4 COLOR="RED">标记符属性作用于</FONT>，则本段文字将以红色 4 号字在浏览器中显示。

3. Web 页基本结构

一个 Web 页实际上对应于一个 HTML 文件，HTML 文件以 .html 或 .htm 为扩展名结尾。

4. 常用标签

（1）HTML 标记　<HTML>和</HTML>是 Web 页的第一个和最后一个标记符，页内的其他内容都位于这两个标记之间。它的作用是告诉浏览器该文件是一个 Web 页。

（2）首部标记（HEAD）　<HEAD>和</HEAD>位于 Web 页的开头，其不包括 Web 页的任何实际内容，而是提供一些与 Web 页有关的特定信息。如可以在首部设置网页的标题（TITLE）、定义样式表（CSS）或插入脚本等。

（3）正文标记符（BODY）　<BODY>和</BODY>是包含 Web 页实际显示内容的地方，其包括文字、图像、链接及其他 HTML 元素。<BODY>标记符包括一些常用的属性来格式化整体的版面格式，如设置网页的背景色、背景图像等，如：

```
<HTML>
<HEAD>
    <TITLE>Web 页标题</TITLE>
```

```
</HEAD>
<BODY>
        正文
</BODY>
</HTML>
```

（4）注释 <! --这是注解-->。

（5）特殊字符的显示 若用户要在网页中显示某些特殊字符，如：“<”“>”和空格等，则需要使用参考字符来表示，而不能直接输入。参考字符以“&”开始，以“;”结束，既可以用数字代码，也可以用代码名称。

（6）表格 在HTML中，表格不但可以用于组织信息，还是一种必不可少的页面排版工具，可以使用它创建出各种复杂的页面布局。

（7）表单

```
<form name="" action="" method="post">
<table id="userList" width="90%" height="400px" align="center" cell-
spacing="0" style="border-collapse:collapse; border: 1px solid black;">
      <tr align="center">
         <td>姓名</td>
         <td align="left">
            <input type="text" name="name">
         </td>
      </tr>
      <tr align="center">
         <td>性别</td>
         <td align="left">
            <input type="radio" name="sex" value=1>男
            <input type="radio" name="sex" value=0>女
         </td>
     </table>
     </div>
     </form>
```

（8）DIV 图层用于在网页中精确定位网页元素，它可以包含文本、图像、数值和其他图层，凡是HTML文件可包含的元素均可包含在图层中，当要将网页的某部分重叠时，图层特别有用，因为图层可以重叠。另外，图层还可以显示和隐藏，利用此功能可制作下拉菜单。

(9) 框架　框架（Frame 也称为“帧”）可以使设计者以行和列的方式组织页面信息。但它与表格不同：在框架中可以通过超级链接来改变自身或其他框架中的内容。

(10) JavaScript　JavaScript 是一种由 Netscape 的 LiveScript 发展而来的客户端脚本语言，主要目的是为了解决服务器端处理请求的响应速度问题，为客户提供更流畅的浏览效果。在互联网发展的早期，由于网络速度相当缓慢，只有 28.8Kb，当时服务端对数据进行验证时浪费的时间太多，于是在 Netscape 浏览器中加入了 JavaScript 实现，它提供了客户端的数据验证的基本功能。

①数据类型：JavaScript 有 3 种主要数据类型、两种复合数据类型和两种特殊数据类型。

主要（基本）数据类型：字符串、数值、布尔；复合（引用）数据类型：对象、数组；特殊数据类型：null、undefined。

②变量作用域：变量的作用域由声明变量的位置决定，决定哪些脚本命令可访问该变量。在函数外部声明的变量称为全局变量，其值能被所在 HTML 文件中的任何脚本命令访问和修改。在函数内部声明的变量称为局部变量。只有当函数被执行时，变量被分配到临时空间，函数结束后，变量所占据的空间被释放。局部变量只能被函数内部的语句访问，只对该函数是可见的，而在函数外部是不可见的。

③运算符

a. 算术运算符：JavaScript 中的算术运算符有单目运算符和双目运算符。双目运算符包括：+（加）、-（减）、*（乘）、/（除）、%（取模）、|（按位或）、&（按位与）、<<（左移）、>>（右移）等。单目运算符有：-（取反）、~（取补）、++（递加 1）、--（递减 1）等。

b. 关系运算符：又称比较运算符，运算符包括：<（小于）、<=（小于等于）、>（大于）、>=（大于等于）、=（等于）和! =（不等于）。关系运算的运算结果为布尔值，如果条件成立，则结果为 true，否则为 false。

c. 逻辑运算符：&&（逻辑与）、| |（逻辑或）、!（取反，逻辑非）。

d. 字符串连接运算符：连接运算符用于字符串操作，运算符为“+”（用于强制连接），将两个或多个字符串连结为一个字符串。

e. 三目运算符：三目运算符“?:”格式为：操作数? 表达式 1：表达式 2。

④表达式：由常量、变量、函数、运算符和括号连接而成的式子。根据运算结果的不同，表达式可分为算术表达式、字符表达式和逻辑表达式。

⑤语句：JavaScript 程序是由若干语句组成的，语句是编写程序的指令。JavaScript 提供了完整的基本编程语句，它们是赋值语句、switch 选择语句、while 循环语句、for 循环语句、for each 循环语句、do…while 循环语句、break 循环中止语句、continue 循环中断语句、with 语句、try…catch 语句、if 语句（if…else，if…else if…）。

⑥函数：函数是命名的语句段，这个语句段可以被当作一个整体来引用和执行。使用函数要注意以下几点。

a. 函数由关键字 function 定义（也可由 function 构造函数构造）。

b. 使用 function 关键字定义的函数在一个作用域内是可以在任意处调用的（包括定义函数的语句前）；而用 var 关键字定义的函数必须在定义后才能被调用。

c. 函数名是调用函数时引用的名称，它对大小写是敏感的，调用函数时不可写错函数名。

d. 参数表示传递给函数使用或操作的值，它可以是常量，也可以是变量，也可以是函数，在函数内部可以通过 arguments 对象访问所有参数。

⑦异常处理

```
<script type="text/JavaScript">
function test() {
        var d = null;
        try { var reulst = 1+d.getDate ();}
        catch (e) {
            for (var item in e) {//当不知道对象中有些什么元素的时候
              alert (item);
            }
        }
        alert ('end...');
    }
    </script>
```

将可能发生问题的代码放在 try 块中，一旦发生异常，在 catch 块中进行处理。

⑧对象：JavaScript 的一个重要功能就是面向对象的功能，通过基于对象

的程序设计，可以用更直观、模块化和可重复使用的方式进行程序开发。

（11）CSS　级联样式表（Cascading Style Sheet，CSS），通常又称为风格样式表（Style Sheet），它是用来进行网页风格设计的。比如如果想让链接字未被点击时是蓝色的，当鼠标移上去后字变成红色且有下划线，这就是一种风格。通过设立样式表，可以统一地控制 HTML 中各标志的显示属性。级联样式表可以使人更能有效地控制网页外观。使用级联样式表，可以扩充指定网页元素精确位置、外观以及创建特殊效果的能力。

## 二、项目视图开发

1. JSP

Java server page（JSP），其本质是一个简化的 Servlet 设计，它实现了 html 语法中的 java 扩展（以<%,%>形式）。JSP 与 Servlet 一样，是在服务器端执行的，通常返回给客户端的就是一个 HTML 文本，因此客户端只要有浏览器就能浏览。Web 服务器在遇到访问 JSP 网页的请求时，首先执行其中的程序段，然后将执行结果连同 JSP 文件中的 HTML 代码一起返回给客户端。插入的 Java 程序段可以操作数据库、重新定向网页等，以实现建立动态网页所需要的功能。一个 JSP 文件包含指令、脚本、注释等元素。

（1）指令元素　指令元素的作用是用于告诉编译器如何编译当前的 JSP 文件，JSP 指令有 3 种，每种指令都有自己的属性。

（2）脚本元素　包含在<% %>中的合法的 Java 片段称为脚本。

（3）注释元素

```
<%
    //这是注释，不参与编译
    /*
     *这是注释，不参与编译
     */
```

（4）常见配置

```
<! —session 过期时间，单位是分钟-->
<session-config>
    <session-timeout>30</session-timeout>
</session-config>
<! --错误代码为 404 的错误导向到 NotFound. jsp-->
<error-page>
```

```
        <error-code>404</error-code>
        <location>/notfound. jsp</location>
    </error-page>
    <! --当系统发生错误 500 即服务器内部错误时，跳转到错误处理页面
error. jsp-->
    <error-page>
      <error-code>500</error-code>
      <location>/error. jsp</location>
    </error-page>
    <! --当系统发生 java. lang. NullException->
    <error-page>
      <exception-type>java. lang. NullException</exception-type>
      <location>/error. jsp</location>
    </error-page>
```

2. JSTL

JSP 标准标签库（JSP Standard Tag Library，JSTL）是一个由官方支持、开放源代码的 JSP 标签库。JSTL 只能运行在支持 JSP1. 2 和 Servlet2. 3 规范及以上版本的容器中。

JSTL 常用标签

（1）常用的标签 <c:out>、<c：set>、<c：remove>、<c：catch>。

（2）条件标签 <c:if>、<c：choose>、<c：when>、<c：otherwise>。

（3）迭代标签 <c:forEach>、<c：forTokens>。

（4）URL 操作标签 <c:import>、<c：url>、<c：redirect>。

3. EL 表达式

Expression Language（EL），它的主要目的是为了使 JSP 写起来更加简单，并提供了在 JSP 中简化表达式的方法。它是一种简单的语言，基于可用的命名空间（PageContext 属性）、嵌套属性和对集合、操作符（算术型、关系型和逻辑型）的访问符、映射到 Java 类中静态方法的可扩展函数以及一组隐式对象。

EL 提供了在 JSP 脚本编制元素范围外使用运行时表达式的功能。脚本编制元素是指页面中能够用于在 JSP 文件中嵌入 Java 代码的元素。

（1）语法结构 ${expression}。

（2）示例程序

<%=request. getParameter （ “username” ）%>等价于 ${param. username}

<%=request. getAttribute （ “userlist” ）%>等价于 ${requestScope. userlist}

<%=user. getAddr （）%>等价于 ${user. addr}

（3）运算符　EL 提供“.”和“［］”两种运算符来存取数据。

当要存取的属性名称中包含一些特殊字符，如“.”或“?”等并非字母或数字的符号，就一定要使用“［］”。例如，${user. My-Name} 应当改为 ${user［"My-Name"］}。

如果要动态取值时，就可以用“［］”来做，而“.”无法做到动态取值。例如：${sessionScope. user［data］} 中 data 是一个变量。

（4）变量　EL 存取变量数据的方法很简单，例如，${username}，它的意思是取出某一范围中名称为 username 的变量。因为我们并没有具体指定哪一个范围的 username，所以它会依次从 Page、Request、Session、Application 范围中查找。假如途中找到 username，就直接返回找到的值，不再继续找下去，但是假如在所有的范围中都没有找到时，就返回 null。

（5）操作符　JSP 表达式语言提供如表 3-32 所示的表达式语言操作符，其中大部分是 Java 中常用的操作符。

**表 3-32　JSP 表达式语言**

| 操作符 | 描述 |
| --- | --- |
| eq | 等于、==、equal |
| ne | 不等于、! =、not equal |
| lt | 小于、<、less than |
| le | 小于等于、<=、less than or equal |
| gt | 大于、>、greater than |
| ge | 大于等于、>=、great than or equal |
| bw | 开头是 |
| bn | 开头不是 |
| ew | 结尾是 |
| en | 结尾不是 |
| cn | 包含 |
| nc | 不包含 |
| bt | 介于 |

续表

| 操作符 | 描述 |
|---|---|
| and | 与、&& |
| or | 或 、 |
| not | 取反 、! |
| mod | 取模、% |
| empty | 是否空值 |
| div | 除、/ |

（6）隐式对象　EL 表达式语言定义了一组隐式对象，如表 3-33 所示为表达式隐式对象表。

**表 3-33　　EL 表达式语言**

| 隐含对象 | 类型 | 说明 |
|---|---|---|
| PageContext | javax. servlet. ServletContext | 表示此 JSP 的 PageContext |
| PageScope | java. util. Map | 取得 Page 范围的属性名称所对应的值 |
| RequestScope | java. util. Map | 取得 Request 范围的属性名称所对应的值 |
| sessionScope | java. util. Map | 取得 Session 范围的属性名称所对应的值 |
| applicationScope | java. util. Map | 取得 Application 范围的属性名称所对应的值 |
| param | java. util. Map | 如 ServletRequest. getParameter（String name）。回传 String 类型的值 |
| paramValues | java. util. Map | ServletRequest. getParameterValues（String name）。回传 String [ ] 类型的值 |
| header | java. util. Map | 如同 ServletRequest. getHeader（String name）。回传 String 类型的值 |
| headerValues | java. util. Map | 如同 ServletRequest. getHeaders（String name）。回传 String [ ] 类型的值 |
| cookie | java. util. Map | 如同 HttpServletRequest. getCookies（） |
| initParam | java. util. Map | ServletContext. getInitParameter（String name）。回传 String 类型的值 |

## 三、项目数据组件开发

1. Hibernate

在 Java 发展的早期阶段，直接调用 JDBC 几乎是数据库访问的唯一手段。随着近年来设计思想和 Java 技术本身的演化，出现了许多 JDBC 的封装技术，这些技术为数据库访问层实现提供了更多的选择。目前主流的几种 JDBC 封装框架包括：Hibernate、Apache OJB、MyBatis 以及在 JavaEE 中的 CMP 等，这些框架以优良的设计大大提高了数据库访问层的开发效率，并且通过对数据访问中各种资源和数据的缓存，实现了更佳的性能。

（1）Hibernate 配置　从官方网站下载得到 Hibernate 的最新版本并解压到本地目录中，在我们项目的构建路径中导入支持 Hibernate 框架所必须的 jar 文件，这些 jar 文件目录路径位于 hibernate-release-4. 3. 5. Final \ hibernate-release-4. 3. 5. Final \ lib \ required，在 required 文件夹中所有的 jar 文件都是必须的。

接下来配置 Hibernate，它的基本配置文件有两种格式：xml 和 properties 配置，我们主要介绍默认的 Hibernate 配置文件（hibernate. cfg. xml），以及对象和关系的映射文件（. hbm. xml），这两种文件中包含了 Hibernate 的所有运行期参数。在加载 Hibernate 框架时，Configuration 首先加载 Hibernate 配置文件（hibernate. cfg. xml），然后创建一个 SessionFactory 实例，在 SessionFactory 实例中加载和映射文件（. hbm. xml）。

（2）Hibernate 接口　Hibernate 对 JDBC 做了轻量级的封装，所谓轻量级的封装是指 Hibernate 并没有完全封装 JDBC，Java 应用既可以通过 Hibernate API 来访问数据库，还可直接通过 JDBC API 访问数据库。

2. Hibernate ORM

数据模型是对数据特征的抽象，所描述的内容包括 3 个部分：数据结构、数据操作、数据约束。数据模型是在概念模型的基础上建立起来的，用于描述这些关系数据的静态结构。

数据模型和域模型总是存在阻抗不匹配的现象。例如，关系型数据通过表、行、主键、外键等定义约束关系，而对象之间的关系则通过关联、依赖、聚合、泛化等实现。对象关系映射（ORM）使用元数据对对象与数据库间的映射进行了描述，本质上，ORM 的工作就是将数据从一种表示（双向）转换为另一种表示。Hibernate 的 ORM 组件为我们提供了一个很好的解决方案，它提供了面向对象的域模型与关系模型的映射转换。

（1）id 标识符 一个 class 必须包含 id 元素，它是用来区别对象的标识符。在此对对象标识符做一个简单介绍，Java 按内存地址区分同一个类的不同对象，关系数据库用主键区分同一个表的不同记录，Hibernate 使用对象标识符（OID）来建立内存中的对象和数据库中记录的对应关系，对象的 OID 和数据库表的主键对应。使用<generator>子元素设定标识符生成器，Hibernate 的 org. hibernate. id. IdentifierGeneratorl 中提供了多种内置的标识符生成器实现。

（2）property 元素 映射文件中 property 元素用来描述对象属性到数据表中列的映射，没有指定数据库列名则默认为属性名称。

3. Hibernate 操作持久化对象

（1）对象状态 对象分为 3 种状态：transient（自由状态）、persistent（持久态）、detached（游离态）。

（2）数据缓存 缓存是透明的，存储以后需要快速使用数据的应用组件。在企业应用中，通常 Web 应用服务器与数据库服务器都是独立的，在两个服务器间大量频繁传送数据会消耗很多资源。如果数据存储在缓存中，数据请求可以通过读取缓存快速被处理，否则数据将不得不被重新计算或从原来存储介质中提取，相比较从缓存中读取而言处理速度较慢。因此，如果缓存可以处理越多的数据请求，系统性能就会越好。

4. 依赖注入

实现对象关系的反转控制（IoC），就是用容器控制对象之间的关系，而非传统实现中，由程序代码直接创建对象。反转控制（IoC）通过依赖注入技术实现，即组件之间的依赖关系由容器在运行期决定，通俗来说，即由容器动态地将某种依赖关系注入到组件之中。

Spring 首先是一种轻量级的框架，能够管理 Bean 对象，支持声明式事务。Bean 所依赖的其他 Bean 实例在程序运行的时候动态注入，简化了编程模型，实现了面向接口编程，保持了组件之间松散耦合，便于实现单元测试。Spring 的容器基于 IoC 原则实现。

IoC 有下面的优点。

（1）Bean 所依赖的其他 bean 实例在程序运行的时候注入，简化编程。

（2）面向接口编程，组件之间松散耦合。

（3）轻量级的 JavaEE 解决方案，便于 JUnit 测试。

（4）借助于配置文件能够完成对 Bean 的管理。

（5）轻量级的 BeanFactory，在命令下都能启动（或实例化）一个容器。

其中两种依赖注入方式如下。

a. 基于 Setter 注入：在实际开发中运用最广泛的方法就是基于 Setter 方法为属性赋值。

b. 基于构造器注入：基于构造方法为属性赋值。容器通过调用类的构造方法，将其所有的依赖关系注入其中。

5. 面向切面

面向切面编程（也叫面向方面编程，Aspect Oriented Programming，AOP），是一种可以通过预编译方式和运行期动态代理实现，在不修改源代码的情况下给程序动态、统一添加功能的技术。AOP 通常用于实现日志记录、性能统计、安全控制、事务处理、异常处理等，它将日志记录、性能统计、安全控制、事务处理、异常处理等代码从业务逻辑代码中划分出来。

面向切面编程是目前软件开发中的一个热点，也是 Spring 框架中的一个重要内容。利用 AOP 可以对业务逻辑的各个部分进行隔离，从而使得业务逻辑各部分之间的耦合度降低，提高程序的可重用性，同时提高了开发的效率。

在 Spring 中提供了面向切面编程的丰富支持，允许通过分离应用的业务逻辑与系统级服务，例如审计（Auditing）和事务（Transaction）管理，进行内聚性的开发。应用对象只实现它们应该做的业务逻辑而已，它们并不负责其他的系统级关注点，例如日志或事务支持。

JoinPoint：链接点，程序执行的某一个点，例如函数调用前、函数执行时、函数返回前、函数抛出异常时。

PointCut：切入点，也就是 JoinPoint 的集合，可以使用正则表达式静态匹配。

Advice：通知，通知定义了要在切入点上执行的代码片段。

Aspect：切面（或方面），切面则是这些基础元素的组合。

6. 数据操作和事务管理

（1）数据操作　Spring 提供了两种使用 JDBC API 的最佳实践：一种是以 JdbcTemplate 为核心的基于 Template 的 JDBC 使用方式，另一种则是在 Jdbc-Template 基础上构建的基于 JDBC 操作对象的使用方式。

（2）事务管理　使用 Spring 容器管理事务的好处包括可配置、跨类方法调用的事务控制，它是基于 AOP 原理实现事务管理。

## 四、项目控制器开发

1. MVS 设计模式

MVC（Model View Controller），是模型（model）-视图（view）-控制器（controller）的缩写，一种软件设计典范，用于组织代码用一种业务逻辑和数据的方法，这个方法的假设前提是如果业务逻辑被聚集到一个部件里面，而且界面和用户围绕数据的交互能被改进和个性化定制而不需要重新编写业务逻辑。MVC 被独特地发展起来用于在一个逻辑的图形化用户界面的结构中映射传统的输入、处理和输出功能。

在企业级开发中，目前比较主流的 MVC 框架有 Sturts，Struts 2 是 Struts 的下一代产品，是在 Struts 1 和 WebWork 的技术基础上进行合并的全新 Struts 2 框架。其全新 Struts 2 的体系结构与 Struts 1 的体系结构差别巨大。Struts 2 以 WebWork 为核心，采用拦截器的机制来处理用户的请求，这样的设计也使得业务逻辑控制器能够与 Servlet API 完全脱离开，所以 Struts 2 可以理解为 WebWork 的更新产品。

2. Struts2 运作原理

Struts2 运行原理如图 3-19 所示。

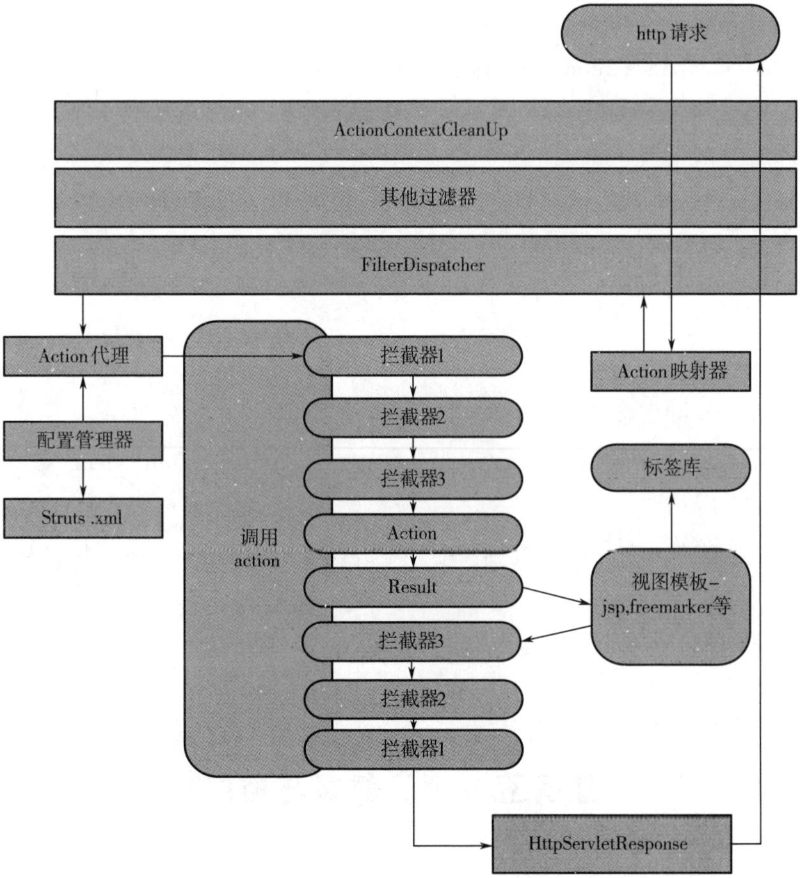


**图 3-19　Struts2 运行原理图**

3. Struts2 XML 配置

要使用 Struts2 框架，首先需要系统在启动时初始化 Struts2，Struts 工作的方式是通过过滤器（Filter）拦截。因此，我们需要在 web. xml 中配置一个过滤器，以及 Struts2 本身的配置文件 struts. xml。

工程中 Web. xml 主要用于配置过滤器，使 Struts2 开始工作。

框架自带配置文件 struts. xml，主要用于配置控制器以及对应的访问路径，以及控制器所关联到的所有视图。

4. Action 映像配置

当编写完一个控制器后，需要对控制器进行配置，才能响应浏览器的请求，在配置的过程中才能决定请求的 URI 路径信息。

编写对应的 UserAction. java 和配置，源代码如下。

```
package com. hwadee. ssh. action;
import com. hwadee. ssh. pojo. SysUser;
import com. opensymphony. xwork2. ActionSupport;
public class UserAction extends ActionSupport {
    public SysUser user  = new SysUser ( );
public String execute ( ) {
        System. out. println ( " username:" +user. getUsername ( ) );
        System. out. println ( " pwd:" +user. getPwd ( ) );
        return null;
    }
}
```

struts. xml 配置如下

```
<package name = " userManager"  extends = " struts - default"  namespace = " /
rbac/user" >
   <action name = " userAction"  class = " com. hwadee. ssh. action. UserAction" >
    </action>
</package>
```

# 任务五　项目部署与推广

各项目小组,在对项目实现的基础上，对效果良好、具有应用价值的项目借助学院的双创平台进行孵化，然后对项目进行针对性推广，推广的原则是高效、经济、实用。推广的方法有以下几个方面。

## 一、利用论坛发帖推广

利用发帖、回帖的方式大力宣传项目产品。可以把学到的东西运用到销售管理中，到论坛发帖和大家分享是一个很好的方式，比如可以介绍一些产品信息，这样可以提高帖子的访问量，加大推广效果。

## 二、利用各大搜索引擎推广

利用所掌握的知识免费让各大搜索引擎收录项目信息进行推广。

## 三、联合营销各得其所

找到与自己项目相关的网站，与其组成联盟一起成长。既可以用商品和服务互补的方式合作，将不同的产品或服务进行嫁接，也可以来寻找联合营销的合作伙伴。

## 四、交换友情链接

可以给项目设计一个网站，然后把项目网站与其他 PR 值（表现网页等级的一个标准）较高的或是声誉比较好的网站交换友情链接，交换广告位，加大推广。

## 五、利用 QQ 群、微信群宣传

QQ 群、微信群是一个不错的宣传工具，可以好好利用，其次就是口碑传播，树立形象，利用人际关系大力宣传项目。

## 六、创建邮件列表

可以创建邮件列表，加入一些对项目比较感兴趣的人，让他们知道更多的信息，从而达到扩大市场的目的。

## 七、其他推广方法

其他推广方法包括网络杂志形式推广、传统媒体宣传、广告宣传、线下洽谈等。

## 知识链接

### 一、Tomcat Web 服务器及目录结构

Tomcat 服务器上一个符合 Java EE 标准的 Web 服务器，在 Tomcat 中无法运行 EJB 程序，如果要运行可以选择能够运行 EJB 程序的容器 WebLogic，WebSphere，Jboss 等。Tomcat 下载地址：http：//tomcat. apache. org/。

下载并解压 Tomcat 后，在主目录中主要有 7 个目录，分别是 bin、conf、lib、logs、temp、webapps、work 目录，现在对每个目录做介绍，如图 3-20 所示。

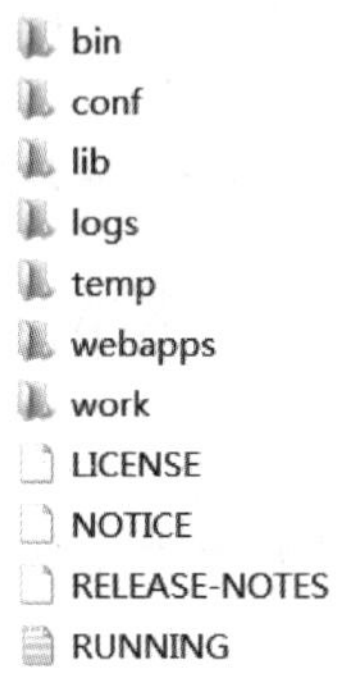


**图 3-20　Tomcat 主目录图**

Tomcat 根目录在 Tomcat 中称为 CATALINA_HOME，该值通过环境变量设置。

/bin：存放各种平台下启动和关闭 Tomcat 的脚本文件。

/lib：在 lib 目录下的 lib 目录，存放 Tomcat 服务器和所有 Web 应用都能访问的 JAR。

/work：Tomcat 把各种由 jsp 生成的 servlet 文件放在这个目录下。

/temp：临时活页夹，Tomcat 运行时存放临时文件用的。

/logs：存放 Tomcat 的日志文件。

/conf：Tomcat 的各种配置文件，最重要的是 server. xml。

### 二、War 程序包

War 是 Sun 提出的一种 Web 应用程序格式，与 JAR 类似，也是许多文件的一个压缩包。可以在文件名后面加一个“. rar”，然后用 rar 解压缩软件查看里面的内容。这个包中的文件按一定目录结构来组织：通常其根目录下包含有 html 和 jsp 文件或者包含这两种文件的目录，另外还会有一个 web-inf 目录，这个目录很重要。通常在 web-inf 目录下有一个 web. xml 文件和一个 classes 目录，web. xml 是这个应用的配置文件。

发布应用程序包任务：对于 Tomcat 来说，将 war 文件包放置于它的 webapps \ 目录下，启动 Tomcat，这个包可以自动进行解压，也就是你的 web 目录相当于发布了。

1. IDE 自动发布

当需要运行此工程时，在工程名上点击右键，选择“Run As”，再选“Run on Server”，如图 3-21 所示。

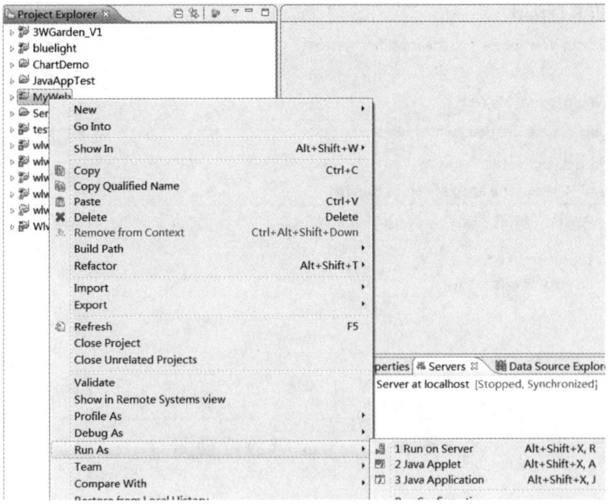


图 3-21　IDE 自动发布图

选择确定后，就可将工程部署到 Tomcat 服务器。控制台输出如下信息就表示项目部署启动成功。

2. 打包 War 应用

打开 Eclipse IDE，在项目上点右键，选择“Export”，再选择“War”，如图 3-22 所示。

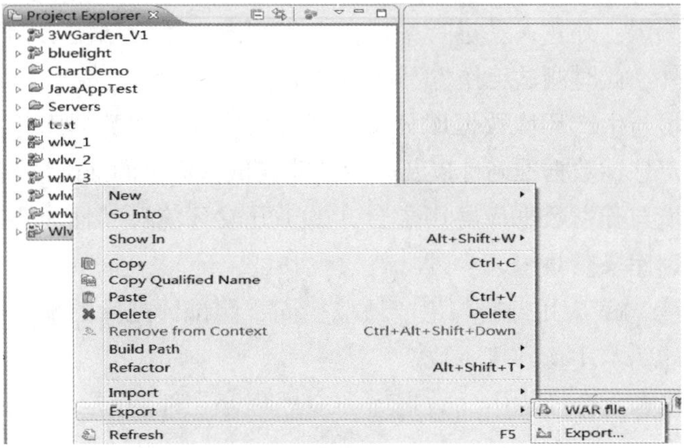


图 3-22　打包 War 应用图

提示 war 文件包存放位置，如图 3-23 所示，指定路径和名称后，点击“Finish”，则会生成指定的 war 文件。

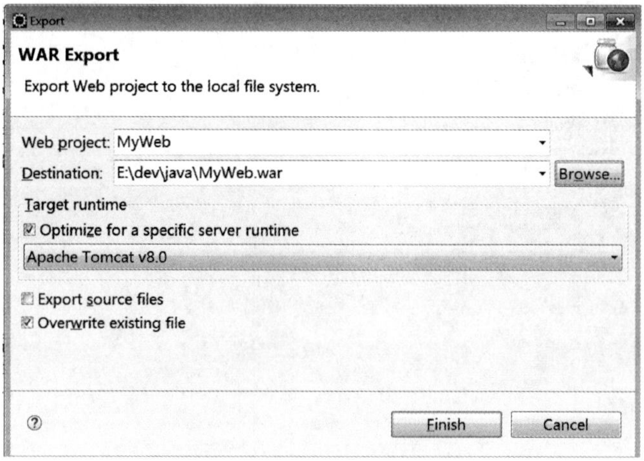


**图 3-23　war 存放位置图**

3. 运行应用

对于 Tomcat 来说，将 war 文件包放置它的 webapps 目录下，启动 Tomcat，这个包可以自动进行解压，也就是 web 目录，相当于发布了。

也可以采用热部署的方式将生成的 war 文件拷贝到 webapps 下，Tomcat 会自动部署改应用项目。

4. 部署任务分析

（1）部署原则　开发与测试环境单独搭建，开发与测试环境的分离利于重现开发环境无法重现的 bug 以及便于开发人员并行修复 bug，如果选择开发环境来进行测试，开发人员进行某项误操作后发生系统崩溃或者系统不能正常运行的意外，此时测试工作也不得不停止。

测试环境与生产环境数据库分离，测试环境与生产数据库分离保证测试数据库的稳定性、数据准确性以及今后性能测试指标值的准确性。

开发环境与开发数据库共用一台，由于开发环境对其性能要求不高，因此应用与数据库采取共用。

测试环境 Web 应用部署与生产环境相同，测试数据库的配置（用户、表空间、表）也需与生产环境一致。

测试环境和生产环境中的数据库和应用程序在部署前，要先保存一次完整备份。

（2）企业级部署典型架构

①负载均衡：负载均衡设备的任务就是作为应用服务器流量的入口，首先挑选最合适的一台服务器，然后将客户端的请求转发给这台服务器处理，实现客户端到真实服务端的透明转发。

②反向代理服务器：指以代理服务器来接受互联网上的连接请求，然后将请求转发给内部网络上的服务器，并将从服务器上得到的结果返回给互联网上请求连接的客户端，此时代理服务器对外就表现为一个服务器。

③应用服务器：它提供了访问商业逻辑的途径，以供客户端应用程序。它处于数据库与软件应用程序的中间地段（中间层），用于处理用户与企业的业务应用程序和数据库之间的所有应用程序操作。

缓存和数据库：缓存的作用是提供高速的数据访问，比如 Memcache、Redis 等，数据库是业务数据持久化保存，比如 MySql、Oracle。

（3）部署环境

①典型方式：公司自行采购物理主机，将各种服务器软件和应用程序在主机上安装配置，由专职测试人员测试，达到上线标准要求，就可联系电信机房进行上架操作，申请 IP 和域名备案后，用户在以太网上就能访问到了。整个过程需要联系专业的主机托管公司，比较费时，成本也比较高。

②基于云平台：现在流行的方式是采用云平台，由专业的第三方云计算公司提供专业虚拟主机，能明显加快服务器应用软件的安装部署进程。比如申请到阿里云的云主机后，进行远程登录，自行安装配置自己的服务器应用软件，根据主机提供的 IP 地址就能在外网访问了。由于具体申请和操作的过程不是本书讨论的范围，想了解的读者可到阿里云官网咨询。

5. 部署项目工作流程

（1）安装数据库服务器　双击“setup. exe”，安装数据库服务器。安装完成后，导入数据库。

（2）安装 Tomcat Web 服务器　安装和配置 Tomcat Web 服务器，如图 3-24 所示。

**图 3-24　安装 Tomcat Web 服务器示意图**

（3）部署应用　将 TTPIP. war 拷贝到 webapps 目录下，然后运行“startup. bat”。

（4）测试访问　部署完成后，输入“http：/127. 0. 0. 1：8080/TTPIP/index. jsp”，出现主页文件页面则项目部署成功。

6. 项目推广方法

（1）行业媒体投放广告　行业网站广告（投放方法、周期、形式），行业纸质媒体。

（2）搜索引擎推广　拟定项目关键字、门户网站搜索引擎、专业网站搜索引擎。

（3）论坛和博客推广　付费博客、主题博客、论坛推广。

（4）电子邮件推广　收集客户邮件，按需给新老客户和潜在客户发送产品及企业动态信息。

（5）合作推广　友情链接推广、营销策划推广、公关软件推广。

## 三、项目超市案例

项目超市案例选择 3 个典型比赛用项目：“云中竹”——竹雕艺术的传承保护与产业运营；四川苗族蜡染传承与推广；“宜百生活”——校园生活平台推广与实施，来进一步阐述项目应用。因 3 个项目各自独立、自成体系，所以每个项目单独编排。

## 【案例十五】“云中竹”——竹雕艺术的传承保护与产业运营

### 一、项目概述

1. 项目背景和意义

竹雕，也称竹刻。赵汝珍在《古玩指南·竹刻》中这样概括：“竹刻者，刻竹也。其作品与书画同，不过以刀代笔，以竹为纸耳。”言简意赅，却颇为精妙，为近年文人雅士及收藏者青睐。

竹雕早期通常是将宫室、人物、山水、花鸟等纹饰刻在器物之上，而且存世的竹雕制品也很少，目前所见的多为明清两代的传世品。明清时期的竹雕制品，雕刻技艺精湛，早已超越了前代。明代的竹雕风格大多浑厚质朴、构图饱满、刀工精湛，而且线条刚劲有力，图案纹饰布满器身。清代前期的竹雕制品带有明代的遗风，但表现技法更为丰富多样，浅刻、浅浮雕的技法同时并用。雕刻作品有的雕刻简练、古朴大方，有的精工细作、纹饰繁密、变幻无穷，雕刻的方法主要有阴线、阳刻、圆雕、透雕、深浅浮雕或高浮雕等。

纵观中国竹雕发展的历程，真正的竹雕艺术在宋代已初露头角。明清时期，竹雕艺术品达到鼎盛，出现了百花争艳的景象。明清两代文人的参与，使竹雕与书画、雕塑艺术结合，导致竹雕艺术的空前发展。自明代正德、嘉靖之后几乎每个时期都有一些杰出的艺术家涌现出来。当时大部分竹刻高士都集中在江苏嘉定和金陵一带，于是根据其雕刻技法和风格特征就产生了两个竹雕流派：一派始于嘉定朱鹤，一派始于金陵濮仲谦。

在宜宾，最值得购买的纪念品当属竹艺品了。其中尤其以竹筷、竹筒、竹根雕、竹编最为精致、实用。

宜宾市竹簧、竹雕、竹编等生产始于元、明，取材精良、工艺细腻、式样新颖、描绘传神，具有地方特色和生活情趣。因此扬名中外，曾多次进入皇室宫庭。1919 年巴拿马世博会上，江安竹簧工艺品有 5 件荣获金奖。现今竹工艺品有 6 大类 300 多个品种，包括工艺竹家具、工艺日用品、民族工艺品、旅游纪念品、儿童玩具等。远销国内外 30 多个国家和地区。主要产地是长宁、江安。长宁竹工艺品、竹日用品、竹根雕，江安竹簧、竹雕、竹编，尤其以狮头工艺竹筷闻名。其次，兴文、筠连、宜宾也有竹编、竹工艺品生产。

为了让竹雕艺术更为广大人民所知，更好地传承竹雕艺术文化，本项目致力于收集宜宾竹雕的第一手制作材料，发掘其深厚的文化底蕴，并探索使用新媒体手段宣传和推广其文化价值，让更多的人了解竹雕艺术，欣赏竹雕艺术，使之后继有人，并在新的时代大放异彩。

2. 政策和市场调研

(1) 政策支持

①为履行我国加入联合国教科文组织《保护非物质文化遗产公约》的义务，国家给予政策支持，部分内容如图 3-25 所示。

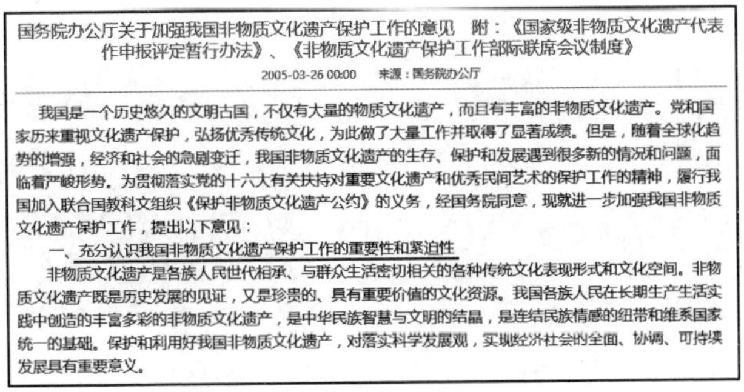

国务院办公厅关于加强我国非物质文化遗产保护工作的意见　附：《国家级非物质文化遗产代表作申报评定暂行办法》、《非物质文化遗产保护工作部际联席会议制度》

2005-03-26 00:00　来源：国务院办公厅

我国是一个历史悠久的文明古国，不仅有大量的物质文化遗产，而且有丰富的非物质文化遗产。党和国家历来重视文化遗产保护，弘扬优秀传统文化，为此做了大量工作并取得了显著成绩。但是，随着全球化趋势的增强，经济和社会的急剧变迁，我国非物质文化遗产的生存、保护和发展遇到很多新的情况和问题，面临着严峻形势。为贯彻落实党的十六大有关扶持对重要文化遗产和优秀民间艺术的保护工作的精神，履行我国加入联合国教科文组织《保护非物质文化遗产公约》的义务，经国务院同意，现就进一步加强我国非物质文化遗产保护工作，提出以下意见：

一、充分认识我国非物质文化遗产保护工作的重要性和紧迫性

非物质文化遗产是各族人民世代相承、与群众生活密切相关的各种传统文化表现形式和文化空间。非物质文化遗产既是历史发展的见证，又是珍贵的、具有重要价值的文化资源。我国各族人民在长期生产生活实践中创造的丰富多彩的非物质文化遗产，是中华民族智慧与文明的结晶，是连结民族情感的纽带和维系国家统一的基础。保护和利用好我国非物质文化遗产，对落实科学发展观，实现经济社会的全面、协调、可持续发展具有重要意义。

图 3-25　国家政策支持

②国家保护非物质文化遗产政策一出台，各省市就纷纷大力支持，用行动来表示对保护非物质文化遗产的支持。如图3-26、图3-27所示，四川省以及其宜宾市都已颁布保护非物质文化遗产的相关政策。

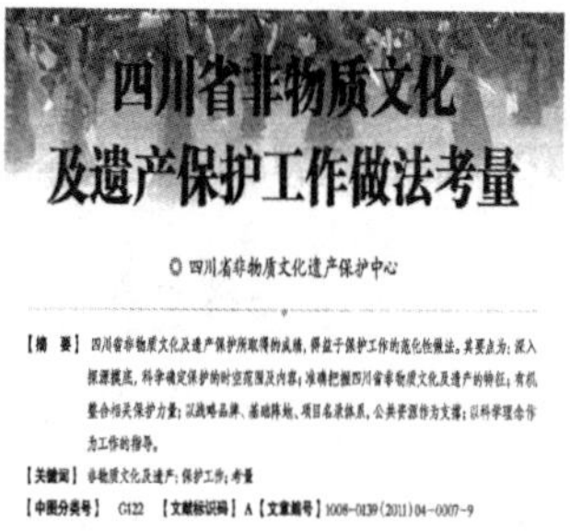

四川省非物质文化
及遗产保护工作做法考量

◎四川省非物质文化遗产保护中心

【摘　要】四川省非物质文化及遗产保护所取得的成绩，得益于保护工作的规化性做法。其要点为：深入探源摸底，科学确定保护的时空范围及内容；准确把握四川省非物质文化及遗产的特征；有机整合相关保护力量；以战略品牌、基础阵地、项目名录体系，公共资源作为支撑；以科学理念作为工作的指导。

【关键词】非物质文化及遗产；保护工作；考量

【中图分类号】G122　【文献标识码】A【文章编号】1008-0139(2011)04-0007-9

图3-26　四川省政策支持

图3-27　宜宾市政策支持

（2）线下调研　对竹雕艺术现状进行分析后，我们对周围地区进行了走访，并在多个购物中心、娱乐场所、学校等多个人员密集的地区通过问卷调查、走访、电话调查等方式进行了线下调查，见图3-28至图3-33。

图3-28　公园走访

图3-29　校园问卷

图3-30　校园走访

图3-31　高校调研

图 3-32　社会面谈走访

图 3-33　介绍讲解

(3) 线上调研　为了提高调查的受众面，使调查结果更具有普遍性，我们进行了系列线上调研。分别通过微信、QQ 等现在热门的网络平台进行调研，见图 3-34，图 3-35。

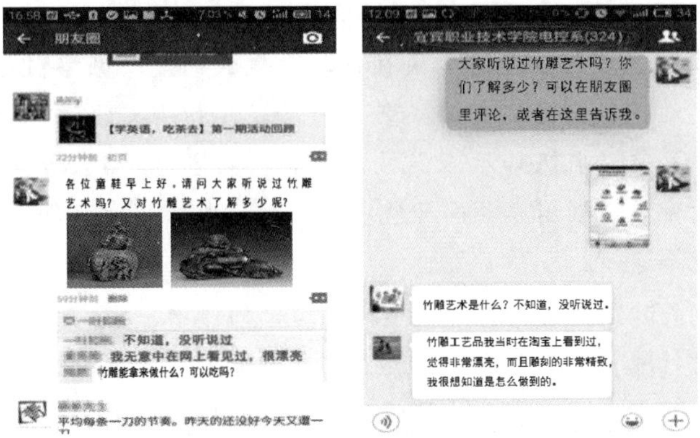


图 3-34　线上微信调研

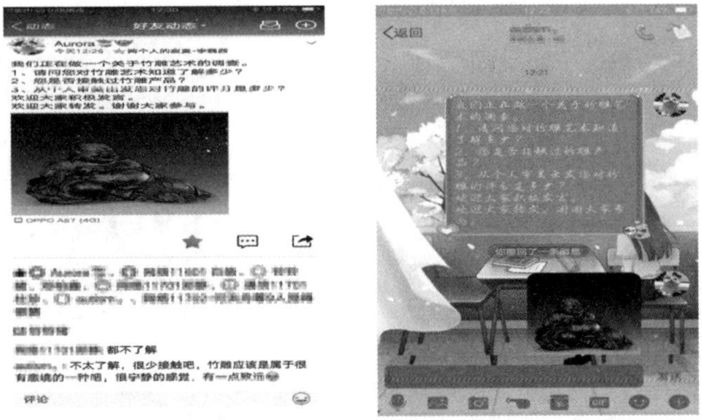


图 3-35　线上 QQ 调研

（4）调研结论分析　通过历时两个月的不懈努力，我们发放调查问卷一千余张，回收有效问卷八百余张，发帖五十余条，引起回帖数千余条，见图 3-36。

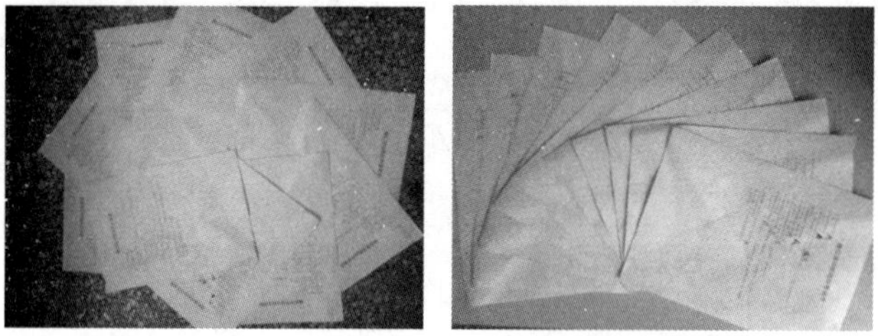

**图 3-36　线下回收的调研问卷**

并通过对数据进行科学分析得出以下结论：用户需求量大、交互不畅、种类较少。

3. 项目内容及目标

（1）项目技术可行性　对于现在信息时代我们借助网络对非遗文化进行传承、推广，创新和应用，我们找到了国家级非物质文化遗产传承人何华一为我们做技术总监，省级传承人做技术指导，和当地研究民间文化的艺术家一起对竹雕图案进行创新来共同开展项目。

（2）项目特色

①国家相关政策大力支持非物质文化遗产的保护、推广和传承。

②人们对竹雕艺术工艺品的兴趣有利于竹雕艺术文化的推广。

③产品采用无毒无公害的纯植物原料，多采用纯手工制作。

④产品有很强的实用性，使用领域广。

⑤产品艺术价值和文化价值高。

（3）团队成立　在前期的准备中，团队为更好地配合推广和实施非物质文化遗产，设计了一系列的宣传物品，增加团队的感染力和吸引力。队标如下图 3-37，图 3-38 所示。

**图 3-37　队标**

**图 3-38　完整队标**

## 二、产品和服务

1. 产品介绍

竹雕也称竹刻，是在竹制的器物上雕刻多种装饰图案和文字，或用竹根雕刻成各种陈设摆件。竹雕是一种艺术，自六朝始，直至唐代才逐渐为人们所识，并受到喜爱。

中国是世界上最早使用竹制品的国家，所以竹雕在中国也由来已久。竹雕在中国工艺美术史上独树一帜，也是中华民族宝贵的艺术财富。

主要是面向大众的消费人群，可以是高端的竹雕艺术品，也可以是日常生活用品。让客户将指定的图案和文字雕刻到指定的产品上，用户获得自己定制的个人属性强烈的商品。个性化定制将成为互联网最具影响力的商业模式。

满足客户想要产品彻底符合自己的需求，最好的办法还是采用产品定制，即从礼品需求分析和设计开始。这种方法可以最大限度满足不同客户的差异化需求。

云中竹团队主要为了传承、保护和创新中华民族竹文化，利用竹子制作比较简单的产品价格都不太贵，比如日常生活用品如笔筒、牙签、筷子、篮子、勺子、水瓢、杯子等。这些日常生活用品是大众都能承受得起的价格，体现了好而不贵、经济实惠的大众消费理念。

在图案繁复程度更高的竹雕艺术品上，我们的竹雕制作者所花费的精力也更多，价格也因此更高。项目团队与民间艺术家合作接洽关于竹雕的制作，在原有单一的竹筒、日常生活用品的基础上开发出了竹雕装饰品、竹雕屏风等大型摆件和其他多种产品等。

2. 产品研发

针对竹雕产品的市场前景和竞争力而言国家有相关政策大力支持。现在，产品正处于研发阶段，尚需大量的推广工作，以及更多的人员学习竹雕手工艺，为后期的工作做准备，同时也传承和弘扬了中华民族竹文化。

（1）机会（Opportunity）　竹雕艺术是具有中华民族文化特色的国家非物质文化遗产。近年来，因为我国许多非物质文化遗产逐渐消失，国家很重视对非物质文化遗产的传承工作，提出了“保护为主、抢救第一、合理利用、传承发展”的方针，大力实行保护与开发并重的策略。

（2）风险（Threats）　主要来自于环境的污染和人才的缺乏。产品体验度不够，客户认知度不高，项目还处于初期形成阶段，在这种市场环境下项目运行比较困难，同时还面临其他未知的风险。

(3) 公司发展战略规划　在分析研究外部环境和内部条件的基础上，发展战略就是一定时期内对企业发展方向、发展速度与质量、发展点及发展能力的重大选择、规划及策略。发展战略可以帮助企业指引长远发展方向，明确发展目标，指明发展点，并确定企业需要的发展能力，战略的真正目的就是要解决企业的发展问题，实现企业快速、健康、持续发展。以正确的指导思想，对企业使命、目标、经营方向、重大经营方针、策略和实施步骤做长期、系统、全面谋划。

(4) 产品的研发方向

①针对产品的图案：现在大多数产品都采用从古时候就有的图案，富有古风特色，但不能仅满足于这一点，高薪聘请专业的设计师带来有时尚元素的图案。

②针对产品的工艺：一直传承着蕴含中华文化的雕刻方法，以纯手工为特色，但这也有工艺方面的局限性，根据调查现代年轻人很多都不愿意学习雕刻技术，导致现在雕刻方面技术人才缺乏。因此，我们正在努力宣传这项手工艺的传承，呼吁更多的年轻人从事关于竹雕这项非物质文化遗产的工作。

③针对产品的新应用领域：我们现在的方向还停留在日常生活用品、工艺品等方面，但我们并不仅仅局限于此，一直在寻找新的契机，使其应用多样化。

3. 产品制作

项目团队与民间艺术家合作接洽关于竹雕的制作，在原有单一的竹筒、日常生活用品的基础上开发出了竹雕装饰品、竹雕屏风等大型摆件和其他多种产品，如图 3-39 至图 3-42 所示。

图 3-39　竹雕香炉

图 3-40　竹雕竹筒

图 3-41　竹雕屏风

图 3-42　竹雕摆件

4. 打造品牌

打造中国竹文化品牌“雲中竹”产品 LOGO，其中“竹”取自《诗·卫风淇奥》曰：“瞻彼淇奥，绿竹猗猗”。LOGO 见图 3-43，图 3-44，产品见图 3-45。

图 3-43　完整品牌 LOGO

图 3-44　品牌 LOGO（2）

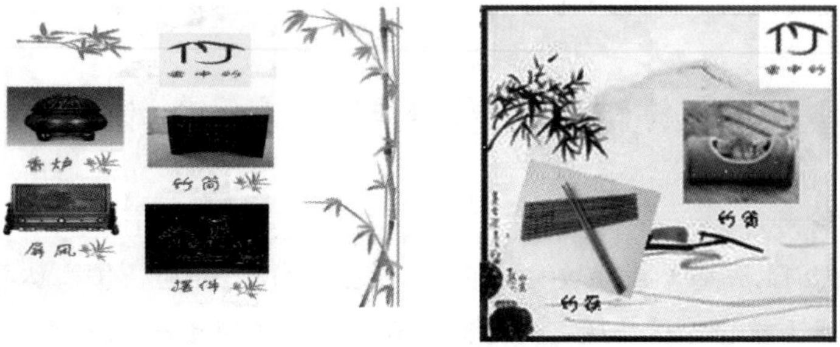


图 3-45　竹雕产品

## 三、市场营销

运营模式来自于“化大为小，化整为零”的方式，首先采用项目团队在线上使用多媒体的宣传方式，建立微信公众号，开设淘宝京东店铺，线下建立与竹刻大师联系的工作店铺，然后客户方可以采用线上通过网购平台购买商品、关注公众号定期了解信息，线下参观店铺激发兴趣。

1. 市场分析

（1）社会背景分析　随着中国普通民众公民意识和传统文化保护意识的不断增强，非物质文化遗产保护的问题开始逐渐成为社会和公众关注的焦点。非物质文化遗产虽然与物质文化遗产共同承载着人类社会的文明，共同体现着世界文化的多样性与人文性，但是非物质文化遗产却更多体现与蕴含着一个民族所特有的精神价值、思维方式、想象力和文化意识，是维护一个国家文化身份和文化主权的基本依据。

（2）经济背景分析　随着改革开放的脚步不断加快，人们的生活水平也在日益提高。也就是说随着市场经济的发展，人们在追求利益最大化的同时渐渐忽略了对中国传统文化的保护，导致了目前国内许多民间艺术濒临绝迹。但并不是说经济的发展是磨灭精神文明的罪魁祸首，物质文明的高速发展是一把双刃剑，一方面人们不断追求物质上的富足，忽略了精神文明的发展，更忽略了对中国传统文化的关注和保护，但另一方面，快速发展的经济改善了人们的生活水平，改善了国内许多投资企业的经济状况，使得人们有精力有能力在民间艺术领域寻找商机，在投资发展民间艺术文化的同时提高了人们对非物质文化遗产的关注，改善了许多民间工艺濒临绝迹的现状。

（3）产品背景分析　随着21世纪信息化时代的到来，中国的网络与电子商务行业得到了飞速的发展，这就为我们的服务提供了强有力的技术支持，为公司的发展提供了强大的动力。

2. 市场定位

主要面对的是市场上的老、中、青三代热爱竹雕、竹刻、竹编艺术的人士。

3. 营销模式

目前我们的销售模式主要分为3种：线上营销、普通销售、私人定制。

（1）线上销售　借助现有的电商平台与多媒体传播平台进行网络销售。

（2）普通销售　主要是线下和旅游景区店铺、特产店铺、普通加盟店进行销售合作，见图3-46。

（3）私人定制　针对用户个性化定制：主要面对高、精、尖用户，见图3-47。

4. 盈利模式

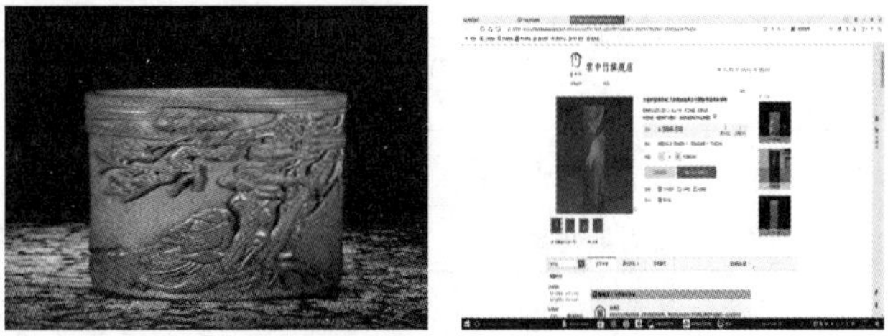

图 3-46　普通销售

图 3-47　私人定制

盈利模式分为线上销售、线下体验直营、专利市场、教育展示 4 个大部分，如图 3-48 所示。

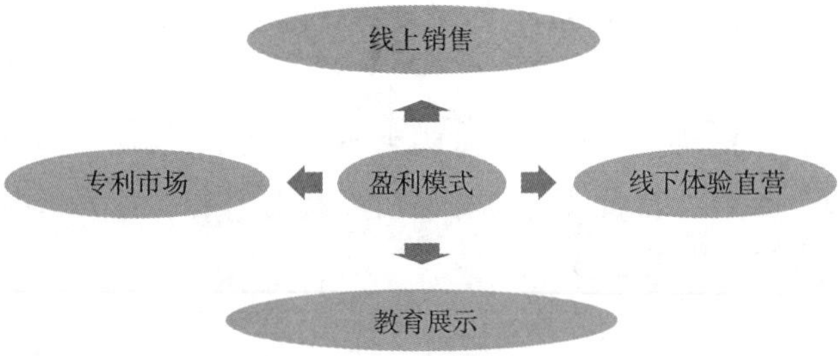


图 3-48　盈利模式

5. 发展计划

发展计划见表 3-34。

表 3-34　发展计划

| 时间 | 目标 | 备注 |
|---|---|---|
| 6~7 个月 | 网络平台全面上线 | |
| 8~9 个月 | 线下体验直营店筹备并试运营 | |

续表

| 时间 | 目标 | 备注 |
|---|---|---|
| 一年内 | 线上、线下平台逐步完善 | |
| 一年以后 | 产品销售渠道成型、品牌价值建立 | |

## 四、团队介绍

1. 队标介绍

雲指漫天云海，我们都是其中小小的一部分，但当我们汇聚在一起，便势不可挡。起则是因为云海，势不可挡，云海翻涌，因此我们为了集中力量实现共同理想而结合成立雲中竹团队。我们的队标、队旗如图 3-49 和图 3-50 所示。

图 3-49　团队队标

图 3-50　团队队旗

砖连砖成墙，瓦连瓦成房。在团队中，我们有克难攻坚的精神，更有团结协作的合力。我们志趣相投，拥有共同理想与目标，能在愉悦的团队环境中将工作做到最好，见图 3-51。

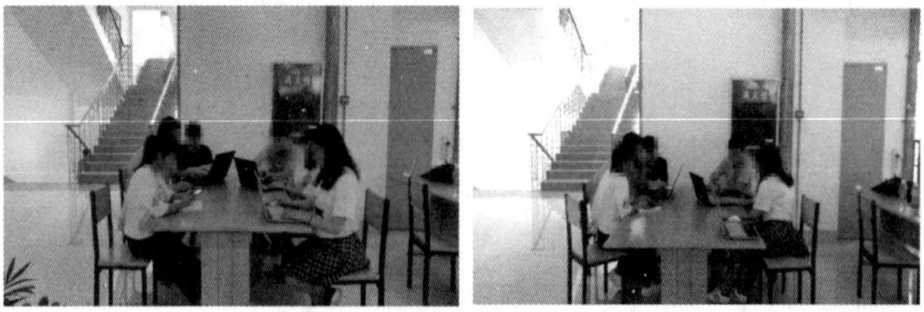

图 3-51　团队照片

2. 团队口号

跟随时代浪潮，传承工匠精神！

3. 团队成员

团队成员一般5人，分工实施各自工作。

## 五、财务预测和分析

目前项目总投入约为2万元，其中股东初期直接出资1万元，后期陆续又投入资金和物资价值1万元，未来一年计划融资10万元，其中包括风投和政府支持。

1. 资金用途

资金主要用于产品制作、市场推广、办公设备、工资、产品购买、员工补贴等。

2. 资金估值

公司固定资产10万元，流动资金3万元，无形资产7万元。固定资产是产品和办公家具折旧后的股价。无形资产是根据品牌、形象、公司资历和已有项目等综合估算。

3. 三年营收

三年营收见表3-35。

**表3-35　　　　三年营收策划表**　　　　单位：万元

| 项目 | 2018年 | 2019年 | 2020年 |
|---|---|---|---|
| 主营业务收入（不含税） | 50 | 80 | 120 |
| 减：主营业务成本 | 10 | 20 | 35 |
| 主营业务税金及附加 | 5 | 10 | 15 |
| | | | |
| 主营业务利润（亏损以"-"号） | 15 | 20 | 30 |
| 加：其他业务利润（亏损以"-"号） | 3 | 5 | 8 |
| 减：营业费用 | 3 | 5 | 10 |
| 管理费用 | 3 | 5 | 15 |
| 财务费用 | 4 | 10 | 15 |
| | | | |
| 营业利润（亏损以"-"填列） | 10 | 12 | 25 |
| 利润总额（亏损以"-"填列） | 30 | 60 | 100 |
| 减：所得税 | 8 | 25 | 35 |
| | | | |
| 净利润（亏损以"-"号填列） | 10 | 23 | 45 |

4. 三年费用

三年费用策划见表3-36。

表3-36　　三年费用策划表　　单位：万元

| 年份 | 研发 | 市场 | 生产 | 行政 | 设备 | 其他 | 合计支出 |
|---|---|---|---|---|---|---|---|
| 2018 | 4 | 2 | 5 | 1 | 1 | 2 | 15 |
| 2019 | 8 | 4 | 10 | 4 | 5 | 3 | 32 |
| 2020 | 10 | 8 | 15 | 5 | 7 | 5 | 45 |

## 【案例十六】四川苗族蜡染传承与推广

### 一、引言

对于传统的蜡染而言，“互联网+”时代的到来无疑为这一传统产业提供了更广阔的发展平台。互联网与传统的蜡染是产业未来生存与发展的重要出路，在“互联网+”时代的背景下，以苗族蜡染为主要研究对象，对纺织印染手工艺进行深入研究，也是对传统蜡染文化的传承与创新，可以进一步发现这些文化遗产中更多的文化、社会和商业价值。

全球化形势下，国人在很大程度上能了解与接受外来文化，无形之中淡化了中国传统文化，甚至认为中国传统文化已不再适应时代的发展，导致部分中国传统文化出现失传。

所以，针对以上情况，我们成立WeTe团队，大力宣传蜡染文化，推广蜡染手工艺及其手工艺品，全身心致力于四川苗族蜡染的保护、传承和推广。

希望我们团队能成功完成蜡染的保护、传承和推广，在科技发达的时代，推动苗族蜡染，带动宜宾市非物质文化遗产，甚至带动全世界的非物质文化遗产，跟随这个时代一起进步，一起发展。

### 二、市场调研

随着移动互联网技术的快速发展，越来越多的用户开始通过微信、微博等平台接触到蜡染文化。为了吸引更多的高素质群体，在项目前期针对非物质文化遗产苗族蜡染的现状，从国家政策、蜡染文化的传承和发展现状等方面收集了相关资料，同时通过线上和线下的方式进行了系列调研，并对调研结果进行了认真地分析和总结。

1. 政策支持

(1) 为贯彻落实党的文化遗产和优秀民间艺术保护工作的精神，履行我国加入联合国教科文组织《保护非物质文化遗产公约》的义务，国家给予政策支持，见图 3-52。

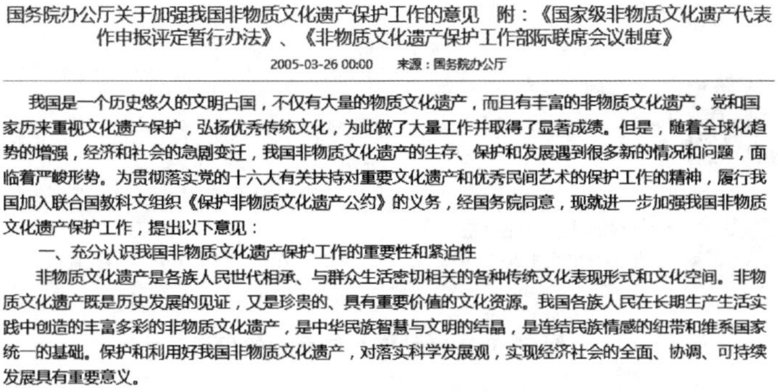

国务院办公厅关于加强我国非物质文化遗产保护工作的意见　附：《国家级非物质文化遗产代表作申报评定暂行办法》、《非物质文化遗产保护工作部际联席会议制度》

2005-03-26 00:00　　来源：国务院办公厅

我国是一个历史悠久的文明古国，不仅有大量的物质文化遗产，而且有丰富的非物质文化遗产。党和国家历来重视文化遗产保护，弘扬优秀传统文化，为此做了大量工作并取得了显著成绩。但是，随着全球化趋势的增强，经济和社会的急剧变迁，我国非物质文化遗产的生存、保护和发展遇到很多新的情况和问题，面临着严峻形势。为贯彻落实党的十六大有关扶持对重要文化遗产和优秀民间艺术的保护工作的精神，履行我国加入联合国教科文组织《保护非物质文化遗产公约》的义务，经国务院同意，现就进一步加强我国非物质文化遗产保护工作，提出以下意见：

一、充分认识我国非物质文化遗产保护工作的重要性和紧迫性

非物质文化遗产是各族人民世代相承、与群众生活密切相关的各种传统文化表现形式和文化空间。非物质文化遗产既是历史发展的见证，又是珍贵的、具有重要价值的文化资源。我国各族人民在长期生产生活实践中创造的丰富多彩的非物质文化遗产，是中华民族智慧与文明的结晶，是连结民族情感的纽带和维系国家统一的基础。保护和利用好我国非物质文化遗产，对落实科学发展观，实现经济社会的全面、协调、可持续发展具有重要意义。

图 3-52　国家政策支持

(2) 国家保护非物质文化遗产政策一出台，各省市用行动来表示对保护非物质文化遗产的支持，如图 3-53，图 3-54 所示，四川省以及宜宾市已颁布保护非物质文化遗产的相关政策。

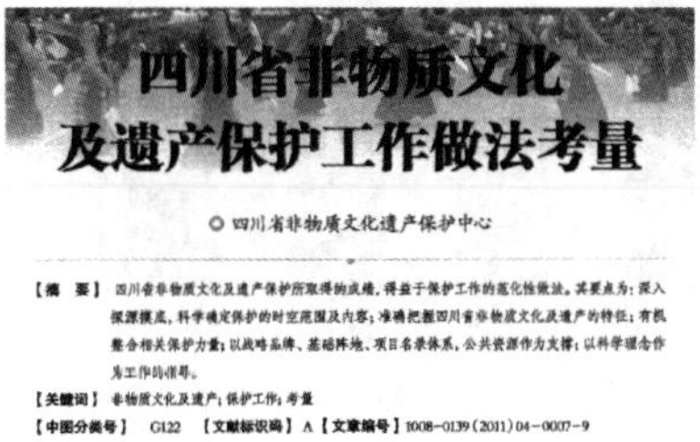

四川省非物质文化及遗产保护工作做法考量

◎ 四川省非物质文化遗产保护中心

【摘　要】四川省非物质文化及遗产保护所取得的成绩，得益于保护工作的规范性做法。其要点为：深入探源摸底，科学确定保护的时空范围及内容；准确把握四川省非物质文化及遗产的特征；有机整合相关保护力量；以战略品牌、基础阵地、项目名录体系，公共资源作为支撑；以科学理念作为工作的指导。

【关键词】非物质文化及遗产；保护工作；考量

【中图分类号】G122　【文献标识码】A【文章编号】1008-0139(2011)04-0007-9

图 3-53　四川省政策支持

宜宾：探索石海苗族蜡染 传承兴文民间艺术

来源：四川在线宜宾频道 | 2012-11-14 10:32:58

四川在线宜宾频道消息（杜欣 宋远鸿）初冬时节、乍暖还寒。在党的十八大隆重召开之际，宜宾兴文县古宋一校第28届青少年科技创新大赛之科技实践活动拉开帷幕。

启动仪式

图 3-54　宜宾市政策支持

2. 发展现状

手工蜡染商业价值潜力巨大，据图 3-55“蜡染作品的商业价值”所示，蜡染这种传统的印染技术，在工业社会的进程中其商业价值正在逐步提高。如图 3-56“关于蜡染网上交易数据”所示，得知如今蜡染在生活中所占比例持续加重。

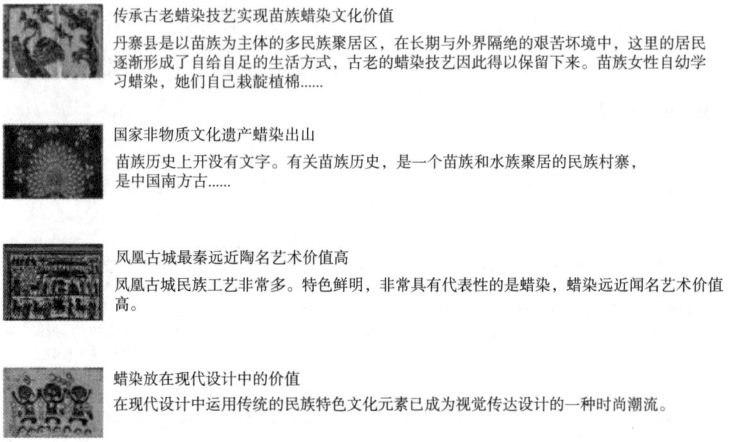


**图 3-55　蜡染作品的商业价值**

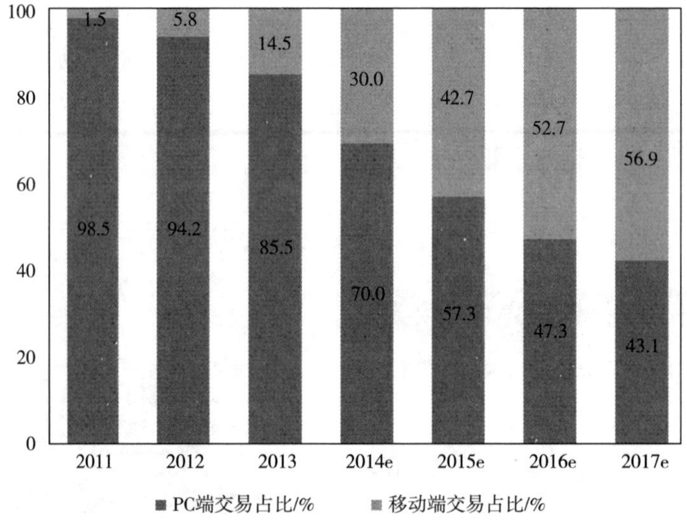


**图 3-56　蜡染网上交易数据图**

3. 线下调查

对苗族蜡染现状进行分析后，我们对周围地区进行了走访，并在多个购物中心、娱乐场所、学校等多个人员密集的地区通过问卷调查、走访、电话调查等方式进行了线下调查，如图 3-57 所示。

**非遗苗族蜡染调查问卷**

尊敬的客户：

感谢您参与本次问卷调查，为进一步提高用户体验效果，本次问卷主要目的是关于蜡染市场推广的调查以及反馈情况。

1. 您是属于哪个年龄阶段？

A. 18~25 岁　B. 26~35 岁　C. 35~50 岁　D. 50 岁以上

2. 在此问卷调查之前，您听说过苗族蜡染吗？

A. 有，但是没见过　　B. 有，但是不了解　　C. 有，且比较了解

3. 现在听到“苗族蜡染”对它感兴趣吗？

A. 非常感兴趣

B. 有一点感兴趣

C. 兴趣比较大

D. 完全不感兴趣

4. 您对民族手工艺品感兴趣吗？

A. 完全不感兴趣　　B. 有一点兴趣　　C. 非常感兴趣

5. 您喜欢在哪些地方购买手工艺品？

A. 网购　　B. 实体专卖店　　C. 展览区　　D. 博物馆　　E. 风景名胜区

6. 您比较倾向于购买哪种蜡染文化创意产品？（多选）

A. 包类　　B. 服饰类　　C. 饰品类　　D. 装饰摆设类　　E. 玩具类

7. 您能接受的民族手工艺品价格是？

A. 50 元以下　　B. 50~100 元　　C. 100~400 元　　D. 400 元以上

8. 您认为购买手工艺品首先考虑的是？（多选）

A. 设计　　B. 材质及做工　　C. 价格　　D. 实用性　　E. 收藏价值

F. 民族文化神秘感和特殊的宗教意义

9. 您购买过蜡染以外的其他民族手工艺品吗？

______________________________

10. 您对蜡染产品了解多少？

______________________________

11. 您希望蜡染产品设计在哪些方面需要做改进及改进意见有哪些？

______________________________

**图 3-57　调查问卷示意图**

（1）走访调研照片，如图 3-58、图 3-59 所示。

**图 3-58　社区走访**

**图 3-59　公园走访**

（2）蜡染产品生产地调研　见图 3-60。

**图 3-60　珙县调研**

（3）商场附近调研　在人多密集的地方进行调研，见图 3-61。

**图 3-61　人员密集购物中心调研**

4. 线上调研

为了提高调查的受众面，使调查结果更具有普遍性，我们进行了系列的线上调研。分别通过微信、QQ 等现在热门的网络平台进行调研。

（1）微信　微信示意图见图 3-62。

（2）QQ 调研　QQ 调研见图 3-63。

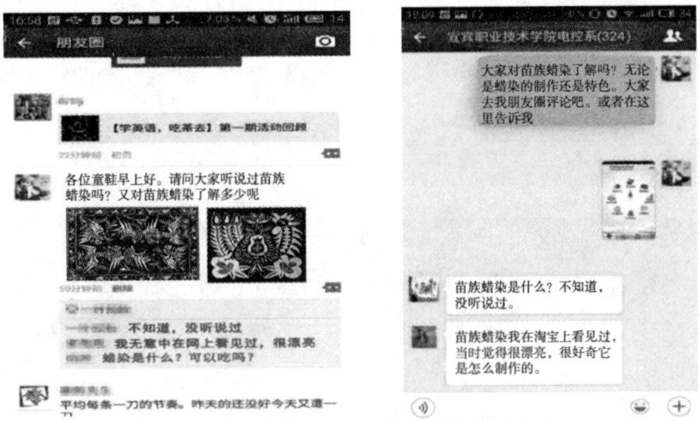


图 3-62　线上微信调研

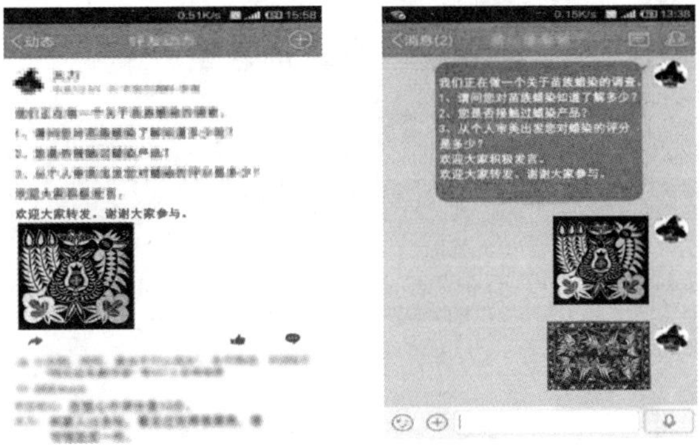

图 3-63　线上 QQ 调研

（3）百度网络调查　以百度网络作为平台依托，两天时间对全国各地近190个来自社会各岗位的人做了调查。通过详细的调查数据分析，得出了有多少人知道苗族蜡染。调查网址：http：//www. sojump. com/jq/7141002. aspx，如图 3-64 所示。

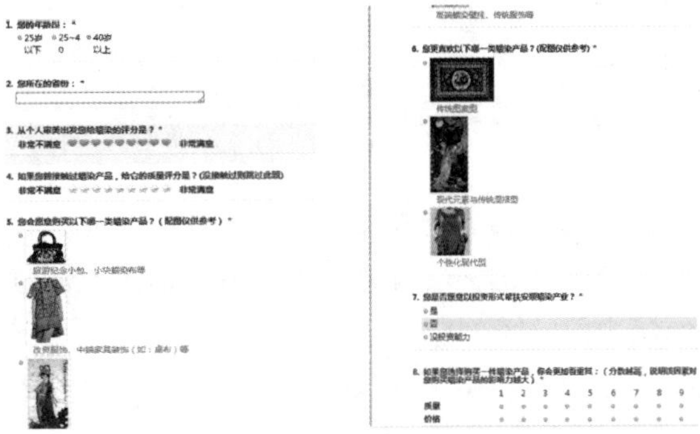

图 3-64　百度网络问卷调研

5. 调研结论分析

通过历时两个月的不懈努力，我们发放调查问卷1000余张，回收有效问卷800余张，发帖50余条，引起回帖数千余条，见图3-65。

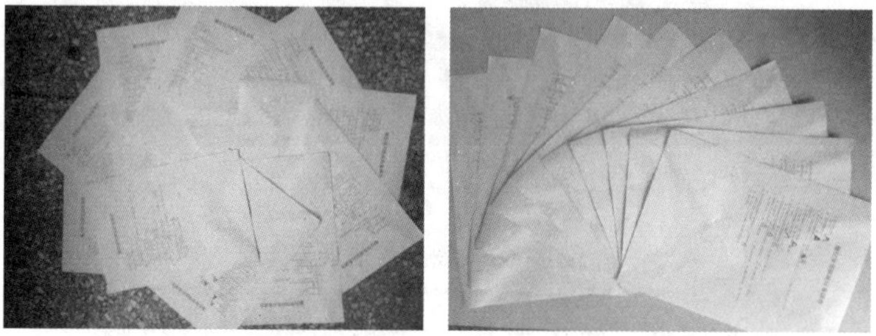

图3-65　调查问卷总结

通过对数据进行科学分析得出以下结论：大部分群众对四川非物质文化遗产——苗族蜡染了解度不够；对蜡染有兴趣，但没有学习和购买传统苗族蜡染的途径。

## 三、产品服务

通过对市场调研结论的分析，我们确定了产品服务和定位，并做了可行性分析。

1. 可行性分析

从技术可行性层面来说，对于现在信息时代我们借助网络对非物质文化遗产进行传承、推广、创新和应用，我们找到了国家级非物质文化遗产传承人王力洪为我们做技术总监，省级传承人做技术指导，和当地研究民间文化的艺术家一起对蜡染图案进行创新来共同开展项目。

2. 项目概念及优势

（1）项目概念　在发达的互联网时代，将非物质文化遗产带入互联网生活，让人们在科技飞速发展的时代，也能感受更多的传统手工文化。

（2）项目优势

①国家相关政策大力支持非物质文化遗产的保护、推广和传承。

②人们对苗族蜡染工艺品的兴趣有利于苗族蜡染文化的推广。

3. 项目内容

（1）建立团队　团队和队旗见图3-66，团队成员见图3-67。

**图 3-66　WeTe 团队和队旗**

**图 3-67　WeTe 团队**

（2）产品制作　蜡染成品见图 3-68。

(1)蜡染枕头

(2)蜡染手提包

(3)装裱的蜡染图画

(4)展示的蜡染图画

(5)蜡染服饰

(6)蜡染布料

**图 3-68　蜡染成品**

（3）产品推广　在校园里团队开设了苗族蜡染兴趣班，让蜡染逐步走进人们的生活当中，见图3-69，图3-70。

**图3-69　兴趣班合影**

**图3-70　蜡染文化课堂**

团队穿着蜡染服饰在2017四川国际文化旅游节、酒都剧场上大力宣传、推广苗族蜡染服装，让人们零距离接触传统蜡染手工艺产品，见图3-71，图3-72。

**图3-71　文化节宣传**

**图3-72　酒都剧场宣传**

（4）打造品牌　与传承人一起讨论，最终确定了品牌名“戎艺坊”及其LOGO，见图3-73，图3-74。

**图3-73　传承人亲手制作LOGO**

**图3-74　做好的品牌LOGO**

## 四、商业模式

团队的商业模式是自主研发产品招募代理和直接与渠道合作同步进行。代理包括全国范围内的代理，代理旗下可以自主发展经销商。直接营销包括渠道合作、独立开发客户和工程项目合作。

1. 线上销售

通过各种现代化的媒体如平面、网媒、实体店铺、直销、文化传播来宣传公司产品。为了线上销售能够顺利发展，团队加强对服饰多样化的设计，让传统文化、现代时尚与网络融为一体以满足顾客的需要，见图 3–75。

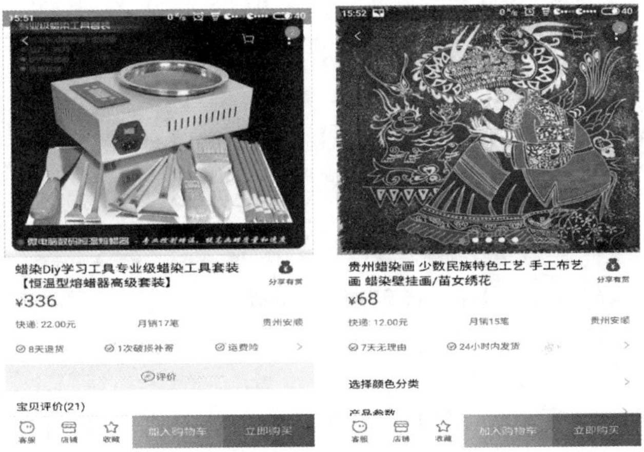


图 3–75　淘宝店铺

2. 普通销售

主要是线下与旅游景区店铺、特产店铺、普通加盟店铺进行合作销售产品，对苗族蜡染进社区、进校园的活动进行原始产品销售，同时与大师工作室合作，见图 3–76，图 3–77，图 3–78。

图 3–76　销售图

图 3-77　蜡染社区班

图 3-78　大师工作室

3. 集团定制

针对企事业单位，进行集团定制。根据购买方要求，进行设计并批量制作，团队讨论见图 3-79。

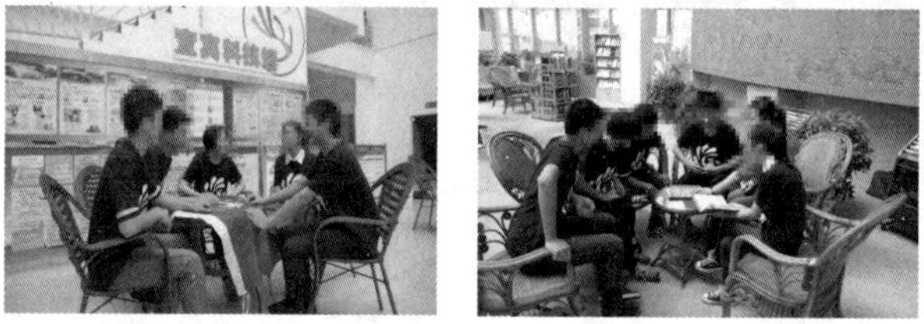

图 3-79　团队讨论

4. 个性定制

主要面向高、精、尖的用户，让用户介入产品的生产过程，将指定的图案和文字印刷到指定的产品上，用户获得自己定制的个人属性强烈的商品。同时个性化定制将成为互联网最具影响力的商业模式。

满足客户想要产品彻底符合自己的需求，最好的办法还是采用产品定制，即从礼品需求分析和设计开始。这种方法可以最大限度满足不同客户的差异化需求，见图 3-80。

(1)蜡染手包　　(2)个性桌布

图 3-80　个性化蜡染产品

团队针对国外对民族产品感兴趣的客户，专门组建了“蜡染产品海外客户”，海外同胞希望把自己国家的文化融入其他国家文化，加强不同国家的文化交流，更进一步弘扬我国文化，见图3–81，图3–82。

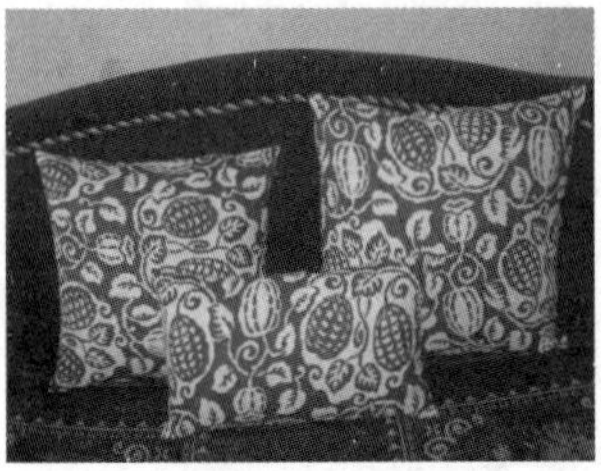

**图3–81　国外定制蜡染靠背**

**图3–82　美籍华人客户订购的桌布**

## 五、运营模式

1. 市场分析

（1）社会背景分析　随着中国普通民众公民意识和传统文化保护意识的不断增强。非物质文化遗产保护的问题开始逐渐成为社会和公众关注的焦点。非物质文化遗产虽然与物质文化遗产共同承载着人类社会的文明，共同体现着世界文化的多样性与人文性，但是非物质文化遗产却更多体现与蕴含着一个民族所特有的精神价值、思维方式、想象力和文化意识，是维护一个国家文化身份和文化主权的基本依据。

（2）经济背景分析　随着改革开放的脚步不断加快，人们的生活水平也在日益提高。也就是说随着市场经济的发展，人们在追求利益最大化的同时渐渐忽略了对中国传统文化的保护，导致了目前国内许多民间艺术濒临绝迹。但导致非物质文化遗产逐渐没落的并非是经济的发展，随着人民生活水平的逐渐提升，追求的物质要求也逐渐呈现多元化，对传统工艺产品的关注度降低。同时经济的快速发展，改善了生活状态，改善了企业经济状况，国家政策的发布，使得人们开始有时间、有精力专研民间工艺，提升民间工艺在大众人群中的关注度，促使商家在民间工艺中找寻商机，从而改善了目前民间工艺濒临绝迹的现状。

（3）产品背景分析　随着21世纪信息化时代的到来，中国的电子商务行业得到了飞速的发展，这就为我们的服务提供了强有力的技术支持，为我们公司的发展提供了强大的动力。

2. 市场定位

市场定位结构图 见图3-83。

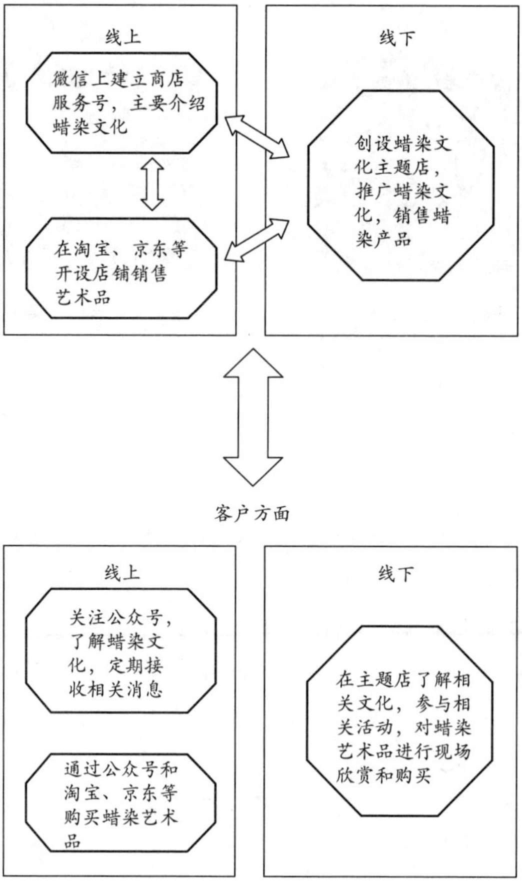


**图3-83 市场定位结构图**

3. swot分析

（1）优势（Strengths） 本项目已获网络创新应用大赛二等奖，宜宾市政府已经确定投资十万元支持项目发展，宜宾职业技术学院已经确定投资6千元给予项目创业基金支持，项目负责人为四川省省委宣传部部长和宜宾市市委书记介绍项目发展情况，得到领导的一致好评。

（2）机会（Opportunity） 苗族蜡染是具有苗族文化特色的国家非物质文化遗产。近年来，我国政府逐渐重视对非物质文化遗产的传承工作，提出了“保护为主、抢救第一、合理利用、传承发展”的方针，大力实行保护与开发并重的策略。

（3）威胁（Threats）　主要威胁来自于市场不成熟和技术不完善、产品体验度不够、客户认知度不高。这种市场环境下项目运行比较吃力，同时还面临其他未知的威胁。

## 六、发展策略

公司发展策略规划是企业为谋求长期生存和发展，在分析研究外部环境和内部条件的基础上，以正确的指导思想，对企业使命、目标、经营方向、重大经营方针、策略和实施步骤做长期、系统、全面的谋划，见表 3-37。

表 3-37　公司发展策略

| 年限 | 目标 | 备注 |
|---|---|---|
| 近期（2 年内） | 线上、线下同时进行销售、宣传。线上：在淘宝、微信、微博、QQ、贴吧热门网络平台上大力宣传蜡染服装、服饰，让蜡染逐步走进人们的视野中。线下：在宜宾市打造出属于团队的蜡染店 | |
| 中期（3~5 年） | 在宜宾市范围内以蜡染服饰、蜡染饰品为突破口，逐渐普及蜡染手工业概念，打开苗族蜡染市场。公司研发新型产品进入工业生产 | |
| 长期（6 年以上） | 政策支持下，在各个学校开设蜡染培训班。有了稳定的根基以后再将蜡染推进国际市场，更进一步弘扬我国非物质文化遗产 | |

## 七、财务分析

目前项目总投入约为 3 万元，其中股东初期直接出资 1 万元，后期陆续又投入资金和物资价值 2 万元，未来一年计划融资 15 万元，其中包括风投和政策支持。

1. 资金用途

资金主要用于产品研发、市场推广、购买办公设备、房租、工资、产品购买、员工补贴等。

2. 资金估值

公司固定资产 12 万元，流动资金 2 万元，无形资产 5 万元。固定资产是产品和办公家具折旧后的股价，还包括剩余房租。无形资产是根据品牌、形象、公司资历和已有项目等综合估算，三年营收预测表见表 3-38，三年费用预测表见表 3-39。

表 3-38　　三年营收策划表　　单位：万元

| 项　　目 | 2018 年 | 2019 年 | 2020 年 |
|---|---|---|---|
| 主营业务收入（不含税） | 80 | 150 | 300 |
| 减：主营业务成本 | 60 | 100 | 200 |
| 主营业务税金及附加 | 50 | 80 | 160 |
| 主营业务利润（亏损以“-”号） | 30 | 100 | 180 |
| 加：其他业务利润（亏损以“-”号） | 5 | 10 | 20 |
| 减：营业费用 | 3 | 5 | 10 |
| 管理费用 | 3 | 5 | 15 |
| 财务费用 | 4 | 10 | 15 |
| 营业利润（亏损以“-”填列） | 12 | 20 | 50 |
| 利润总额（亏损以“-”填列） | 42 | 120 | 230 |
| 减：所得税 | 10 | 30 | 50 |
| 净利润（亏损以“-”号填列） | 10 | 20 | 50 |

表 3-39　　三年费用策划表　　单位：万元

| 年份 | 研发 | 市场 | 生产 | 行政 | 设备 | 其他 | 合计支出 |
|---|---|---|---|---|---|---|---|
| 2018 | 10 | 2 | 5 | 2 | 3 | 2 | 6 |
| 2019 | 15 | 4 | 10 | 4 | 6 | 3 | 8 |
| 2020 | 40 | 8 | 15 | 8 | 15 | 5 | 10 |

## 八、团队介绍

1. 队标介绍

We 指我们也指我们每个人微而精的微技术，Te 不仅指 team，还指 technology。因此为了集中力量实现共同理想而结合成立 WeTe 团队。队标、队旗如图 3-84，图 3-85 所示。

图 3-84　团队队标

图 3-85　团队队旗

2. 团队口号

微技术创造宏时代!

3. 团队成员

团队成员一般5人，分工实施各自工作。

4. 团队介绍

同心山成玉，协力土变金。在团队中，有克难攻坚的精神，更有团结协作的合力。志趣相投，拥有共同理想与目标，能在愉悦的团队环境中将工作做到最好，见图 3-86。

图 3-86　团队照片

## 【案例十七】“宜百生活”——校园生活平台推广与实施

为了给大学生创新创业搭建舞台，为激发大学生的爱心公益，同时完成移动金融最后一千米的服务，团队制定了前期、中期和后期的实施方案，并按照方案有序进行项目展开。

## 一、前期准备

实施前期根据当前大学生的需求组建了“e 生活”团队，选择课题设计以及项目初步方向。

1. 团队的组建及选题

通过官方网站的了解，对比赛有了详细的认识，并顺利组建了“e 生活”参赛团队。经过反复推敲，确定了选题方向：“宜百生活”——基于百度的校园推广与实施方案”。

2. 方案的策划

确定参赛主题后便对方案的实施进行了策划，讨论照片如图 3-87 所示。

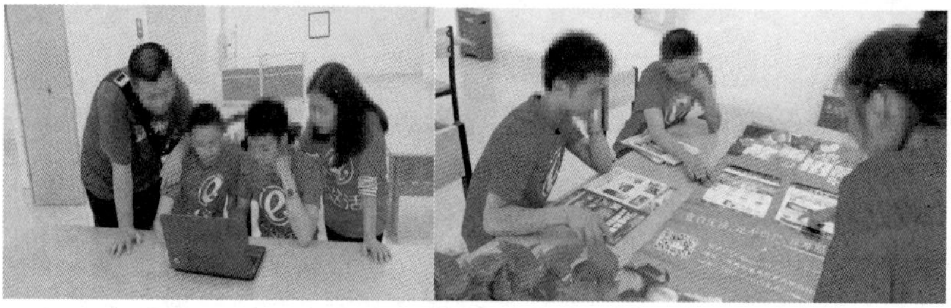

图 3-87　团队讨论照片

讨论主要内容如下。

（1）校园生活服务 O2O 模式的发展趋势。

（2）“宜百生活”与其他电商平台相比所占的优势。

（3）零售体验、跨境电商和移动电商的未来。

（4）市场在线上的需求量变化。

（5）在校大学生创业率。

（6）目前大学生的现在需求。

（7）通过策划校内、校外、走访企业和合作商家等一系列的活动，完成团队和方案的实施和推广。

3. 物品准备

在前期的准备中，团队为更好地配合推广，设计了系列的宣传物品，增加团队的感染力。

（1）展架　如图 3-88 所示。

（2）团队横幅　如图 3-89 所示。

图 3-88　项目展架

宜百生活，宜职人自己的网上超市：手机访问：yblife.cn，欢迎卖家入驻。

“宜百生活”精彩你的大学生活--项目体验点

图 3-89　团队横幅

（3）视频制作　如图 3-90 所示。

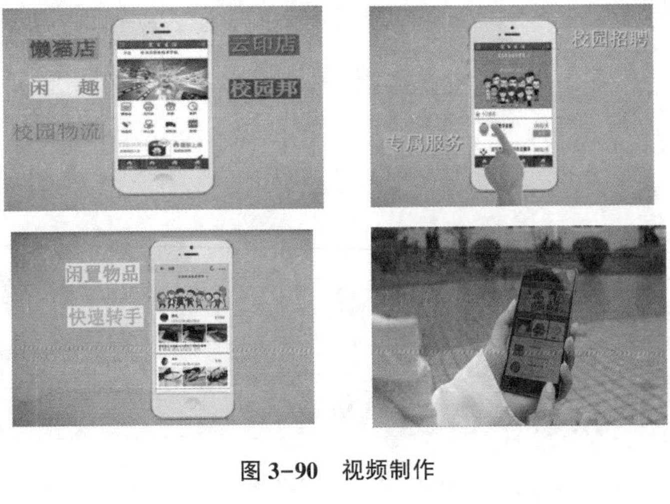


图 3-90　视频制作

## 二、实施中期

1. 项目宣传

（1）校内牵头举办文艺晚会　校内通过与校文艺部联合举办了文艺晚会，

推广项目，如图 3–91 所示。

图 3–91　校内推广

（2）校外设置体验点和宣传点　在数个人流量密集的地区设立了“宜百生活”校园电商平台的体验点、宣传点，如图 3–92 所示。

图 3–92　宣传推广

（3）校园招聘会　如图 3–93 所示。

图 3–93　校园招聘会

（4）网站宣传视频　网站开发后，制作了网站宣传视频，最大限度推广新“校园购物平台”，如图 3–94 所示。

2. 项目活动

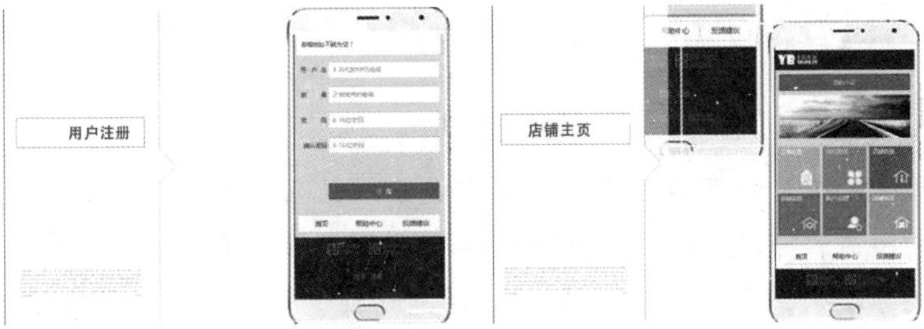


图 3-94　网站宣传视频

为了让“宜百生活”这个校园类的生活平台走进人们的生活视野中，我们开展了一系列的活动。

(1) 开展知识讲座　在校内以知识讲座的形式向同学们介绍了“宜百生活”的各项业务，也向他们分享和讨论了我们对手机银行的一些看法。“宜百生活”的想法在这个阶段逐渐形成雏形，如图 3-95 所示。

图 3-95　开展知识讲座

(2) 签订合作商家　选择百度钱包，产品受众也与项目本身相符合的企业进行合作，互利互赢，如图 3-96 所示。

图 3-96　企业合作商

## 三、实施后期

1. 项目推广

经历了几个月的艰苦奋斗，团队完成了一系列的工作，得到了许多高校大学生的回馈和响应，满足了许多大学生的需求，大多数的大学生都希望移动金融能够参与到校园平台里来，这样更方便、更快捷。在项目实施后期，为了提高项目的受众面，让调查更具有普遍性，我们通过校际交流、网站联盟等形式让用户进行了项目的体验，并且得到了积极的响应与支持。

2. 线上推广

在项目实施后期，我们通过问卷星、微信、百度贴吧、微博等网络工具进行了一系列的宣传推广，“宜百生活”得到大家的大力支持。

3. 线下推广

在线下我们大力实施和推广我们的项目，并亲身投入项目的实施过程中，以最大限度满足用户的需求，提高经济效益和社会效益，并在一些人多密集的地方进行了走访，设置了体验点和宣传点，如图 3-97 所示。

**图 3-97　体验点和宣传点**

## 四、拍摄推广视频、微电影

项目开展过程中得到当地媒体的宣传报道与支持，如图 3-98 所示。

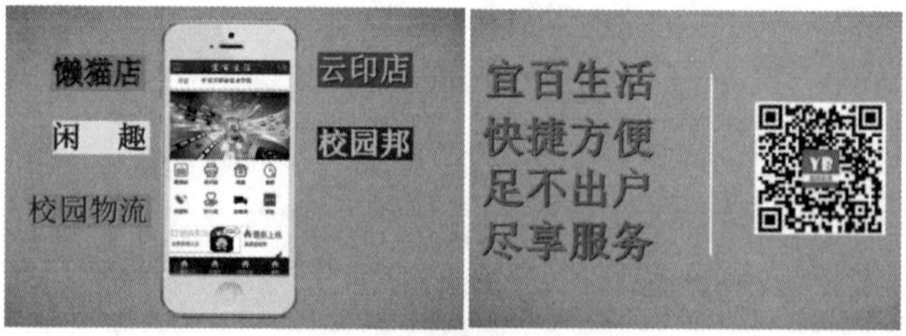


**图 3-98　宣传视频截图**

### 五、组织校园公益活动

组织免费体验“宜百生活”活动。

## 拓展项目

### 一、项目遴选与评估实践拓展题

（1）各项目组遴选一个项目，并给出遴选与评估方案。

（2）分析网上政务大厅行政处罚系统，完成网上政务大厅行政处罚系统立案信息管理模块的功能结构图、包图、用例图、序列图。

（3）分析网上政务大厅行政处罚系统立案信息管理模块，完成功能模块用例阐述，包括立案信息添加、立案信息修改、立案信息查询、立案信息查看、立案信息删除。

（4）根据立案信息管理功能进行数据库设计，完成概念数据模型、物理数据模型。

（5）组织同学进行项目分组，分配项目组成员的角色。

### 二、项目设计方案与平台搭建实践拓展题

（1）在自己的电脑中安装 JDK1.7，并正确配置环境变量（将 JDK 安装在 d：/Java 目录）。

（2）在本机上安装 Tomcat7 服务器。

（3）安装配置 Eclipse 开发环境。

（4）撰写遴选项目的设计方案。

### 三、项目实现实践拓展题

1. 软件需求描述

现代化的影院综合管理是集影院管理、影厅管理、影片放映管理、售票统计、分析管理等在内的一个综合性影院管理系统。影院日常业务能否正常开展取决于能否顺利完成每一个放映计划，这依靠管理者根据影院的实际情况制定准确的排片计划，本系统实现了对影院排片计划的管理。

2. 影院管理系统功能需求

（1）进入系统前必须通过身份认证

①影院管理。

②影厅管理。

③影片管理。

④手工排片。

⑤排片查询。

系统使用人员：影院管理员。

（2）功能描述

①身份认证

a. 管理员通过登录功能实现身份认证。

b. 管理员信息主要包括：用户名、密码。

②影院管理

a. 管理员设置所有影院的基本信息。

b. 影院基本信息包括：影院编号、影院名称、影院地址。

③影厅管理

a. 管理员为某个影院设置影厅的基本信息，一个影院有多个影厅。

b. 影厅基本信息包括：所属影院、影厅编号、影厅名称、影厅座位数。

④影片管理

a. 管理员设置影院当前上映的影片信息。

b. 影片基本信息包括：影片编号、影片名称、影片类型、影片时长、影片简介。

⑤手工排片

a. 管理员安排影片放映计划。

b. 每条排片信息包括：影院编号、影厅编号、影片编号、放映日期、放映时间。

⑥排片查询

a. 管理员可以根据影院、影厅和放映日期查询放映的影片信息。

b. 管理员可以根据影片信息查询影片放映计划，查询结果包括：影院名称、影厅名称、放映日期、放映时间。

3. 系统实现要求

本系统实现分成5步：用例建模、类图分析、数据库设计、程序实现、安装手册。请仔细阅读题目所有内容，并按照要求提交最终结果。

①用例建模（其中角色 4 分，用例 12 分，关系 4 分，总计 20 分）：请使用 Rational Rose 软件根据软件需求描述进行用例建模，并使用用例图绘制用例模型，要求如下。

根据需求找出系统所有主角。

根据需求找出系统所有用例，并对找出的用例进行简单的描述（简要描述在模型中体现），如果用例间有关系请绘制出关系；如角色和用例间有关系请绘制出关系。

②类图分析（其中类图 12 分，关系 3 分，总计 15 分）：请对所有用例进行用例分析，找出相关的类及其相互间的关系，并使用 Rational Rose 画出类图。类图中应包括类、类的属性、类的方法、类之间的关系。

③数据库设计（其中实体 10 分，关系 5 分，总计 15 分）：根据系统用例，使用 Power Designer 设计相应业务的概念数据模型和物理数据模型以支持用例的业务实现，并最终在 MySQL 或者 Oracle11g 中生成具体可用的数据库供后面编程使用。

④程序实现（45 分）：编码实现以下功能。

a. 身份认证。

b. 影院管理。

c. 影厅管理。

d. 影片管理。

e. 手工排片。

f. 排片查询。

⑤请按编码实现规范要求并进行编程

环境配置：能配置数据库环境，正确将物理模型转化成数据库；能配置开发环境，正常进行开发（5 分）。

数据库连接访问：能够正确使用连接字符串实现数据库连接；能够使用代码或数据控件访问数据库（5 分）。

功能实现：请在代码注释中说明该段的设计思想。

a. 身份认证（3 分）。

b. 影院管理（3 分）。

c. 影厅管理（3 分）。

d. 影片管理（3 分）。

e. 手工排片（5 分）。

f. 排片查询（3 分）。

程序设计思想及结构：程序设计能够体现 3 层结构，采用 Struts2+Spring+hibernate 技术开发（5 分）。

程序编码规范：符合 Java 编码规范（5 分）。

界面：操作方便，布局合理，提示信息明确（5 分）。

⑥编码实现规范要求

a. 数据库的名称必须是 ContestDB。

b. 在程序实现中，访问数据库的字符串参数统一使用，用户名为 contest，密码为 contest。

c. Web 应用程序的取名为 ContestWeb，程序第一个显示的页面文件名使用 index 作为文件名，文件名后缀使用相应技术规定的后缀名（如 Java 开发则定义为 index. jsp）。

⑦安装手册（5 分）

a. 提交成果目录清单。

b. 系统使用的第三方系统或工具包说明。

c. 系统名字、版本号。

d. 程序安装步骤。

e. 运行命令方式。

## 四、项目部署与推广实践拓展题

（1）修改 Tomcat web 服务器的监听端口为 80。

（2）将 Tomcat 配置成 Windows 服务，当系统启动时 Tomcat 也随之一起启动。

（3）在 server. xml 文件中将创建一个 Context，将应用部署在 Context 中并运行。

（4）画出典型企业级项目的部署方框图，并指出部署层次的作用。

（5）安装 Express SQL Serve 数据库，完成数据的备份和恢复。

（6）设置“startup. bat”和“shutdown. bat”的路径到环境变量 path 中，这样可以直接在“cmd”输入“startup”和“shutdown”启动和关闭 Tomcat。

# 参考文献


［1］曹英慧. 高职院校创新创业教育与专业教育融合研究［J］. 教育与职业，2018（19）.

［2］李悦，葛祥. “三位一体、三创融合”的高职创新创业创造体系构建［J］. 高教学刊，2020（18）：36-38+42.

［3］曹丽燕，张波，陈丝妮. “互联网+”背景下创新创业路径研究［J］. 科教导刊（下旬），2019（12）：121-122.

［4］梁彩花，毛军旗. 教育自觉视角下高职院校学生创新创业教育现状研究［J］. 山西财政税务专科学校学报，2019（6）：75-77.

［5］张巍然，侯艳红. 谈电子信息类创新创业教育的目标定位和环境构建［J］. 陕西国防工业职业技术学院学报，2019（4）：3-4+30.

［6］曹忻. 基于创新创业训练项目的高职学生能力培养模式研究［J］. 现代商贸工业，2019（22）：79-80.

［7］眭姗姗，杨连洪. 高职院校创新创业教育实践研究［J］. 新课程研究（中旬刊），2017（10）：113-115.

［8］李储学. 应用技术型高校创新创业教育生态圈建设研究［J］. 职业教育研究，2020（8）：58-63.

［9］李晓芳，李春光，谢光前，时翔. 创新创业教育中案例教学应用研究［J］. 教育教学论坛，2020（32）：165-167.

［10］崔艳艳. 高职院校“分阶分类式”创新创业教育模式研究［J］. 教育与职业，2020（15）：64-68.